接続

ETSUZOKU

0 0 5

vol. 5

表紙写真撮影▼中山銀士

『接続』のために

『接続』は「開かれた場」です。関心を持つ領域は執筆者によってまちまちですが、各人がそれぞれの視点、すなわち専門の異なる視点から、緩やかに繋がったテーマをめぐって議論を進めてゆきます。いわば、異なる「知の領域」を接続する試みです。学問や知的な思考というものは、もともと特定の領域に縛られることのない自由なものであるはずです。『接続』は、そうした知的な活動が最も力をもち、生き生きと展開されるような場所を回復することを目指しています。既成の専門領域の内部のみにとどまっていては見えてこない、さまざまな主題が活発に議論され、さらにそこから多様な枝葉が伸びていくような「開かれた場」こそ、『接続』が目標とするものなのです。

『接続』の試みは、〈特集〉〈交差点《クロスロード》〉〈はじめての接続〉の三つの場で行われます。異なる立場から執筆者のあいだで議論を重ね、互いに接続しあった結果は、〈特集〉〈交差点《クロスロード》〉に収められた論考と、それらをめぐって交わされた「ダイアローグ（対話）」をとおして報告されます。とりわけ「ダイアローグ」は、それぞれの議論が「モノローグ（独り言）」に閉じ籠ってしまうことなく、常に外に向かって開かれた姿勢を保ち続けるという『接続』の考えを、誌上にも反映したものと言えるでしょう。

〈特集〉のテーマは最初から厳密に設定されたものではありません。あらかじめ決められたテーマに沿った論文を集めるというのではなく、それぞれの執筆者がそれぞれの専門分野、それぞれの「現在」の場所で考えている問題をもちよって、討議を重ねることによっておのずと浮かび上がってきたものです。ですから、『接続』での〈特集〉のテーマは、それぞれの視点に沿って、連歌のように少しずつ主題をずらしながら繰り返し議論する中で見いだされた接点、つまり「接続」が起こった場所の名前にすぎません。それは何らかの結論を示すものではなく、むしろこれから先にさらに「接続」が繋がっていくための里程標《みちしるべ》なのです。〈特集〉と異なる方向に進んだ議論には〈交差点《クロスロード》〉で出会うことになるでしよう。

接続は「大学」と「社会」、「教員」と「学生」、「世代」と「世代」を接続する試みでもあります。それぞれの論考は、学術研究フォーラム*での発表・討論や、教室での学生とのやりとり、講演・留学・学会発表など、いろいろな場所での、いろいろな人との接続からヒントを得ています。〈はじめての接続〉では、まだ見ぬ、より若い世代との接続を目指します。そして何より、『接続』は読者のみなさんとわたしたちを接続する試みです。

わたしたちの試みが、人と人、心と心、知と知の「接続」を、少しでも広げることを願って。

二〇〇五年一〇月

『接続』刊行会

* 学術研究フォーラム――教員・学生・社会人を問わず、領域を越えて知見を交換し、議論する場。担当者の発表と、自由討論からなる。現在は一〜二ヶ月に一度、明星大学日野キャンパスで開かれている。

序

相互に繋がりをもたないように見えるさまざまな現象に、ある一つの言葉を与えることで、一挙に問題の見通しが開けるということがある。それは、対話のための「場」を開き、活発な議論の土壌をはぐくむことに繋がる。古来、そうした開かれた議論の領域は、ギリシア語で「場所」を意味する「トポス」の語によって呼ばれる。今日、「環境」というキー・ワードで括られる問題もそうした「場《トポス》」の典型的な一例だろう。人間を含めてすべての生命が生きている場所を、地域や歴史、自然や文化を含めて、まとめて「環境」という「場」として捉えることで、それまで見えなかった問題の繋がりが浮彫りになっていくありさまを、現代の私たちは経験している。それはまた、ある特定の学問の中には収まりきらない広大な領域を指し示すといった創造的な役割をも果たしている。

もちろん、このようなことの背景には、とりわけ二〇世紀後半以降深刻さを増している自然環境の汚染や生態系の破壊、地球温暖化といった現実が存在する。加えて、遺伝子操作や原子力といった新たな技術のもたらす問題によって、地球環境や人間の生存をめぐる情勢が一挙に複雑になってきたことも、その要因の一つだろう。いわゆる「環境問題」である。しかし、そうした危機感にもとづいて、自然保護運動などが根づきつつある現在においては、むしろ原点に立ち返り、人間にとっての環境の意味を問い直すような観点があらためて必要になるのではないだろうか。

そこで『接続』２００５の特集「環境というトポス」では、いわゆる「環境問題」に限定せずに、もう一度「環境」という「場《トポス》」そのものへと立ち返ることを試みたい。われわれにとって「環境」とは何であり、どこまでを「環境」と呼べるのか、環境の保護・保全はどういう意味をもつのか――こういった一見素朴とも思える問いかけを、ここであらためて行ってみよう。「環境」とはけっして唯一のものではなく、さまざまなイデオロギーや思想がせめぎ合う「闘争の場《アリーナ》」でもある。今回の特集がそうした創造的な場を開き、その場に良き「土地の精霊」(genius loci) が住まうことを願って、巻頭言としたい。

I

【特集】

環境というトポス

In the Arena of Environment

中世における「山」認識の変容

小林一岳

はじめに

宮崎駿監督の『もののけ姫』は、中世の日本列島を舞台にしたアニメーション映画である[1]。そこに描かれたことは多岐にわたるが、メイン・テーマはさまざまな場ですでに語られているように、環境破壊や、人間と自然との相克であるということができよう。

『もののけ姫』において、そのテーマと深く関わるキャラクターとして描かれるのがシシ神である。シシ神は、鹿の姿をした森の主であり、映画の中では「生と死をつかさどる」存在とされる。シシ神の森は、まさに自然そのものの姿として描かれる。映画のストーリの一つの軸が、シシ神の首を狩るということである。それをすすめるのが、鎌倉後期に活躍するアウトロー集団である悪党をモデルにする、「ジコ坊」というキャラクターであり、ジコ坊にシシ神の首を狩ることを依頼したのは帝（ミカド）ということになっている。映画の後半では、実際にシシ神の首が狩られるシーンがあるが、そのシーンはまるで核兵器が爆発した後の世界のよう

1▼宮崎駿監督『もののけ姫』スタジオ・ジブリ　一九九七年。なお、歴史学からの『もののけ姫』へのアプローチとして、市沢哲「映画『もののけ姫』分析─歴史ファンタジーに歴史学はどう関わるか─」『国文論叢』三四号　二〇〇四年があり、多くの興味深い論点を提示している。

な恐怖に満ちた映像で描かれ、映画のクライマックスといってよい。

シシ神の森とは、いわば畏れるべき自然であり、その背後には人類が本来持っていた自然崇拝、つまりアニミズム観念が存在するということができよう。[2] そして、シシ神の首を狩るということは、自然に対する無制限な開発行為を意味し、環境破壊や自然と人間との関係という映画のメイン・テーマが浮かび上がってくるのである。

『もののけ姫』は、歴史に題材を取りながら環境問題を描いた傑作であるが、歴史学の方でも最近環境をテーマとする研究が進んでいる。飯沼賢司は、「環境歴史学」という歴史研究の方法を提示し、「自然と人との関係を論じる歴史学」として位置づけた。[3] これらの研究に導かれながら、自然と人間との関係性（広い意味での環境）を、実態と認識のクロスする場から考えていく必要があると思われる。

そこでここでは、一二世紀から一四世紀にかけての中世前半を主に例にとりながら、「山」という自然に対する人間の認識の変容を考えることにしたい。

1 山のタブーと黒山

児童文学者松谷みよ子の傑作『龍の子太郎』は、龍に変えられ、山奥の湖に封印されてしまったまだ見ぬ母をさがすため、山に入った太郎がさまざまな冒険をくりひろげる物語である。[4] 多くの人が子供時代に読んだ経験を持つと思われるが、そこで母が龍に変えられてしまった理由というのが、山と森の問題を考えるうえでたいへん興味深い。

冒険の果てに、龍となってしまった母にようやく巡り会った太郎に対して、母はつぎのように語る。

2▼ アニミズム観念については、保坂幸博『日本の自然崇拝、西洋のアニミズム―宗教と文明／非西洋的な宗教理解への誘い』新評論 二〇〇三年が日本と西洋の比較をしていて参考になる。

3▼ 環境歴史学については、飯沼賢司「環境歴史学の登場」『ヒトと環境と文化遺産』山川出版社 二〇〇〇年がコンパクトにまとめられている。なお、同「環境歴史学 序説」『民衆史研究』六一号 二〇〇一年も参照。

4▼ 松谷みよ子『龍の子太郎』講談社文庫 一九七二年。

「それはな、龍の子太郎、三びきのいわなをたべたからなのだよ。おまえはしっているだろうか、三びきのイワナをひとりでたべたものはりゅうになる、という、ふるいふるいいいつたえを……。」

春になって村の衆とともに山仕事をすることになった母は、太郎を身ごもっていたが、村の共同の仕事だから休むわけにもいかず、山に入った。村の衆のすすめにより、厳しい山仕事のかわりにみんなの食事の支度をすることとなった母は、イワナを一匹つかまえて、おかずにしようとしたが、誘惑にまけてそれをつい食べてしまった。そして、そのあまりのおいしさに結局三匹のイワナを食べてしまったのである。

「するとどうだろう。のどのおくで火がもえているように、口の中がかっかっとほてって、のどがかわいてきた。おかあさんは手おけの水をごくごくのんだ。のんでものんでも、のどはやけつくようにかわいてくる。おかあさんはたまらなくなって、谷川へかけおりると、水に口をつけ、ごくごくごくごく、のみにのみつづけた。すると、きゅうにからだじゅうの血が、どっとぎゃくにながれたかとおもうと、くらくらとして……おかあさんは、それっきり気をうしなってしまったのだよ。

気がついたとき、おかあさんのすがたはおそろしいりゅうにかわり、いつのまにできたか、それもしらない、ふかいぬまの中にいた……。そのとき、おかあさんはおもいだしたのだ。三びきのイワナをひとりでたべたものはりゅうになる、といういいつたえを……。」

ここで語られるのは、山のタブーである。そのタブーとは、イワナは二匹以上獲ってはならないというものであった。『龍の子太郎』においてはこのタブーは、「だれかがたべて、だれかはひもじいおもいをする、そんなことはゆるされない。くるしい山のくらしの中の、それはおきてなのだよ。」と母により述べられ。山村における食料の共同利用のための自己規制という形で描かれる。しかし、このような形のタブーは、本来山の生きものは山の主（神）のもので、人間がそれを利用するのは山の主（神）に許される範囲内であり、もしそれを侵すならば山の主（神）の怒りをもたらすことになる、という観念に由来するものであるとみることができよう。

このような山が持つタブーは、高度に近代化した時代に生きる私たちには、かなり遠いものとなってしまったようである。私たちは、富士山や日本アルプスの最高峰の山々でさえも「登山」という近代的スポーツの対象にしてしまった。さらに道路等の整備により、その「登山」すら歩かずにできてしまうのである。

しかし、それでも、たとえば一度足を踏み入れれば、迷って出られない恐ろしい場所としての「富士の樹海」のイメージなど、山や森のタブー性というのは、近代の私たちの感性の底のどこかにも、完全に失われることなくなお残っているといえよう。まして、前近代の人々にとって山と森は、タブーに満ちた「場」であったことは容易に想像される。

柳田国男の「遠野物語」や「遠野物語拾遺」には、このような山と森に対するタブーが多く語られる。[5]

白望の山に行きて泊れば、深夜にあたりの薄明るくなることあり。秋の頃茸を採りに行き山中に宿する者、よく此事に逢う。又谷のあなたにて大木を伐り倒す音、歌の声など聞こゆることあり。此の山の大きさは測るべからず。五月に萱《かや》を苅りに行くとき、遠く望めば桐の花の咲き満ちたる山あり。あたかも紫の雲のたなびけるが如し。されども終《つひ》に其あたりに近づくこと能《あた》はず。（「遠野物語」三三）

5▼ 柳田国男「遠野物語」・「遠野物語拾遺」『柳田國男全集　第二巻』筑摩書房　一九九七年。

野崎の佐々木長九郎と言ふ五十五、六の男が、木を取りに白見山に入り、小屋を掛けて泊まって居た時のことである。ある夜谷の流れで米を磨《と》いで居ると、洞《ほら》一つ隔てたあたりで頻りに木を伐る音が聞こえ、やがて倒れる音がした。恐ろしくなって帰って来ると、まさに小屋に入ろうとする時、待てえと引き裂く様な声で何ものかが叫び、小屋に居た者も皆顔色が無かった。やはり同じ頃のことで、是は本人の直話であった。(「遠野物語拾遺」一一七)

小槌の釜渡りの勘蔵という人が、カゲロフの山で小屋がけして泊まって居ると、大嵐がして小屋の上の木に何かが飛んで来てとまって、あいあいと小屋の中へ声をかけた。勘蔵が返事をすると、あい東だか西だかと又言った。どう返事をしてよいか分からぬので暫《しばら》く考えて居ると、あいあい東だか西だかと、また木の上で問ひ返した。勘蔵はなに東も西もあるもんかと言ひざま二つ弾丸をこめて、声のする方を覘《うかが》つて打つと、あゝと云ふ叫び声がして、沢鳴りの音をさせて落ちて行くものがあった。其翌日行って見たが何のあともなかつたそうである。何でも明治二十四、五年の頃のことだという。(「遠野物語拾遺」一一八)

山に入って、茸取りや木こりの仕事をする人々は、その拠点として山中に小屋をかけて生活しながら作業を行っていたが、一時的とはいえタブーに満ちた山で寝起きすることが、いかに恐ろしいものであったかをこれらの物語から読み取ることができよう。

はじめの二つの物語の舞台となる白見(望)山は、遠野から北東に位置し、ブナ林に覆われ、分水嶺となっている境界の山である。「遠野物語」では怪異が語られる不思議な場として数多く登場する。例えば白見山の奥にマヨイガ(迷い家)という屋敷があり、そこに入ると人がいま生活しているように膳の椀が並べられていて、座敷の鉄瓶の湯がたぎっているが誰もいない。恐ろしくなって村に帰ると、それはマヨイガで、その椀を持ち帰ると裕福になるという言い伝えが残される（「遠野物語」六三）。

遠野の人々にとって、白見山のような里から離れた奥深い山は、怪異がよくおこる場として認識される異界であったのである。しかもそれは、「遠野物語」が書かれた明治という近代になってもなお強く人々によって思われていたものであった。当然このようなタブーにみちた異界としての山のイメージは、前近代でははるかに強い形で人々に認識されていたと思われる。平安時代末に成立した「今昔物語集」には、そのような山のイメージを示す説話がある。[6]

三井寺に一人の僧がいて、その名を浄照といった。年十一、二歳ばかりの時、まだ出家はしていなかったが、同じ年頃の童子と遊ぶ際に、戯《たわむ》れに一つの僧の形を刻んで、これを地蔵菩薩と名付けて、古寺の仏壇の辺に置いて、他の童子とともにあそんでいた。

浄照が年三十歳になった時、身に病を受けて日頃から寝つくようになり、ついに病が重くなって死んでしまった。その時急に猛々しい男が二人現れ、浄照をつかまえて駆けていき、黒山のある麓に至った。その山の中に大きな暗い一つの穴があった。彼らは、浄照をその穴の中に押し込んだ。その間のことは浄照は肝をつぶして詳しくは覚えていなかった。ただし、わづかに「私は死んだに違いありません。しかし、生きていた時には法華経を読誦し、観音、地蔵にねんごろにお仕えしていました。必ずこの私を助けてください」と念じて穴に落ちていった。風がきわめて激しく、両目に当たって耐えられない。そこで二つの手で目に当てながら落ちていった。

そうして、遙かに落ちて地獄の閻魔《えんま》の庁に到着した。その場所で四方を見回したところ、多くの罪人が苦しんでいた。泣き叫ぶ音は雷のようであった。その時に一人の小さな僧が現

6▼
佐藤謙三校注『今昔物語集』角川日本古典文庫　一九五五年を参照した。

れた。その姿は清らかで厳《おごそ》かであった。その小さな僧が言うことには「あなたは私を知っていますか。私はあなたが小童の時に遊びで作った地蔵です。発心《ほっしん》ではなく、時の戯れに作ったものであっても、これを結縁《けちえん》として日夜あなたを守っておりました。しかし、たまたま私が他行《たぎょう》していた間にあなたはここに召されてしまったのです」。

浄照は、これを聞いて地に跪《ひざまず》いて涙を流して礼拝した。小さな僧は、浄照を閻魔庁の前に連れて行き、訴えてこれを許してもらった。思う間もなく、浄照はすぐに蘇った。その後は、堅く菩提《ぼだい》心を発して、いくつもの山をめぐり流浪して、永く仏道を修行したということである。(「今昔物語集」巻一七第一九話、適宜省略して現代語にした)。

「今昔物語集」等の仏教説話によくみられる、地蔵霊験譚であるが、ここで興味深い点は、主人公の浄照が死んだ後に連れて行かれるのが、「黒山のある麓」であることである。しかもその黒山には、大きな暗い穴があり、そこは地獄へとつながる通路であったのである。黒山は、現在では「黒山の人だかり」と言う形で表現されるが、平安時代の黒山のイメージは現在とはだいぶ異なっていて、いわば異界との接点としての性格を持っていたのである。

この黒山に最初に着目し、その歴史的性格について詳細な検討を加えた黒田日出男によれば、黒山とは可視的には原始樹海であり、観念的には他界への入り口であったという。[7] そして、そこは人が足を踏み入れたことがない未開の地であるとともに、足を踏み入れてはならないタブーの地であったとされる。前近代の人々が持つタブーに満ちた山のイメージは、この黒山に象徴されていたと言うことができよう。

平安末~鎌倉時代の黒山については、この時代の荘園を描いた荘園絵図にも現れる。荘園とは、簡単に言えば貴族や大寺社の私有地であり、国に払うべき税が免除されている土地であ

7▼
黒田日出男『日本中世開発史の研究』校倉書房 一九八四年、同『境界の中世 象徴の中世』東京大学出版会 一九八六年。本稿における黒山の理解については、黒田氏の研究に多くを負っている。

る。荘園そのものは奈良時代から存在するが、一二世紀になると領域型荘園といわれるものが成立するようになる。領域型荘園とは四至（東西南北の境界線）により画定されている荘園である。つまり一定の囲い込まれた領域を持つものである。その領域は、それぞれの荘園の地理的条件によって異なるが、田畠などの耕地を中心として、荘民が居住する集落、再生産に必要な山野河海を取り込んで成立するものが多い。そして、境界線によって領域を確定させた荘園であるために、成立と同時に証拠のためにその境界を示す図面を作成するのである。これが荘園絵図の中の四至牓示図である。[8]

図-1は、平安末の康治二（一一四三）年に紀伊国の神野真国荘が高野山領荘園として成立した際に作成された絵図である。周辺の八ヶ所に黒い丸がみられるが、これが荘園の境界の標識として絵図上に表現されたランド・マークであり、四至牓示と言われるものである。この牓示の内側が荘園の領域となる。耕地・集落と共に山野や河を含んで成立していることがよくわかる。ここで注目したいのは、牓示周辺から外側にかけて山の部分に黒い墨で波形のマークが見られる点である。

これに関連して南東の牓示の横の注記には、「辰巳牓示、毛無原并阿弖川両庄境黒山峯」とある。神野真国庄の南東に隣接する荘園は、鎌倉時代の地頭非法の荘園として教科書にも記載される阿弖川《あてがわ》荘であるが、その荘園との境界は黒山峯によって隔てられていたのである。このことから考えて、この波形の黒いマークは、黒山を示しているとみてよいであろう。このマークが荘園の周囲ほとんどの部分に覆われていることは、この荘園が山間の盆地に開かれたことを示している。そのような荘園の場合、近接領域との間は黒山という境界により隔てられているのである。このように古代～中世において、黒山は荘園の周囲にひろがる境界領域として認識されていたということができよう。

8▼ 荘園絵図についての研究は多いが、国立歴史民俗博物館編『描かれた荘園の世界』新人物往来社　一九九五年が現在の研究についてコンパクトにまとめられている。

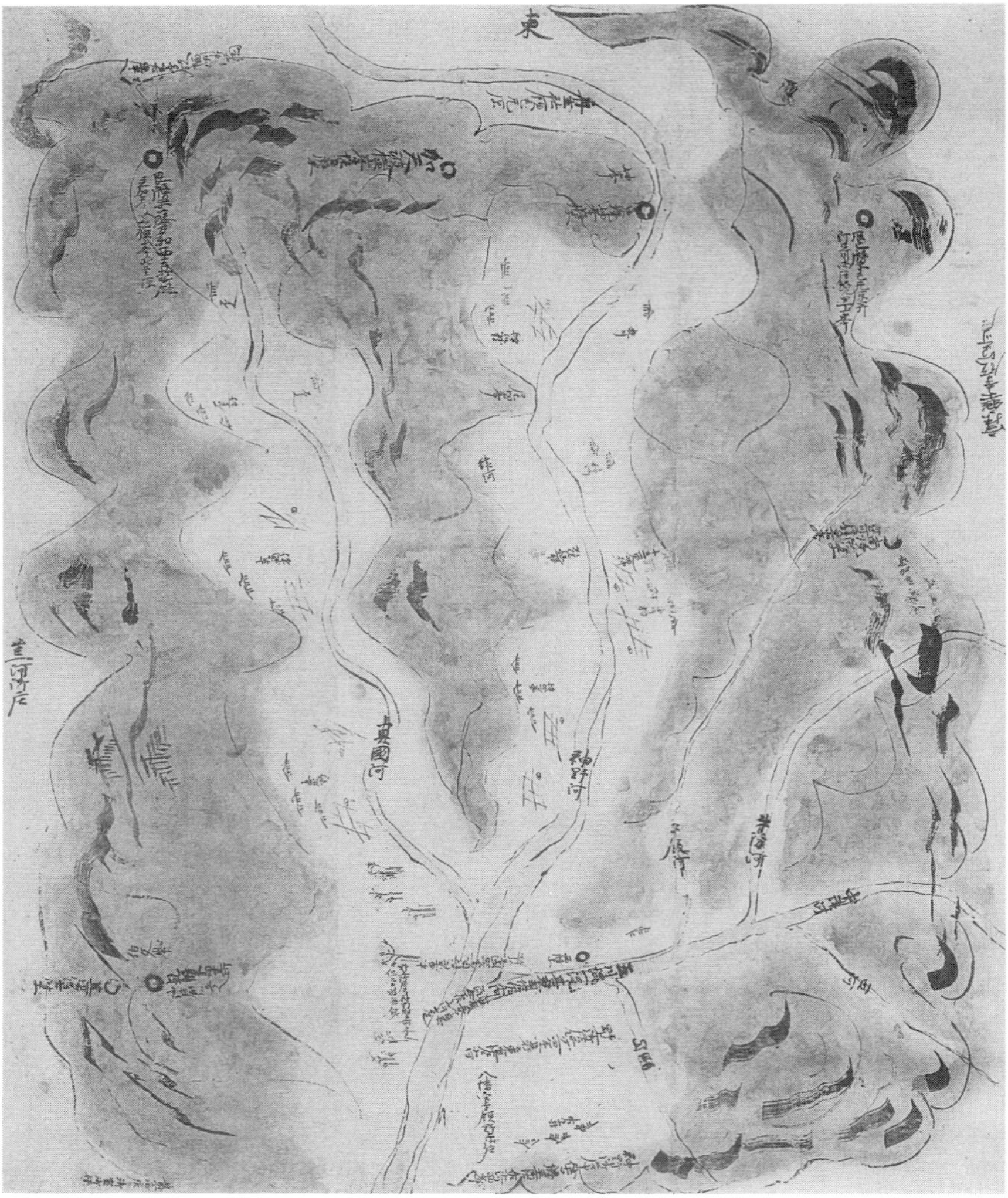

図1　紀伊国神野真国庄絵図（複製）神護寺

しかし、ここで注意しておく点がある。それは、本来黒山は、絵に描けるような限定された領域として認識されるものでなく、タブーに満ちた異界として認識されていたはずである。つまり、本来の黒山は、人間による自然の分節化である〈領域〉としては観念されないものでなければならない。しかし、この絵図が書かれた段階では、黒山は荘園領域と荘園領域にはさまれた境界領域として表現されているのである。その点、本来の黒山の認識から微妙に変化している段階ということができよう。

領域型荘園の形成とは、一言でいえば、人間による開発可能領域の占有のための囲い込み運動ということができる。その結果、黒山が絵図に描かれた時点（一二世紀）で、黒山は本来のタブーにみちた人の踏み入ることのできないものから、開発の射程に入ったということもできよう。そしてこの段階が、日本列島における山の開発にとって大きな画期だと考えることができよう。

2 黒山と霊場

先に、一二世紀の領域型荘園の形成期に、黒山が開発の対象に入ったと述べたが、ただこれはそう簡単に解決される問題ではなかったはずである。黒山、つまり恐れとタブーに満ちた自然をどう克服するのかが、山の利用と開発を目指す人々にとっての最大の課題であったことは容易に想像されるところである。先に引用した「今昔物語集」には、そのようないわば「人間と自然との闘い」を示すような説話をいくつか見ることができる。その代表的なものを掲げる。

陸奥国に住むある男は、家に多くの犬を飼っていて、その犬を連れて深い山に入り、猪鹿に犬をけしかけ獲ることを仕事としていた。

ある時、この男はいつものように犬たちを伴って山に入った。二・三日分の食料を持ち、山にとどまって狩りをしていたが、ある夜大きな木の洞《ほら》の中で眠ることにした。周りに弓・太刀などを置いて、前には火を焚き、犬たちはみな木の周りに寝そべっていた。

多くの犬の中で、主人が特にかわいがっていたすぐれてかしこい犬がいたが、夜更けになって他の犬はみんな眠っているのに、この犬一匹が急に飛び起き、男が寝ている木の洞の方へ向かって激しく吠え立てた。男は不思議に思って近くを調べたがなにもない。犬はなお吠えることを止めずに、男に向かって躍りかかるようにして吠える。男は驚いて、この犬は私が主人であることを忘れて、自分を食べようとしているのに違いないとして、太刀を抜いて脅しても吠え止まない。ついに、犬を切り殺そうと男が洞の外に出たとたん、犬は洞の上の方に躍り上がってなにかに食いついた。上から大きなものが落ちてきたのをよくみると、太さ六七寸、長さ二丈もある大蛇であった。大蛇は犬に頭を食いつかれて堪えられず落ちたのである。男はこれを見て、すぐさま大蛇を切り殺した。

男が大木の洞の中に大蛇が住んでいたのを知らずに寝ていたのを、呑み込もうと思って大蛇が降りてきたその頭を見て、この犬は踊りかかろうとしたのであった。それを男は勘違いして犬を殺そうとしてしまった。もし犬を殺していたらどれほど後悔していただろう。この犬は誠に私の宝だと男は思ってともに家に帰った。（「今昔物語集」巻二九第三二、適宜省略して現代語にした。）

この説話は、日頃かわいがられていた犬が主人の危機を救うという、報恩説話としてはよくあるパターンである。しかし、この物語にはある象徴的な意味が込められていると思われる。

物語にあらわれる大蛇は、洞の中に住んでいるこの大木の主であるということができよう。いわば森の主、森の神である。この大蛇が男を呑み込もうとする行為は、人間が山や森の不可侵性を侵したことへの攻撃と考えられる。つまり、この大蛇は人間にとっての「荒々しい自然」の象徴である。そして、大蛇と闘って男を助けたのが犬ということになるのであるが、これは男によって飼われていた動物であり、別の言葉でいうと「飼い慣らされた自然」ということができると思われる。人間が「荒々しい自然」と対峙する際には、犬に象徴されるような「飼い慣らされた自然」の媒介環を経ることにより、自然を克服することができる、ということの象徴的な意味を、この説話は持っているのである。

このようにタブーと恐れに満ちた「荒々しい自然」にどのように対処するか、人間はそのためのなんらかの媒介環を生み出してきたのではないかと考えられるわけであるが、先に述べた黒山を利用可能な領域に転換させる役割を果たしたものとして、ここでは霊場に着目したい。

山の霊場としては、青森県下北半島の恐山や山形県の月山・羽黒山・湯殿山の出羽三山、木曽の御嶽山等が有名である。このような山の霊場化は、平安時代から中世を通じて、仏教の中でも真言・天台宗などの密教勢力を中心として、山に対する地域住民の自然崇拝を仏教勢力がとりこんでいくような、いわば神仏習合の形をとりながら進められていった。

そのような霊場の中に黒山という名の霊場も存在する。それは埼玉県の越生町にあり、黒山三滝としてハイキング・コーズとして有名である。越生町は、中世では武蔵国越生郷であり、黒山は越生郷の最西部にあり、顔振峠を越えれば吾野となる。この黒山にある三つの滝を中心として室町時代に熊野三山系の霊場として成立したのが、越生の黒山霊場である。黒山霊場にはさまざまな宗教施設が設置され、近代に至るまでこの地域の山岳信仰の一つの拠点として存在していたのである。[9]

このように黒山と霊場は密接に関係していることが考えられるが、そのことをもっともよく示すのが、従来からも注目されている次の史料である。[10]

僧湛慶譲り渡し奉る別所の山地一所の事

紀伊国三上院重野郷奥山の中にあり　字を三滝別所願成寺

四至　東を限る　山峯道　　西を限る　衣笠山

南を限る　滝の上黒山終　北を限る　大野界より古田口まで

この別所は、わたくし湛慶が三上御庄を開発した際に、深山の奥を切り開き、一宇の伽藍《がらん》を建立し、住僧等を招き寄せ、里田四町をもってその費用として宛行ったものである。（中略）ゆえに、この山中東西一六町、南北一六町を限って寺領とし、慈尊三会の早朝の回向《えこう》を行うことにする。そもそも黒山とはこれを伐り払った者が主となるものである。荒野はこれを開発した人間が主となるのは世の常である。（中略）そこでこの（湛慶の私領である）別所を湛慶の舎弟である中納言の君、宗顕に譲り渡すことにする。（中略）

（1155）
久寿二年正月　日　　僧（花押）

（現代語訳）

この史料は、平安時代末に紀伊国三上庄の開発を行った湛慶が、その奥の山を切り開き、そこに一寺を建立して三滝を中心とする霊場を設定し、そこを別所願成寺と名付けたこと、そして東西一六町南北一六町の地を寺領としたことを示すものである。寺領の四至に南の境界が

9▼ 埼玉県越生町の黒山霊場については、『越生の歴史Ⅰ〈原始・古代・中世〉』越生町　一九九七年の第五章「黒山の霊場と山本坊」（松本保執筆部分）に詳しい。

10▼ 僧堪慶山地譲状案「願成寺文書」『和歌山県史』中世史料二　一九八三年所収。

「滝上黒山のはて」と記載されているように、この寺院及び寺領が設置された山は本来黒山であったことは明らかである。さらにここでは、黒山は伐り払った、つまり開発した者がその主となるという原則に応じて、この地が湛慶の私領となったことが主張されている。

ここにみられるように、この史料が作成された一二世紀になると黒山は現実的な開発の対象となり、しかも開発者が私領とすることができるという、一種の社会原則が生まれてきているのである。このような原則の下で、黒山の開発が広汎に進展していることは容易に想定することができる。そして、先に述べた領域型荘園の形成も、このような状況に対応していると考えることができよう。しかし、やはり黒山の持つタブーは存在し、人々はそれをどう克服していったのかということが問題になるであろう。

その点、この黒山が開発されて霊場になったという点が重要な点であると考えられる。有力者である僧湛慶が黒山の開発を行ったことは明らかであるが、彼が一人で山の伐り開きをしたと考えることには無理があろう。当然彼により労働力として編成された地域の人々がいたはずである。実際には、地域住民の黒山の開発への欲求が先にあり、それに湛慶が応える形で山の開発がすすめられたとも考えられよう。黒山の開発には地域住民の合意と協力が不可欠なはずである。

しかし、黒山に対するタブーを強固に持っているのも彼ら地域住民である。このタブーを希薄化するものとして期待されるものこそが、霊場に祀《まつ》られる仏神の力であるとみることができよう。黒田日出男はこの点について、「古代的タブー視された山地が、中世的な聖所へと、『伐掃』う行為を媒介にして転換した」と的確に指摘している。[11]

11▼ 前掲註(7)黒田著書。

「荒々しい自然」の象徴であり、恐ろしい山の神々が支配していた黒山に霊場を設置し、そこに観音・不動などの新しい仏神を置くことにより（ちなみに願成寺の本尊は千手観音である）、黒山はそれらの仏神に守られながら人間が利用しうる領域へと変化するのである。霊場とは、黒山のタブーを希薄化し、開発可能な領域に変換する装置ということができよう。『もののけ姫』に即して言うならば、シシ神の首を狩ったのはエボシやジコ坊でなく、新しい仏神だったのである。

3 山利用の進展と山認識の変容

東京都青梅市に御嶽山という山がある。山頂には御嶽神社が祀られ、中世から現代に至るまで信仰の山として賑わっている。この御嶽神社の祭神として大口真神（オオクチマガミ）という神がある。これはその名の通り大きな口を持つ狼の姿で描かれる（写真参照）。

縁起によれば、この狼は御嶽の主であったが、ヤマトタケルの東国遠征の際に、彼に従って道案内をしたという伝承を持つ。「荒々しい自然」の象徴としての狼が「飼い慣らされて」神として祀られることにより、そこが霊場化されていったわけである。そのことにより、御嶽周辺の奥深い山々は、開発のために人が入ることが可能な領域となっていった。このような例は、全国各地にあると思われる。

それでは、このような霊場化した山々における具体的な山利用はどのようになされ、山に対する認識がどのように変化していったのか最後にみておくことにしたい。ここでは、近江国葛川《かつらがわ》を題材としたい。葛川は現在滋賀県大津市に含まれる地域であり、江戸時代には八ケ村の小村が成立していた。地理的には、琵琶湖西岸に聳《そび》える比良山の背後にあたり、琵琶湖に注ぐ安曇《あど》川流域の山間村落という特徴を持つ。葛川の中心に位置する坊村には、比叡山の行者が参籠修行を行う明王院不動堂があり、そこを中心として平安期に天台霊場が成立した。[12]

12▼ 葛川についての研究は多いが、坂田聡『日本中世の氏・家・村』校倉書房 一九九七年が現在の研究水準を示している。

写真-1

葛川においては、平安期から「在家五宇」という形で数を限定した人々の居住が承認され、彼らは「根本住人」と呼ばれていた。そして、住人には、明王院から一定の義務が与えられた。それは、比叡山から修行のため明王院にやって来る行者が、修行の最後に奉納する巨大な木製の卒塔婆（供養塔）の提供と、不動堂等の堂舎の檜皮《ひわだ》葺きの奉仕であった。そのかわりに、住人には葛川地内における限定した山野用益が許可されていたのである。住人側からすれば、葛川の霊場化により、限定的ではあるが安定した山野の利用ができるようになったということができよう。そこでは、住人と仏神との間のいわば暗黙の契約が成立したのである。

ところが鎌倉期に入ると、山野の利用が進展してくる。それは、安曇川に沿って若狭地域と京都を結ぶ交通路の整備が進み、葛川がいわば京都近郊地域となって行ったことと関係する。また、安曇川から琵琶湖を結ぶ水運も同時に整備されていったものと考えられる。葛川の木材・板や薪炭は、京都へと直接運ばれるようになり、それとともにそれらの生産が増加し、森林資源の利用も拡大していった。そして、その結果従来の安定的な山野利用が崩れていったものとみられる。それを示すのが次の史料である。[13]

敬白　起請文の事

（中略）

一　瀧山樹林は一枝といえども盗み切ってはならない。

一　御殿尾樹林は一本といえども自由に盗み切ってはならない。

右の二ヶ条の起請文により、葛川住人等は自由に任せて両所の樹林について、一本であっても、もしくは一枝であっても、盗み切ってはならない。子々孫々に至っても、この起請文の内容を守り、きまりを犯してはならない。もしこの二ヶ条において万一きまりを犯した人

13▼ 葛川起請文「京都大学所蔵葛川明王院文書」『鎌倉遺文』補遺第三巻　一二六五号　東京堂出版　一九九五年所収。

間がいたならば、現世には病を受けて長くその身を損ない、後生には鎮守の罰を受けて、長く無間地獄に落ち、出られることはない。もし他人が木を切る事があり、それを見聞きしながら制止を加えなければ、同じ罪となる。起請文の内容は以上である。敬白
延応二年三月廿六日
（現代語訳）

鎌倉時代前期の延応二（一二四〇）年の、葛川における森林資源の利用についての起請文である。起請文とは神に誓約する文書であるが、日本中世では神を媒介とすることにより成立する一種の「法」としての機能を持っていた。この起請文は、明王院側が作成し、葛川住人に誓約を要求した法であるとみることができる[14]。

内容としては、葛川内の瀧山の樹林については、一枝であっても盗みきってはならない、御殿尾（山）の樹林については一本といえども自由に盗みきってはならないというものである。そしてこの禁を破った場合には、仏神の罰を受けることになり、現世では病を受け、来世においては無間地獄に堕ちるということになる。そしてこの罪は、他人が樹木を切りとったのを知りながら見逃した場合にも適応されることが明示されている。

このようにこの法は一見たいへん厳しいものとみることができるが、ただ樹木が生えている場所によって微妙な差がつけられていることに注意を払う必要があろう。瀧山とは、平安期に葛川霊場を開いた相応和尚の感得によって、不動明王が出現したとされる三の瀧周辺の山を意味し、いわば葛川霊場の中核にあたる場所である。この場所では、たとえ樹木の下枝であってもその利用は厳しく禁止されている。しかし、明王院周辺の山である御殿尾山の場合はそれほど厳しいものではなく、木そのものの伐採は禁止されているが、薪として重要な燃料となる下

14▼起請文についての研究は数多いが、千々和到「中世民衆の意識と思想」『講座　一揆　4　生活・文化・思想』東京大学出版会　一九八一年が重要である。

枝や枯れ枝については、自由に利用できるものと考えられよう。また肥料になる下草については、どちらの地域の場合にも自由に利用できたものと考えられる。

このように、一見明王院側による厳しい森林利用規制のようにみえるが、実際は葛川霊場の中核部にまで、森林資源の利用が進展してきていることを示すものとみることができよう。それとともに注目されることは、森林利用の規制が、古代的なタブーによるものから中世的な法、しかも暗黙の契約ではない明文化された法に変化していることである。このような法の形成も、やはり資源の急激な利用の進展と対応しているのである。

このような形で森林の開発が進展していくと、仏神の霊場そのものも危機に瀕してくるようになることが想定される。黒山のタブーを利用可能なものに変換する装置としての役割を担っていた霊場は、いわば自らの役割により自らの存在そのものを不安定なものとしていくことになっていったのである。

そして、それへの対応がはかられることになる。葛川の場合には、一三世紀後半から周辺の伊香立荘や木戸・比良荘などの近隣荘園との山資源をめぐる紛争が激化するようになってくる。そしてその紛争の過程で葛川側の正当性を主張するために、一四世紀初頭の文保年間に作成されたのが、「葛川絵図」である（図-2）[15]。

この絵図は、葛川の南に隣接する伊香立荘との山の境界をめぐる紛争の際に作成されたものである。絵図には多くの情報が含まれるが、ここでは樹木の描かれ方に注目したい。絵図の左（北）端に描かれる、明王院不動堂周辺のいわゆる御殿尾山と不動堂東側の瀧山周辺、さらに紛争の中で新たに聖地として設定された絵図中央部の秘所瀧周辺については、密度の濃い、深い原生林（一次林）として描かれている。それ以外の山、とくに絵図右（南）端の伊香立荘との境界の山については密度の薄い疎林としての植生で描かれる。その周辺にはいくつかの炭窯

15▼
葛川絵図（明王院所蔵）。この絵図の記号論的な分析については、葛川絵図研究会「「葛川絵図」に見る空間認識とその表現」『日本史研究』二四四号、一九八二年に詳しい。絵図の作成と近隣荘園との紛争の関係については、下坂守『描かれた日本の中世　絵図分析論』法蔵館　二〇〇三年参照。

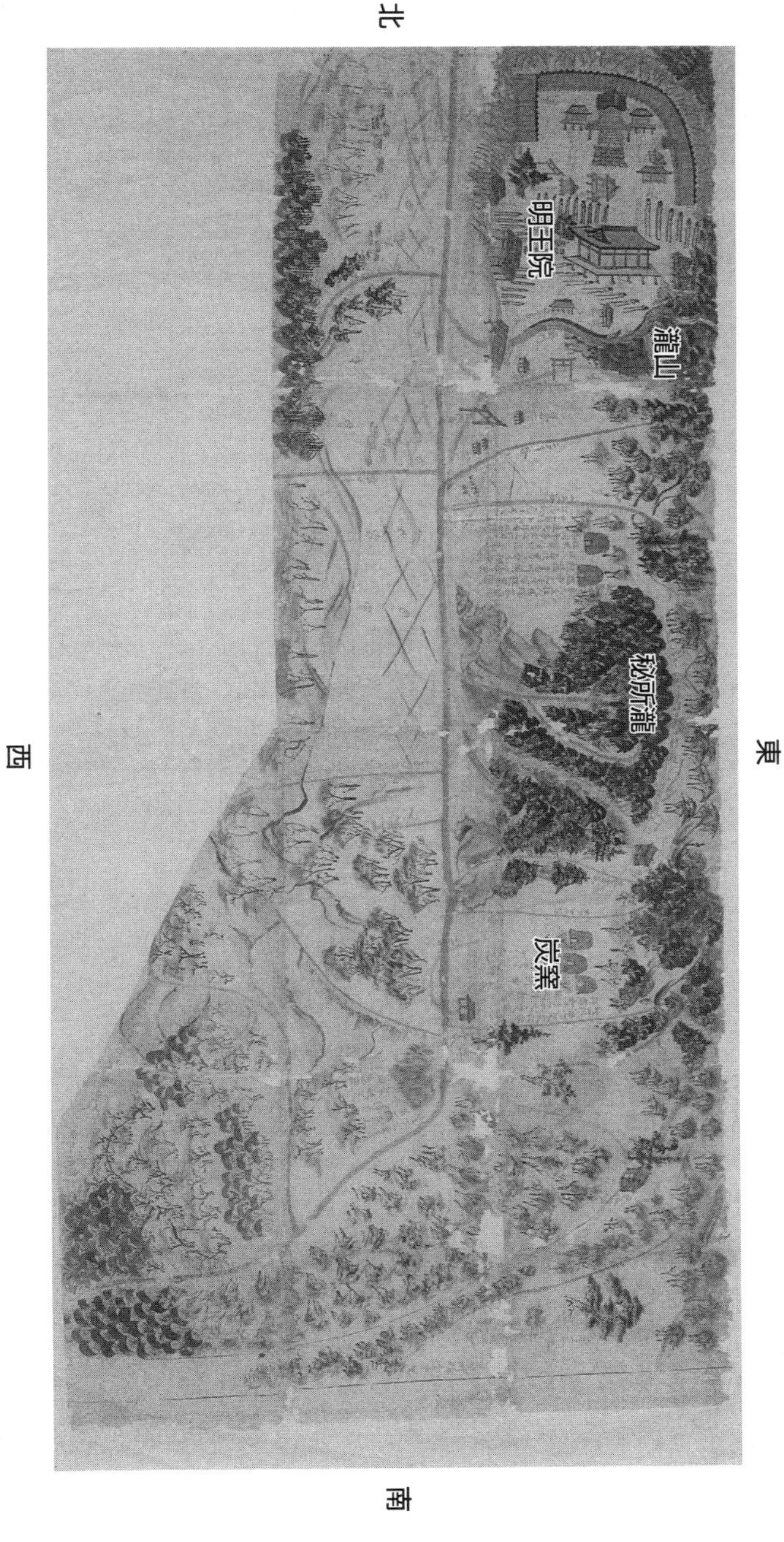

図2　近江国葛川明王院領絵図　　葛川息障明王院

も描かれていることから、葛川では一四世紀初頭の段階で、霊場の中心部以外は森林利用が急激に進展し、薪炭生産による二次林化が進んでいることをみてとることができる。このように、鎌倉時代末一四世紀の葛川においては、森林資源の利用はいきつくところまで進み、すでに枯渇が近いと言っても過言ではないのである。そしてそれが、激化する紛争の背景に存在するということができよう。[16]

このような状況では、葛川住民も自らの地域の森林資源を守ることが必要となる。そのためには、明王院と一体化し霊場の性格を強調することによって、葛川をひとつのものとしていくという動向をとっていくことが想定される。[17] 一四世紀以後葛川という地域の一体化（中世史では一円化という）が進展していくことの背景には、このような動向があるのでないかと考えられる。その結果葛川は、そこに居住する住民により支えられる一体化した地域となっていったのではないだろうか。

一四世紀後半以後、葛川と近隣の荘園とのめだった紛争は史料上みられなくなる。これは、近隣地域相互の交渉を通じての山の共同利用が計られるようになった結果と考えられる。いわば新しい法が地域社会に形成されるようになったものであろう。そして、このような状況は、次の近世社会へとつながっていくものと考えられる。[18]

おわりに

古代から中世にかけての人々の「山」認識の変容について考えてみた。そこではやはり一二世紀の領域型荘園の成立が、「山」に対する認識変化の大きな画期であるということが再確認できよう。その時期に、タブーと恐れに満ちた黒山という「山」認識から、開発可能領域とし

16▼ 葛川における資源開発と環境の変化については、高木徳郎「中世における山林資源と自然環境」『歴史学研究』七三九号二〇〇〇年参照。

17▼ この点については前掲註(15)下坂著書参照。一四世紀以後の霊場は、成立期とは性格が変化し、住民主導のものとなっていたと考えられる。なお、鎌倉後期における殺生禁断の形をとった民衆側からの環境保全活動については、苅米一志『荘園社会における宗教構造』校倉書房二〇〇四年参照。

18▼ 葛川における紛争と山野の共同利用については、拙著『日本中世の一揆と戦争』校倉書房二〇〇一年に簡単に指摘した。なお、『山間村落における交流の総合的研究』(研究代表者小林一岳)科研費研究成果報告書二〇〇一年参照。

ての「山」認識へ、という大きな転換があったということができる。そして、その転換には霊場が大きな役割を果たしていたのである。

そして、一四世紀がもうひとつの画期であるいえよう。日本中世史研究では、この時期を領域型荘園の再編成の時期として位置づけるが、それは、開発可能領域となった「山」の開発が急激に進展し、近隣地域を巻き込んでの村相互、荘園相互の紛争が激化する状況に対応していたのである。そしてこのことが、一四世紀の六〇年にわたる戦争（南北朝内乱）の基底に存在するとみることができよう。[19]

一四世紀の日本列島を舞台にした『もののけ姫』では、燃料用材や炭を大量に消費するタタラ場を中心に森林破壊が進んでいることが描かれている。現実の日本列島においても、各地で森林破壊が進んでいたのである。映画では、最後には山と森林のタブーを象徴するシシ神の首が狩られてしまうことになるが、現実世界においても、タブーとしての黒山は消えて行き、宗教的観念と民俗的世界に残っていくのである。

▼19 同前拙著。

［参考文献］

網野善彦「ヒトと環境と歴史学」『ヒトと環境と文化遺産』山川出版社　二〇〇〇年。

飯沼賢司「環境歴史学の登場」『同前』。

飯沼賢司「環境歴史学序説」『民衆史研究』六一号　二〇〇一年。

市沢哲「映画『もののけ姫』分析—歴史ファンタジーに歴史学はどう関わるか—」『国文論叢』三四号　二〇〇四年。

『越生の歴史Ⅰ〈原始・古代・中世〉』越生町　一九九七年。

葛川絵図研究会「「葛川絵図」に見る空間認識とその表現」『日本史研究』二四四号　一九八二年。

黒田日出男『日本中世開発史の研究』校倉書房　一九八四年。

黒田日出男『境界の中世　象徴の中世』東京大学出版会　一九八六年。

国立歴史民俗博物館編『描かれた荘園の世界』新人物往来社　一九九五年。

小林一岳『日本中世の一揆と戦争』校倉書房　二〇〇一年。

小林一岳（研究代表者）『山間村落における交流の総合的研究』科研費研究成果報告書　二〇〇一年。

坂田聡『日本中世の氏・家・村』校倉書房　一九九七年。

佐藤謙三校注『今昔物語集』角川日本古典文庫　一九五五年。

下坂守『描かれた日本の中世　絵図分析論』法蔵館　二〇〇三年。

瀬田勝哉『木の語る中世』朝日選書　二〇〇〇年。

高木徳郎「中世における山林資源と自然環境」『歴史学研究』七三九号　二〇〇〇年。

田村憲美「中世林業史の一・二の問題」『民衆史研究』六一号　二〇〇一年。

千々和到「中世民衆の意識と思想」『講座一揆　4　生活・文化・思想』東京大学出版会　一九八一年。

保坂幸博『日本の自然崇拝、西洋のアニミズム―宗教と文明/非西洋的な宗教理解への誘い』新評論　二〇〇三年。

松谷みよ子『龍の子太郎』講談社文庫　一九七二年。

宮崎駿『もののけ姫』スタジオ・ジブリ　一九九七年。

柳田國男「遠野物語」・「遠野物語拾遺」柳田國男全集　第二巻　筑摩書房　一九九七年。

米家泰作『中・近世山村の景観と構造』校倉書房　二〇〇二年。

ダイアローグ

旅の「出口」

松谷みよ子『龍の子太郎』をめぐって

◉

宮川健郎

小林一岳は、松谷みよ子『龍の子太郎』をとりあげ、「山のタブー」を語り、山と森の問題を考える上で興味深い作品としている。なるほど、そうだ。

『龍の子太郎』は、一九六〇年に刊行された創作児童文学だが（講談社、八月）、その成立については、作者自身が『民話の世界』（講談社現代新書、一九七四年一〇月）などで述べていることがある。

松谷みよ子は、太平洋戦争中から童話を書いていたが、戦後、木下順二らの「民話の会」（一九五二年創立）の運動などにうながされて、夫・瀬川拓男とともに、はじめて民話をたずねる旅に出る。一九五六年のことだという。むかったのは、瀬川の郷里で、松谷にとっては、かつての疎開先である長野県だった。この採訪の旅で、松谷は、太郎の話に出会う。

最初は、小県《ちいさがた》の中塩田で出会った太郎だ。この太郎は、鞍淵《くらぶち》の大蛇が生んだ赤ん坊だった。大蛇はやがて死ぬが、赤ん坊は、川下へ流れ、小泉村の婆さまにひろわれて、小泉小太郎と名づけられる。脇の下には、ウロコのかたちのあざが三つあったという。この小太郎は、食っちゃあ寝の物ぐさ太郎で、ちっとも働かない。小太郎が一五になったとき、「ちったあ手伝いもしろや」と婆さまがいうと、彼は、むっくり起きあがって、小泉山へ焚き物をとりに出かけ、山中の萩をとりつくして山のようになったのを、たった二束にまとめて帰ってくる……。

食っちゃあ寝の小泉小太郎の話を聞いた松谷が、山をこえて松本に入ってみると、そこでは、泉小太郎の話が語られていた。

むかし、松本・安曇《あずみ》のあたりは、大きな湖だったという。泉小太郎という少年は、母である犀龍《さいりゅう》の背中にのって山を切り拓き、湖の水は北海におとして平野をひらいた。

このときの民話採訪をもとに、瀬川・松谷の共同で編まれた『信濃の民話』（未来社、一九五二年六月）には、安曇・筑摩の里の話として「小泉小太郎」がおさめられている。ところが、この「小泉小太郎」の再話は、中塩田の小泉小太郎も、松本の泉小太郎もふくみこんだものになっている。再話者として名前が出ているのは、松谷ではなくて、瀬川拓男。瀬川は、附記として、こう書いている。

〈このお話は筑摩の里におさめましたが、各地にいろいろな形となっている伝説です。所によっては白龍太郎とも泉小太郎ともよばれています。南安曇、北安曇、東筑摩、小県の各郡にのこっているお話をまとめ、（中略）これを一つの物語にしました。[1]〉

松谷みよ子は、この小泉小太郎伝説をもとに『龍の子太郎』を創作するのだけれど、瀬川拓男による再話「小泉小太郎」は、すでに『龍の子太郎』を明瞭にはらんでいた。つぎは、再話「小泉小太郎」で、小太郎と母龍が山を切り拓く場面。

〈「小太郎いいかい。」

「おっかさん。」

あれ狂う雨風をしたがえて、犀龍はどっと山にぶつかった。しかし、山はびくともしない。ふたたび身をひるがえして満身の力をこめてぶつかる。

1▼ 柳田国男『桃太郎の誕生』（三省堂、一九三三年一月）には、「小泉小太郎と泉小次郎」という節があり、小泉小太郎と〈犀川盆地の泉小次郎と、元は一つであったろうことが注意せられる。〉という指摘がある。このことには、松谷みよ子『民話の世界』でも言及されている。

二度、三度、四度……。

（中略）

「もう一息だ、おっかさん。」

「ようし。」

犀龍が最後の力をふりしぼってぶつかった時、

ど、ど、ど、ど、……。

はげしい山鳴りと共に、山はくずれ、そのさけ目から水が滝となって流れおちた。

流れにのって……小太郎をのせた犀龍は山をきりひらき、森林をおし流し、とうとう信濃の国をつらぬいて北の海へおどりだしていった。〉

この場面は、創作『龍の子太郎』でもクライマックスになるが（文章もこの再話「小泉小太郎」とかさなるところがある）、小林一岳が「山のタブー」が描かれているとしてとりあげたのは、『龍の子太郎』の発端である。

太郎が母のおなかにいたとき、母は空腹に耐えられず、山仕事に出た村の者たち何人かと食べることになっていたイワナ三匹をひとりで全部食べてしまう。そして、〈三びきのいわなをひとりでたべたものはりゅうになる〉という古い言い伝えどおり、母は、龍になってしまう。これも伝説をふまえて書かれたところだけれども、これは、信濃の民話ではなくて、秋田のものだという（松谷『民話の世界』前掲参照）[2]。

生まれた太郎は、母の目玉をお乳がわりにしゃぶって大きくなる。やがて、太郎は、どこかに姿をかくしてしまった母、盲目の龍をさがしに行く。ようやく見つけた母は、湖の底の泥のなかにひそんでいた。母からはじめて龍になった理由を聞いた太郎はいう。

〈「そんなことってあるか！」

2▼ 松谷みよ子『民話の世界』には、こうも書かれている。

〈母は、なぜ三匹のイワナをたべたのだろう。ただ、おなかがすいていたからというのでは悲しすぎる……。そのときひらめいたのは、私が経験した悪阻《つわり》のことだった。人によってその辛さは違うけれども、においをかいだだけで吐気をもよおす食物もあれば、どうにもならないほどからだが要求し、口にしないではいられなくなる、この悪阻というもの、（中略）太郎の母が三匹のイワナをたべる必然性をそこにおくことによって、貧しさの、さらに底辺にある女性の哀しさを据えてみたい。

小泉小太郎から龍の子太郎へ、こんなふうな経過をたどりながら、かたちづくられていった。祖先と自分との、合作であるという実感があった。〉

いきなり、はげしく、たたきつけるように、龍の子太郎がさけびました。

「そんなことってあるか！　おかあさんはぐあいがわるかったんじゃないか。ぐあいがわるいとき、すきなさかなを三びきたべたばっかりに、人間でいられなくなるなんて、そんな、そんなこと、うそっぱちだ。」

「だっておまえ……。」

　おかあさんのりゅうは、ひくい声でいいました。

「いわなはたった三びきしかなかったのだよ。それを、だれかがたべて、だれかはひもじいおもいをする、そんなことはゆるされない。くるしい山のくらしの中の、それはおきてなのだよ。」

「ちがう、ちがう。おらがいいたいのは、もしそのとき、いわなが百ぴきあったら、ってことなんだ。うんまい、米のにぎりめしが百あったら、ってことなんだ。（後略）」〉

そして、太郎は、母である龍の背中にのり、龍は、山に体をぶつけて、広い広い、よく肥えた土地をひらく。やがて、龍は、女のひとの姿にかわり、人びとは、新しい土地をたがやしはじめる。〈そうだ、しごとはこれからなんだ。いこう、おかあさん、いってはたらこう！〉

――これは、作品のおしまいに置かれた太郎のことばだ。

この作品について、古田足日がつぎのように述べたことがある。

〈この時期生まれて、その後もっとも多数の読者を獲得したのは「龍の子太郎」である。なぜそうなったのか。その理由の一つとして、「龍の子太郎」が戦後民主主義をもっともよく代表する作品であったことがあげられるだろう。三びきのイワナではなく一〇〇ぴきのイワナを、という問題解決のあり方は、三つの保育所ではなく、ポストの数ほど保育所を、ということと照応する。その意味で「龍の子太郎」は戦後民主主義の公約数的な作品なのであっ

『龍の子太郎』初版の函、久米宏一絵

た。〉（古田「現代児童文学史への視点」、『講座日本児童文学』五、明治書院、一九七四年三月所収）

「イワナ百ぴき」の発想については、のちに〈GNP的発想〉（細谷建治「『龍の子太郎』の発想」、『日本児童文学』一九七四年一〇月）などの批判も出た。

　吉本隆明が、作品の「入口」と「出口」ということをいったことがある（『ハイ・イメージ論Ⅰ』福武書店、一九八九年四月）。吉本は、作品の「入口」とは、〈作者のモチーフが最初に鮮明にされている個所〉〈モチーフが口を開けている個所〉だという。それに対して、「出口」とは、〈作品のモチーフが消去される像《イメージ》の場所であり、「そのために」作品がつくられた動機がフェイド・アウトするところを、像《イメージ》か意味によってしめしている場所だ。〉（ルビ原文）

　松谷みよ子『龍の子太郎』という作品の「入口」は、イワナ三びきを食べてはいけないという、おきて＝「山のタブー」を太郎の母が破るところにあると考えることができる。おきてを破ったことによって、母は、龍となり、太郎は、その母をもとめて旅に出なければならなくなる。作品の「入口」となる、そのモチーフは、作品の結末で「イワナ百ぴき」の発想に転化し、作品は、「出口」を得ることになる。

　『龍の子太郎』は、一九六〇年に刊行された。同じ年に刊行された、山中恒『赤毛のポチ』（理論社、七月）は、まずしい炭坑長屋の少女カッコと野良犬のポチも、新しく結成された労働組合の戦列にくわわるという締めくくりになっている。やはり六〇年刊行の今江祥智『山のむこうは青い海だった』（理論社、一〇月）は、中学生の次郎が自分の気弱さを何とかしようと家出をする。自己変革の、これも旅の物語だ。『龍の子太郎』は民話の再創造、『赤毛のポチ』は社会主義的リアリズム、『山のむこうは青い海だった』はリリカルな文体でかかれた少年小説と、それぞれの作品のテイストはずいぶんちがうけれど、この三作品からは、「人間は成長すべきもの、世の中は変革されるべきもの」というような共通の考えをくり出すことができるだろう。一九六〇年のこれらの作品、そして前年の佐藤さとる『だれも知らない小さな国』(講談社、八月)、いぬいとみこ『木かげの家の小人たち』(中央公論社、一二月)などが、日本の現代児童文学を出発させたのだった。それは、小川未明らの近代童話が、詩的・象徴的なことばで心象風景を描くものだったのに対して、散文的・説明的なことばで子どもをめぐる状況(社会といってもよい)を描くものになっていったのである。

「山のタブー」を書くことが『龍の子太郎』という作品の「入口」をつくった。太郎の長い旅のおわりが、作品の「出口」にもなったわけだが、その「出口」を出た、そこに広がっていたのは、「戦後民主主義」という景色、「人間は成長すべきもの、世の中は変革されるべきもの」というながめだった。これは、小林一岳が〈黒山のタブーを希薄化し、開発可能な領域に変換する装置〉とした「霊場」とかさなる風景だったのではないか。

場所・人間・文学

アメリカ南西部の物語と環境公正運動

茅野佳子

序章　アメリカ南西部と文学

『南西部を書く』（*Writing the Southwest* 1995）という本がある。アメリカ南西部と深い関わりをもつ一四人の現代作家を紹介し[1]、作家自身の語る生い立ちや土地との関わり、土地の歴史、そして代表的な作品からの抜粋を載せている。この地域を特色づけているのは、ネイティヴ・アメリカン、メキシカン・アメリカン、そしてアングロ・アメリカンの文化であり[2]、三つの文化が複雑に混ざり合いながら、南西部の大地をマトリックスとして紡ぎ出す多様な物語をこの本は紹介している。それは一人一人の作家が語る別々の物語でありながら、全体としてひとつの壮大な、そして絶えず動き続ける「南西部物語」を形作っている。そこからは作家たちの声ばかりではなく、人々の語り継いできた物語や大地の声も聞こえてくる。

編者のデイヴィッド・ダナウェイ（David Dunaway）によると、この本は、同タイトルのラジオ番組シリーズで放送された作家たちとのインタビューをもとに編纂したものだという。変

1 この中から本稿で取り上げた作家は、ルドルフォ・アナヤ（Rudolfo Anaya 1937～）、ジョン・ニコルズ（John Nichols 1940～）、サイモン・オティーズ（Simon Ortiz 1941～）の三人である。

2 本稿では主にこの三つの呼称を使用しているが、参考・引用文献の中で用いられている呼称や歴史的コンテクスト等に応じて、インディアン、先住民、チカノ、ヒスパニック等も使用している。

化を続ける南西部の多様な物語を伝える手段として、様々な背景を持ち様々な言葉を話す作家の声を直接聞くことのできるラジオ番組は効果的だが、これを一冊の本にまとめ、広くアメリカ全土に、そして世界に発信することの意味も大きい。この南西部という辺境の地で繰り返されてきた少数民族に対する抑圧や支配、そしてそれに伴う環境破壊の大きな原因のひとつが、そこに暮らす人々への関心や理解、想像力の欠如にあったことを考えると、この土地の様々な声で語られる物語に多くの人が耳を傾けることは重要だからだ。地方主義（regionalism）の伝統をもつアメリカ文学において、「南西部文学」がアメリカ文学のひとつの領域として注目を浴びるようになったのは最近のことである。

さて、アメリカ南西部とは一般にアメリカ合衆国南西部に位置する四つの州――ユタ、アリゾナ、コロラド、ニューメキシコ――にまたがる地域を指すが、州境という人為的な境界線では区切ることのできない、いくつかの地理的・歴史的・文化的特徴を共有するひとつながりの場所と考えるのが適当と思われる。乾燥した土地、山、メイサ（mesa）と呼ばれる西部劇によく出てくる頂上の平らなテーブル状の台地、その間を貫いて走る大河と支流、長い年月をかけて川の流れが山あいに深く刻み込んだ峡谷、そして水のあるところにできた集落や町。息を飲むような大自然とその中で衝突と交流を繰り返しながら共存してきた多様な文化が、多くの作家やアーティストたちを惹きつけてきた。乾いた土地なので水を大切にする生き方と信仰が生まれ、水をめぐる問題も起きた。

自然のままに残され人を寄せつけないように見える広大な大地は、人間がいかに小さな存在であるかを感じさせ、知恵と力の限りを尽くしても及ばない自然の力を感じさせる。また隔離性の高いこの地域の地形は、ある文化が他の文化に完全に吸収されてしまうことを防ぎ、異なる文化や新旧の文化が共存することを助けたとも言われている。しかし、長い歴史の中で、抑圧や差別を受けてきた住民の言葉や伝統文化が根絶の危機に瀕することもあったし、至る所で目に見えない環境破壊が進み、それが古くからこの土地に暮らす人々の人権問題と深く関わっていることも否定できない事実なのである。

この南西部という場所とそこに暮らす人々の直面している問題を理解することは、今世界が抱えている様々な問題（環境の問題、紛争や戦争の問題、人権の問題等）を考える上で、欠かせない視座を提供してくれる。異なる伝統や生活様式をもつ人間がお互いに接して暮らしていくときそこで何が起こるのか、人間は自然とどう関わって生きてきたのか、人が人を支配し搾取する関係と環境破壊との間にどんな関係があるのか、自分中心の視点がずれる時に何が見えてくるのかといったことを問う視点である。一般論やステレオタイプを越えて未知の場所や人々を理解するには、その場所を訪れ現状を知ることも大切だが、現状をもたらした歴史、特に地元の人々の体験に目を向け、語り継がれてきた物語に耳を傾ける必要があり、文学が大きな役割を果たしている。特にこの南西部では、マイノリティ作家の文学を中心とする、地元作家による文学の隆盛と人権運動の高まりとは密接なつながりがあり、それが環境問題への取り組みとも深い関わりをもっているようである。

本稿では、まず筆者自身の見た現在の南西部の様子と地元の人の話を紹介しながら、先史時代から現在に至る歴史をたどり、次にアメリカの環境・人権運動の流れと、環境公正の視点を取り入れた最近の環境文学研究の動きについて整理しておきたい。最後に、二〇〇四年九月にアリゾナ州で開催された「グローバリゼーションと環境公正」をテーマとするシンポジウム報告を通して、南西部の文学（口承文学を含む）が環境や人権の問題とどう関わってきたのか、そしてどう関わっていこうとしているのかを考えてみたいと思う。

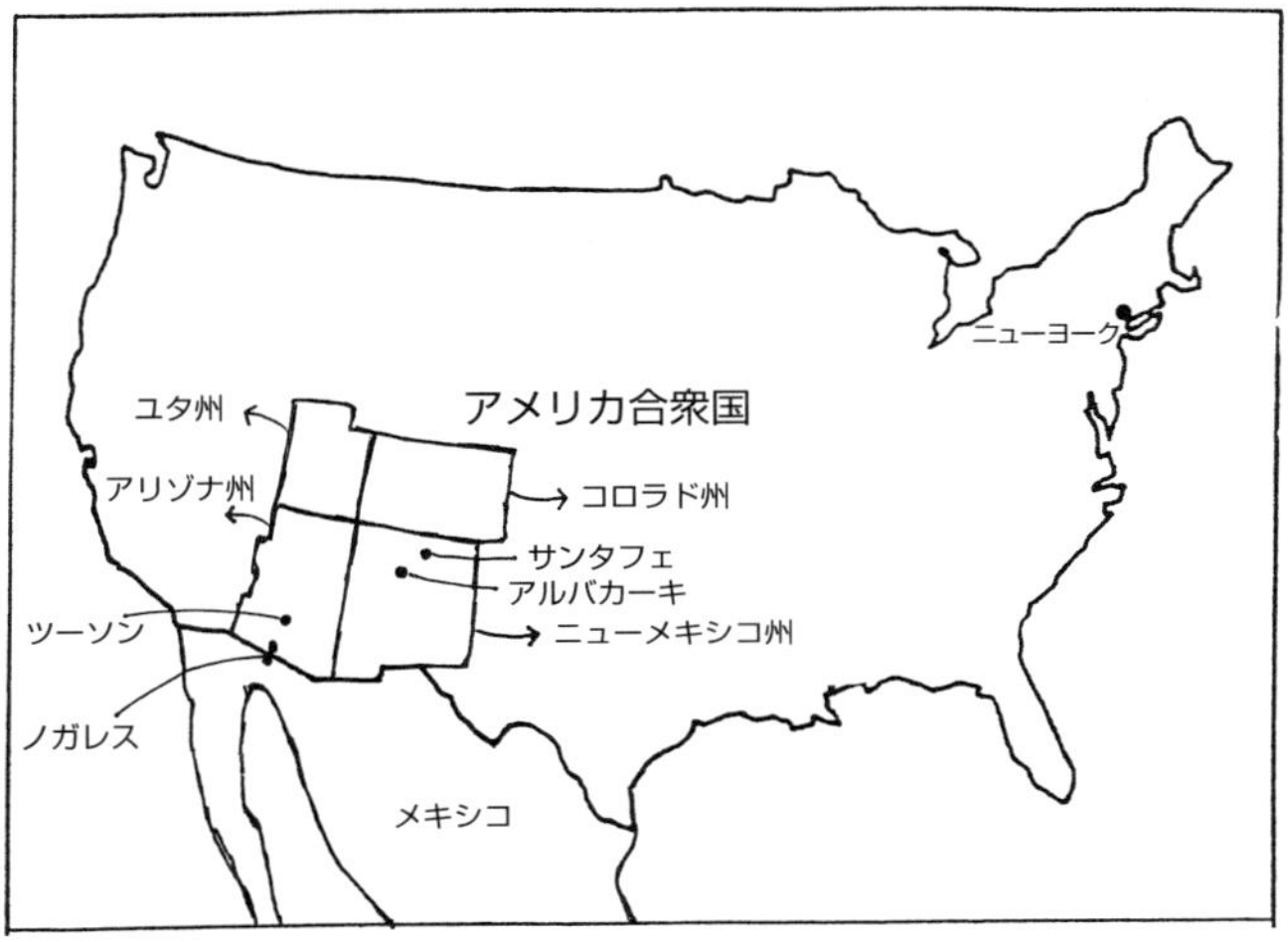

図版1　アメリカ南西部の地図

写真1　古代先住民の遺跡（Jemez State Monument, New Mexico）

写真2　"Enchanted Mesa" と呼ばれるテーブル状台地（Acoma, New Mexico）

（写真はすべて著者撮影）

第1章　アメリカ南西部の歴史とニューメキシコへの旅

1　ウィラ・キャザー『大司教に死は来る』に描かれた南西部体験

私が初めてアメリカ南西部ニューメキシコ州の州都サンタフェを訪れたのは、二〇〇〇年の八月末、目が痛くなるほどの青い空にダイナミックに浮かぶ白い雲が絶えず形を変えながら流れていく、乾いた暑い季節だった。

きっかけは、アメリカの女流作家ウィラ・キャザー（Willa Cather 1873~1947）が円熟期に書いた『大司教に死は来る』（*Death Comes for the Archbishop* 1927）を読んだことで、そこには、メキシコからアメリカ領土になったばかりのこの土地の様子や歴史上の出来事、派遣されたフランス人司教が体験する異文化間の衝突や交流が詳細に描かれていた。作品の舞台となった場所への関心からサンタフェとその周辺地域を訪れ、初めてこの土地を訪れた人の多くが経験するように、大自然の力とそこに暮らす人々が作り上げてきた独特の文化や生き方の一端に触れ、圧倒されて帰ってきたのだった。この旅が新たなきっかけとなり、『大司教』を読み返し、歴史書や伝記[3]、『大司教』の中では司教の目を通してしか描かれていなかったネイティヴ・アメリカンやメキシカン・アメリカンの作家が語る物語を繙き、現在この土地で起きていることにも関心をもつようになった。

キャザーの『大司教』は概して高く評価されている作品だが、実在のラミー大司教をモデルとする主人公ラトゥールの生涯が美化されている、西欧中心である、歴史上の事実を歪めてい

3▼ キャザーは、ラミー大司教を知る人の話やラミーとともに伝道活動をしたマシュベフ司祭の書簡や伝記を参考にし、わからない部分は自分自身の体験や想像力で補ったという。ポール・ホーガン（Paul Horgan）によって大司教の伝記 *Lamy of Santa Fe: A Biography* が出版されたのは、一九七五年のことである。

るといった否定的な評価もある。[4] 一方で、キャザーは主人公の司教に自分自身を投影しており、そのために実在のモデルとは異なる人物ができあがったのだという指摘もある。[5] キャザーの南西部表象に関する論考の中で松永京子が指摘するように、『大司教』以前の作品においてキャザーの描く「南西部」は、子どもの頃に思い描いた「想像上の場所」から「エピファニーや癒しをもたらす場所」へと、自らの南西部体験を経て変化するが、そこには古代先住民への言及はあっても、キャザーの時代に先住民が置かれていた状況に対する言及は見られない。数回に渡って南西部を訪れ、長期滞在し、地元の先住民とも交流をもった後で書かれた『大司教』では、司教の異文化体験（メキシコ人や先住民との交流）の中に、キャザー自身の南西部体験に基づく様々な「気づき」と「変化」のプロセスが描き込まれ、西欧中心主義の揺らぎも見られることがわかる。[6]

冒頭のシーンでは、枢機卿たちが間接的に得た知識に基づいて、アメリカ領土になったばかりの南西部を「堕落した地元の司祭」、「野蛮なインディアン」、「敬虔だが無知なメキシコ人」のいる場所と考え、その乾いた大地はこれから派遣するフランス人司教ラトゥールの「若さを飲み干してしまうだろう」と懸念している。ラトゥールは、始めは折に触れフランス（西欧）文明の優越性を確認し望郷の念を抱くが、馬に乗って広大な教区を旅する中で、メキシコ人によって土着化したカトリック信仰やインディアンの伝統・自然観を目の当たりにし、戸惑いながらも影響を受けていく。その過程で、司教の他者理解の限界も明らかになるが、職を退く時期が近づいた時、ニューメキシコの地は離れ難い場所（「若さを吹き込む風の吹く場所」）となっており、あれほど夢見た故郷フランスに帰ることをやめ、そこで生涯を終える決意をするのである。

全体としては困難を乗り越え使命を全うする司教の成功物語であり、土地の人々は司教の目

4▼ 例えば、同時代にニューメキシコに移住した作家で活動家のメアリー・オースティンが、『大司教』の中で美化されているラトゥールと大聖堂は「地元の文化にとっての災難」（“calamity to the local culture”）であると非難し、キャザーを怒らせたというエピソードがある。（Mary Chinery 98）また、地元の人には慕われていたタオス・プエブロのマルチネス神父（熱心な教育者でもあり、印刷業にも携わり植民地で初の印刷本を作った）を悪者として描いたことに対し、キャザーを非難する者も多いようだ。（サンタフェ総督館の特別展示資料）

5▼ 『大司教』の主人公ラトゥールは、内省的で自然を愛する人物として描かれており、外交的で進歩主義者だった実在のラミー大司教以上にキャザー自身が投影されていることを、心理学的分析により実証した研究書（Thomas J. Steele, S.J. *Archbishop Lamy : In His Own Words*, 2000）もある。

6▼

を通して語られる対象に過ぎない。しかし、西欧文明の伝道師であり土地の人々を啓蒙することを使命とする司教が、新しい土地とそこに住む人々に感化され変化していく過程、見知らぬ土地をホームとして認識するに至る過程、そして随所に描き込まれたキャザーが得意とする自然描写（その中では、地元の人も司教も風景の一部になっていることが多い）によって、歴史物語の枠を越えた作品となっている。[7]

　この作品の印象を強く残したまま初めて訪れたサンタフェとその周辺で、私はフランス人司教やキャザーと同じように、外からの視点でこの町や人々を見ていた。この場所に惹かれて外部からやってきた人たちの目にこの場所がどう映ったのかということに思いを馳せ、自分自身の体験を重ねていたのである。もういちどニューメキシコを訪れ、今度はこの土地がアメリカの領土になる以前の歴史を念頭において、可能な限り内からの視点（そこに古くから暮らしてきた人々の視線）でこの場所を見てみたいと思った。

2 南西部の歴史――アメリカ領土になる以前[8]

　一八四八年に南西部一帯がアメリカの領土になるまでの歴史は、大きく3つの時代（先住民の時代、スペイン領時代、メキシコ領時代）に分けることができる。先住民の歴史は先史時代にまで遡り、ニューメキシコ州では紀元前の遺跡や石の道具等が発見されている。四つの州の交わるフォー・コーナーズ周辺には、台地の上や渓谷の崖の洞穴の中に多くの住居跡が残されていて、これは一〇世紀から一三世紀にかけて、数十年間定住しては移動するという生活を繰り返していた「アナサジ」と呼ばれる先住民族の残したものだと言われている。そこで見つかった土器や儀式用のキヴァと呼ばれる場所、周囲の灌漑用水路や道路の跡などからも、白人が

キャザーは一九二五年にタオスのメイベル・ドッジ・ルーハンの家に滞在し、その夫でプエブロ・インディアンのトニー・ルーハンに周辺を案内してもらい、土地と人々について学んだという。(Woodress 393) トニー・ルーハンは、当時ニューメキシコに集った多くの作家や活動家に大きな影響を及ぼした。(Rudnick 105)

7▼ キャザー自身は、『大司教』を「ナラティヴ」と呼びたいと語っている。(Cather, "On *Death Comes for the Archbishop*" in *Willa Cather on Writing*, 12.) それは、地元の人々（特に教会関係者）から聞いた話や書簡を含む記録からインスピレーションを得て、自らの体験を織り込みながらキャザー自身が語った物語だからであろう。

8▼ 南西部の歴史に関する記述は、主に以下の文献を参考にしている。『アメリカ・インディアンの歴史』（富田虎男）、『インディアンの夢のあと――北米大陸に神話と遺跡をたずねて』（徳井いつ子）、『ニューメキシコ――

やって来るはるか以前に、独自の文化や自然観、高度な技術をもった人々がこの地に暮らしていたことがわかる。[9]

「アナサジ」の人々の足跡は一三世紀にいったん消えてしまい、その後どうなったのかは考古学的にも謎のままだが、アリゾナ州のホピやニューメキシコ州リオグランデ河沿いのプエブロと呼ばれる人々[10]はアナサジの子孫であると考えられている。一六世紀にスペイン人が侵入してくる少し前には、北方からナヴァホやアパッチと呼ばれる半遊牧の民がやって来て、ホピやプエブロを襲撃することもあったという。北米の先住民のことをひと括りにして考えることは、その多様性や先住民族同士の争い・交流の事実を見落とし、白人対先住民という構図でのみ歴史を見てしまう危険性を孕んでいる。一方、現在に至るまで受け継がれている自然観や伝統を重んじる精神は、概ねどの部族にも共通しているようだ。

一五二一年に中米のアステカ王国が陥落し、ヌエヴォ・エスパーニャと呼ばれるスペイン植民地が生まれると、探検隊が盛んに現在のアリゾナやニューメキシコを訪れ、そこにヌエヴォ・メヒコと呼ばれる植民地が建設された。一六一〇年にサンタフェに総督の館が建てられ、先住民のカトリックへの改宗が進み、改宗した先住民が植民地の維持に貢献したことも指摘されている。(加藤鉄三、二〇五頁)しかし、スペイン人の入植者が増え、不当な扱いに不満を募らせたプエブロ住民が、一六八〇年に大規模な反乱を起こし、一時的にスペイン人を追い出すこともあった。[11]その後先住民と入植者との間に戦闘が続き、先住民が次々と征服されていくことになる。

一八世紀になりプエブロ住民と入植者との間に友好関係が生まれると、遊牧民として暮らしていたアパッチやナヴァホが、定住者の生活を脅かす存在として共通の敵と見なされるようになる。ナヴァホはいくつもの集団に分かれ、プエブロとの交易や文化的交流により放牧をしな

—第四世界の多元文化』(加藤薫)、「手つかずの西部という神話——アメリカ環境史の語るもの」(加藤鉄三)。

9▼
この土地の古代先住民を指すのに「アナサジ」という呼び方は適切でないという意見もある。この地域の遺跡を発掘していた人類学者が案内役のナヴァホにここに住んでいたのは誰かと訊ねた時に、「アナサジ」(敵の先祖という意味)と答えたのが定着してしまったと言われている。(徳井、一〇四頁)

10▼
「プエブロ」というのは、「村、共同体」という意味のスペイン語に起源をもつ語で、共同体にも人にも使われる。ニューメキシコ州北西部にある一九のプエブロは自治国家であり、祖先の土地を追われた他の多くの部族とは異なり、もともと住んでいた土地に暮らし、独自の文化と生活様式を維持している。

11▼
これは先住民がスペイン入植者を追い出すことに成功した唯一の反乱で、その指導者ポペは今も英雄として敬われており、間

がら定住するようになる集団もあれば、移動と襲撃を続ける集団もあったという。[12] 一六八〇年のプエブロの反乱以後、先住民に対する伝道活動は比較的穏健で寛容なものとなり、土着の信仰とカトリックとが様々な形で共存あるいは融合し、文化や技術の交流も促進されるようになった。[13] やがて混血化が進み、スペイン出身者を頂点とする社会的階層が生まれ、先住民は社会の底辺に置かれることになる。

一八二一年にメキシコが独立し、サンタフェ街道ができて米国各地との交易が盛んになるが、ニューメキシコの山中で金鉱が発見されると、すでにメキシコから独立していたテキサス共和国が侵入するようになる。四五年に米国はテキサスを併合し、さらに領土拡大を目指したためにアメリカ・メキシコ戦争（一八四六年〜四八年）が勃発し、終結後アメリカ南西部一帯がアメリカの領土となったのである。[14] このとき何もない辺境の地と見なされ、アメリカの進めてきた西部開拓と文明化政策の対象となった南西部では、先住民族への迫害が増し、悲惨な歴史が幕をあける。

米国東部の先住民の多くは、一八三〇年のインディアン強制移住法によりすでにミシシッピ河以西に移住させられていたが、今度は西部の先住民掃討の動きが強まっていく。[15] 六〇年代から八〇年代にかけて残虐な軍事行動は頂点に達し、スー、アパッチ、シャイアン等の部族が激しく抵抗するが、アメリカ側の圧倒的優位により、九〇年のスー族に対するウンデッド・ニー虐殺事件で軍事的征服が完了する。八七年のドーズ法による強制土地割り当てで保留地が解体され、同化政策により先住民の信仰や儀式、伝統文化や言葉までが奪われていった。子どもたちは寄宿学校に入れられ、伝統文化を否定した教育を受け、英語以外の言葉の使用を禁じられたのである。

もなく州を代表する人物のひとりとしてワシントンDCの議事堂内に銅像が立つことになっているという。

12▼
一九世紀後半のナヴァホとラグーナ・プエブロの交流については、ラグーナ・プエブロ出身の作家レスリー・マーモン・シルコウの『ストーリーテラー』の中に、祖母から聞いたという心あたたまる話がある。シルコウの作品については、終章でさらに紹介する。

13▼
例えばプエブロの人々はスペイン人から羊毛の織物を学び、入植者に対してはプエブロ式建築を教えたという。（加藤薫、一七九〜一八〇頁）また、サンタ・フェの北東にあるチマヨという町の礼拝堂には、どんな病いも癒す奇跡の砂が湧くとして各地から巡礼者がやってくるが、それはメキシコ人農夫の敬虔なカトリック信仰と、先住民の聖なる泉の伝説がいっしょになって始まったことだと言われている。（ラミー大司教資料館の展示資料）

14▼

3 ニューメキシコへの旅

二〇〇五年三月、再びニューメキシコに一週間の旅をした。

サンタフェで、聖フランシス大聖堂（前述の『大司教』のモデルになったラミー大司教の晩年、一八八六年に建てられたロマネスクの聖堂）のミサに出た。アドーベ（日干しレンガ）造[16▼]りの建物が多いサンタフェの町で一際目立つ聖堂の前には、ラミー大司教の銅像の他に、五年前にはなかった像ができていた。北米で初めて聖人として昇格したという先住民女性の像だった。[17▼]聖堂が三〇〇人ぐらいの人でいっぱいになり、先住民のドラムの音を思わせる厳かな太鼓の音とともに、大きな木の十字架を抱えた二人の司祭が後ろのドアから入ってきた。ドラムの音は心臓の鼓動の音だという説明があり、女性がソロで歌った聖歌はスペイン語だった。「死者の復活」に関する聖書の一節が寸劇風に演じられ、次に英語で歌われた聖歌は「鹿が小川を求めるように、私はあなた（神）を求めています。」というフレーズを繰り返していた。この地域の先住民にとって鹿が神聖な生き物であること、乾いた土地なので水は何よりも貴重なものであることが思い起こされた。一時間ほどでミサは終わり、再びドラムの音とともに、二人の司祭が十字架を抱えて退場していった。

現在使われているアメリカ最古の礼拝堂と言われている、アドーベ造りのサン・ミゲル・チャペルのミサにも行ってみた。このチャペルが建てられたのは、一六一〇年頃と言われている。イースター前の受難節（Lent）と呼ばれる期間だったので、司祭は聖スランシス大聖堂のミサと同様に、「死者の復活」に関する聖書の一節を読み上げ解説した。歌も音楽もないシンプルなミサで、話はとてもわかりやすかった。いずれのミサも、今まで参加したことのある

一八五〇年にはニューメキシコが準州となった。

15▼
一八六四年には、ナヴァホの人々が強制的にボスケ・レドンドに移動させられるが、定住にはまったく適さない土地であることがわかり、六八年にもとの場所にもどることが認められた。キャザーの『大司教に死は来る』の中で、ナヴァホの強制移住に関して無力であった司教が、その帰還を喜ぶシーンが描かれている。

16▼
本来のアドーベ造りの家は、赤土の煉瓦を積み上げ、手で壁土を塗り固めてつくるもので、大地や人の肌を思わせる色合いと、独特の丸みが暖かい印象を与える。二〇世紀に入ってからのリバイバル・ブームで、サンタフェ市内の建物は、ほとんどがアドーベ造り、または「アドーベ風」に建てられている。

17▼
この先住民女性の名は“Kateri Takekwitha”と書かれていた。こうしたマイノリティの銅像や記念碑を建てる動きは、アメリカのいろいろな場所で見ら

カトリック教会の形式や格調を重んじるミサとは随分違う印象を受けた。カトリック教会がこの土地の人々に影響を与えたことは言うまでもないが、逆にこの土地の人々がカトリック信仰のあり方に与えた影響を垣間見た気がした。プエブロ内の教会のミサにも出てみたかったが、今回は実現しなかった。

ミサの後で通りを歩いていると、小さな店の前でフルートを吹いている人がいた。曲を終えたとき、日本にも似た音色の笛があることを話すと、その人は尺八を知っていた。初めて聞いた時あまり似ているのでびっくりしたそうだ。簡単に自己紹介してから今吹いていた曲の名前をたずねると、名前はない、自然に浮かんでくる曲を演奏していただけだと言い、CDをあげようと言って店の中に入っていった。「ネイティヴ・サウンズ」という店の中には、ドラムやフルート、マラカス風の楽器などが飾ってあった。その人はCDのカバーに「スカイ・レッドホーク（空の赤い鷹）」とサインし、自分たちの言葉では「セタン・ルタ」だと言ってそれも書き添え、バッファローの群れの足音の響きとともにに演奏したという曲の説明をしてくれた。出身をたずねると、サウスダコタのスー族で、七〇年代後半にサンタフェで開かれた先住民の会議に参加した後、冬の寒さの厳しいサウスダコタから移ってきたこと、七八年のワシントン大行進に参加したことなどを話してくれた。[18]

六〇年代のアフリカ系アメリカ人の公民権運動のピークに、大規模なワシントン大行進が実施され、キング牧師が「私には夢がある」で始まる演説をしたことは有名だが、それに匹敵するアメリカ先住民とその支持者による大行進は、あまり大きく報道されなかったそうだ。それは政府が先住民に不利な法案を通そうとしていたのに抗議するデモで、カーター大統領はリーダーたちと会談し、神聖なパイプをふかし合った後、法案を通さない約束をしたという。清水和久著『米国先住民の歴史』には、次のように書かれている。先住民による直接行動が頂点に

れる。（注11参照）

18▼
後で知ったことだが、七〇年代前半、サウスダコタの保留地では、スー族住民が失業・貧困に苦しみ、ＡＩＭ（アメリカン・インディアン・ムーヴメント）の支援を得て、連邦政府への抗議運動を展開していたのである。（清水、一九〇〜一九六頁）

3-1　雪の聖フランシス大聖堂

3-2　大聖堂前の広場にある先住民女性の像

3-3　サン・ミゲル・チャペル

3-4　店の前で笛を吹くセタン・ルタと店の看板

3-5　プラザ前のアーティストたち

写真3　サンタフェ

達したのは七三年から七五年までの約三年間で、一定の成果をおさめた後弾圧や迫害が加えられるようになり、七八年の大行進は「ロンゲスト・ウォーク」と呼ばれ海外からも参加者があったが、大きな関心を集めることはなかった。(一九七〜一九八頁)

今回の旅では、数名のネイティヴ・アメリカンと話す機会があったが、自分から政治的な話をしてくれたのはセタン・ルタだけだった。サンタフェ滞在中にもっと話を聞きたいと思っていたのだが、二日目以降この季節には珍しいスノー・ストームに見舞われ、雪が降り続き、セタン・ルタの店も閉まっていて会うことはできなかった。

多くのミュージアムやギャラリーも雪のため閉まっていたが、プラザの一角のアーケード下には、工芸品を売るネイティヴ・アメリカンのアーティストが毛布を身体に巻き付けてすわっていた。トルコ石をはめ込んだ銀細工の装飾品を並べていたグレイスは、ナヴァホ・ネイションのイーグル・スプリングからやってきたが、雪で帰れなくなったのでその日も店を出すことにしたそうだ。鮮やかな原色で描かれた水彩画と小さな熊の彫り物を並べていたダニエルは、自分はアパッチで、七〇年代後半にサンタフェのアメリカン・インディアン・アーツ研究所で勉強し、それ以来サンタフェで作品を作り、ここに売りに来ると言っていた。ここで売るには作品の評価を受けライセンスをもらう必要があるそうで、許可証を見せてくれた。ダニエルがくれたパンフレットによると、元総督館が博物館になった一九〇九年から、プラザ側のポーチを先住民が工芸品を売る場所として自由に使えるようにしたのが始まりで、四〇〇〇人以上が多文化組織によって運営される「ネイティヴ・アメリカン・アーティザン・プログラム」の認可を受け、伝統工芸の製作・販売を行っているという。模造品を偽って販売する者を取り締まる法令もできていることがわかった。

ここで作品を売っている人たちが、皆ダニエルのように学校で伝統工芸の勉強をしたわけではなく、部族に伝わる工芸品の作り方を家族に習いアーティストになった人も多い。アコマ・プエブロの壷を並べていたキャロラインもその一人で、パターンや色の説明をしてくれた。ラストネームのサランチノはイタリア系でスペイン支配のときに登記上つけられたものだが、もちろんインディアン・ネームもあると言って壷のひとつをひっくり返すと、そこには英語で「イヴニング・スター」（「宵の明星」）と彫ってあった。雪のせいで観光客も少なく、工芸品を見ながらゆっくり話を聞くことができた。

　ラミー大司教の資料館では、他に誰もいなかったので、数少ない展示を時間をかけて見た後、ホセ・デゥランというメキシコ系の館長補佐と少し話した。ニューメキシコに代々住んでいるというホセに、この土地の先住民とカトリック信仰に関心があることを話すと、「この土地のプエブロ・インディアンはみな敬虔なカトリック教徒です」と言いながら、最近出版された本を二冊見せてくれた。[19]ニューメキシコにおけるカトリック信仰に関するものと、プエブロの守護聖人の像や絵に関するものだった。どちらも興味があったので購入し資料館を出ようとすると、ホセは奥の部屋から分厚い写真集を持ってきて私にくれると言う。アドーベ造りの古い教会の写真とそれにまつわる歴史や出来事を説明しているもので、私が買った二冊の本よりもずっと高価なものだった。[20]

　雪が止んでからサンタフェの西方へ車で一時間ほどのアルバカーキに移動し、博物館や周辺のプエブロを訪ねたのだが、そのときのことは終章で紹介したいと思う。サンタフェで地元の人と話してみて、ごく普通の「語り」の中に秘められた力を強く感じた。そこには長い歴史が凝縮されていて、胸に響くものがあった。

19▼ 今回の旅の最終日にプエブロのひとつを訪れる機会があり、そこでこの「敬虔なカトリック教徒」の現実を垣間見ることができた。その話は終章で紹介する。

20▼ 以下に三冊の書籍のタイトルを記しておく。*By the Grace of Light : Images of Faith from Catholic New Mexico* (1998), *Saints of the Pueblos* (2004), *Monuments of Adobe* (1991).

4 南西部の歴史——一九世紀末から現在まで[21]

ここで、一九世紀末から現在に至る南西部の歴史をまとめておきたい。一八八〇年にサンタフェを通ってアルバカーキまで鉄道が敷かれると、交易や観光事業が一層盛んになり、遺跡の発見・発掘も盛んに行われ、東部の学者や作家やアーティストたちの注目を集めることになった。ニューメキシコは乾いた温暖な気候のために結核の療養地としても知られ、アーティスト・コロニーもできて、長期滞在者や移住者も増えていった。こうしてこの土地に住むようになったアングロ・アメリカンの中から、初めて先住民の文化や伝統や生活を守ろうという動きが生まれる。

一九二二年に、先住民の権利を著しく侵害するバーサム法をめぐり、プエブロの伝統文化に感銘を受けた活動家で後の内務省インディアン局長ジョン・コリア（John Cllier 1884~1968）を始め、プエブロの男性と結婚しタオスでアーティスト・コロニーの中心的役割を果たしていたメイベル・ドッジ・ルーハン（Mabel Dodge Luhan 1899~1962）、活動家で砂漠のネイチャーライターとしても知られるメアリー・オースティン（Mary Austin 1868~1934）らが、先住民の土地や水の権利を守るために立ち上がった。「外からの視点」あるいは「外から内に移り住んだ者の視点」で、この土地をテーマや舞台とするジャンルを越えた作品が書かれたのもこの時代で、前述のキャザーの『大司教』もその一つである。アングロ作家や芸術家による南西部表象の時代と呼んでもいいだろう。[22]

第一次世界大戦における先住民の貢献により、一九二四年にはインディアン市民権法が制定され、もともとこの土地に住んでいた人々がようやく市民権を獲得する。二八年には、同化政

21▼ 南西部の歴史に関する記述は、主に以下の文献を参考にしている。『アメリカ・インディアンの歴史』（富田虎男）、『米国先住民の歴史』（清水知久）、『ニュー・メキシコ』（加藤薫）。

22▼ 例えばメアリー・オースティンは、一九二四年に、南西部の自然と人間の歴史に自らの旅を重ねて書いた、ジャンルの枠を越えた壮大なスケールの『旅の終わりの大地』（*The Land of Journeys' Ending*）を出版している。また、ジョージア・オキーフを始めとする多くの画家が南西部にやってきて、風景や地元の人々を描くようになった。当時ニューメキシコに集い、活躍した多数の作家・芸術家に関しては、『ユートピアン・ヴィスタ』（Rudnick, *Utopian Vista*, 1996）に詳しく書かれている。

策や土地政策による先住民の悲惨な現状を世に伝える報告書が出て、政府の政策への批判が高まり、三四年にはジョン・コリアの下で、自治政府の設立、部族共有地（保留地）の復元、伝統文化の復活と保存等を目指すインディアン再組織法が成立した。この法の実施には問題点もあり、反対や妨害もあって思うように成果を上げられなかったが、やがて先住民自身による運動を引き起こすきっかけになった点では評価されているようだ。（清水、一二四～一二六頁）（富田、一九三～一九四頁）。

ここまで先住民の置かれていた状況を中心に見てきたが、アメリカ併合後、メキシコ系住民も土地を失うことが多く、ランド・グラントによって共有の農地や放牧地として認められていた土地も、やがて天然資源や金・銀の鉱脈等が見つかると買収や開発が進み、また大規模な灌漑農地経営の下でメキシコ農民に不利な水利権法が制定されるなど、住民の生活は困窮していった。仕事を求めて都市に出ていく若者が増えるが、言葉の問題もあり、安価な労働力として搾取される状況が続く。

そんな中、前述の作家やアーティストらにより、ネイティヴ・アメリカン文化やヒスパニック文化の発掘・評価が進み、一九二九年にはスパニッシュ・コロニアル・アーツ協会が創設された。翌三〇年には大恐慌下のニューメキシコ州アルバカーキで、連邦政府の支援も得て伝統工芸教育が開始され、スペイン語を話す若者を対象に、当時としては画期的なバイリンガルの教育が行われたという。こうした動きが後のヒスパニック文化の隆盛と経済的自立への道を築いたと指摘されている。（加藤薫、二三一～二三五頁）ネイティヴ・アメリカンの文化支援に関しては、六二年に連邦政府の資金でサンタフェにアメリカン・インディアン・アーツ研究所が設立されたが、そこに至る道のりはさらに長く険しいものだった。

米国市民として第二次世界大戦に参戦したネイティヴ・アメリカンの多くは、帰還後変わらず続く保留地の窮状に幻滅するが、四〇年代には全米アメリカ・インディアン会議やインディアン請求権委員会が発足する。五〇年代の「終結（ターミネーション）政策」（連邦政府がインディアン政策の責任を放棄し州に委ねることで、部族の自治が困難になる内容）により状況は悪化するが、六〇年代には大学で学んだ若いネイティヴ・アメリカンが中心となり、全米インディアン会議の場で決意表明を行い、全米インディアン青年評議会が発足、六〇年代後半には、黒人のブラック・パワー、チカノのブラウン・パワーと並んで、レッド・パワーが爆発する。こうして、マイノリティの若者が中心となって、公民権運動やヴェトナム反戦運動から学んだ直接行動による社会的抗議を行うようになったのである。[23]

土地や水の利権をめぐる闘争はその後も続くが、草の根運動の広がりによって次第にマイノリティの発言や行動は大きな力を持つようになっていき、それにともなって南西部でクローズアップされてきたのが、山の中の原爆研究所の存在や砂漠の中で繰り返されてきた核実験、さらに放射線廃棄物の処分場の建設[24]、メキシコ国境地帯におけるメキシコ人労働者の搾取といった環境破壊や人権の問題だった。辺境の未開の荒野と見なされた南西部は、アメリカの領土になってからの一五〇年間に、人口急増、産業化、資源開発、核開発、さらには有害廃棄物の投棄場建設等によって環境破壊が進み、それが人権問題の高まりとともにようやく注目を集めることになった。[25]

こうした動きと平行して、一九三〇年代以降生まれのネイティヴ・アメリカンやチカノ作家が、内からの視点と自らの声によって生まれ育った土地の物語を語り、高く評価されるようになっていったことを見落とすことはできない。例えば、チカノ作家を代表するニューメキシコ州出身のルドルフォ・アナヤ（Rudolfo Anaya 1937〜）は、アステカ族を祖先とする母と、一七世紀に移住してきたバスク系スペイン人を祖先とする父をもち、自伝的な物語『ウルティ

23▼
一九四〇年代から七〇年代にかけてのネイティヴ・アメリカンの運動に関しては、清水知久著『米国先住民の歴史』（一九八六年）の第六章から八章に詳しく書かれている。

24▼
それぞれニューメキシコ州ロスアラモスの国立研究所、ニューメキシコ州ホワイトサンド（アラモゴード核実験場）、ニューメキシコ州カールスバード廃棄物隔離パイロット処理施設（WIPP）のことである。（本田、九八〜一〇〇頁）

25▼
アメリカ南西部の自然は、アメリカの領土になるはるか以前から先住民の暮らし（農業のための水路建設等）によって変容をもたらされていたのであり、そこにスペイン人が入植してくることで、さらに灌漑水路の建設や放牧による環境の変化が起こり、その結果土壌への塩類集積や過放牧といった環境問題も起きていたことを、加藤鉄三が指摘している。（二〇九頁）

マ、ぼくに大地の教えを』（*Bless Me, Ultima* 1972）でチカノ文学が高く評価されるきっかけをもたらした。バケーロと呼ばれる牛飼いの父親と、農業を営む家系の娘で敬虔なカトリック教徒の母親との間に生まれたアントニオ少年が、変わり行く環境の中で、様々な対立に引き裂かれそうになりながら、クランデラと呼ばれる薬草医で呪術師の老女に昔からの生きる知恵を教わり、成長していく物語である。[26]

また、この土地に移り住んだアングロ・アメリカンの作家の中にも、同様に内からの視点で南西部を描く者が現れる。その一人ジョン・ニコルズ（John Nichols 1940〜）は、カリフォルニア州バークレーに生まれ、公民権運動に強い影響を受け、ヴェトナム戦争反対運動などの社会運動に参加した後、六九年からニューメキシコ州のタオスに移り住んだ。土地と水をめぐる問題を詳細に調査してチカノ住民の視点で書いた、マジック・リアリズムとユーモアに溢れた社会派小説『ミラグロ豆畑の闘い』（*The Miragro Beanfield War* 1974）が話題となり、後にロバート・レッドフォード監督により映画化されている。

南西部文芸ルネッサンス、あるいは内からの多重な声による南西部文学の隆盛時代の到来と言えるだろう。

26▼ 「変わり行く環境」の一つに、家庭ではスペイン語しか使わなかったアントニオ少年が初めて学校で英語を学ぶ印象的なシーンがある。なお、同年代のネイティヴ・アメリカン作家と作品に関しては、後の章で紹介する。ネイティヴ・アメリカンの作家が現代アメリカ文学の中で重要な位置を占めるに至った過程及びその多様性については、『ネイティヴ・アメリカンの文学――先住民文化の変容』（西村頼男／喜納育江編著）に詳しい。

第2章　環境保護運動・環境公正運動・環境文学研究

1　自然保護運動から環境保護運動へ

前章で見てきたアメリカ南西部の歴史と現状を踏まえ、一九世紀後半から現在に至るアメリカの環境保護運動の流れを見ていきたいと思う。ここでもう一度念頭に置いておきたいことは、南西部がアメリカの領土になったのが一九世紀半ばであり、この後長い間先住民に対する迫害や差別が続いたこと、南部では奴隷制のもとに多くの黒人が過酷な労働と生活を強いられ、奴隷制廃止後も一九六〇年代まで厳しい分離政策のもとで基本的人権を奪われていたこと、こうした人権問題と環境問題との間に接点が生まれ環境公正運動として発展していくのは、一九八〇年代に入ってからだということである。

初期の自然保護運動は、開拓と産業化のプロセスにおいて破壊され失われていく自然を守ることに主眼が置かれ、一九世紀後半から二〇世紀初頭にかけて、都市型の公園（セントラル・パーク等）や国立公園（イエローストーン、ヨセミテ等）が次々と創設され、代表的な自然保護団体（シエラ・クラブ等）が生まれた。[27▼] 一八九〇年の国勢調査で「フロンティアの消滅」が宣言されたことも、こうした動きに拍車をかけたようだ。自然保護と言っても、自然の管理と利用を視野に入れた考え方と自然の保護を優先する立場とが対立し、ダムの建設をめぐって大論争となることもあった。

やがて、二つの世界大戦や大恐慌を経て、資源開発とともに洪水防止や土壌保全といった環境問題への関心も高まっていった。森林や野生動物を守ろうとする自然保護運動が、公害摘発や対策を視野に入れた環境保護運動へ発展していくきっかけとなったのが、一九六二年農薬散布の危険性を衝撃的に訴えたレイチェル・カーソン（Rachel Carson 1907〜1964）の『沈黙の春』（*Silent Spring*）の出版であった。[28▼]

一九六九年に「国家環境政策法」が成立、七〇年四月二二日に自然保護・環境保護をテーマに全米で大規模なデモが行われ（第一回アースデー）、同年連邦政府に「環境保護局」が設立され、七二年にはストックホルムで国連人間環境会議が開催されている。八〇年代は、レーガ

27▼ 環境運動の歴史についての記述は、岡島成行著『アメリカの環境保護運動』（一九九〇年）を参考にしている。なお、本書掲載の論考「セントラル・パークという『自然』」（細谷等）では、セントラル・パークによって囲い込まれた「自然」とマイノリティ排除の構造について論じている。

28▼ 日本で熊本の水俣病が発生したのが一九五六年であり、その現状を広く世に知らせ大きな反響を呼んだ石牟礼道子著の『苦界浄土』出版は一九六九年である。いずれも、文学が社会に与えたインパクトの大きさを考える上で重要な作品である。

ン政権（八一年～八八年）の経済優先政策により環境保護団体にとっては試練の時代であると同時に、問題点が指摘された時代でもあった。この時期に指摘された問題点の一つは、アメリカの環境保護運動が白人（特に中間層）中心のものであり、マイノリティの参加が極端に少なく、彼等の生活環境を視野に入れていないということであった。

2 公民権運動から環境公正運動へ

「現代の環境運動はそのルーツを一九六〇年代後半の公民権運動と反戦運動の中に持っている」（ダンラップ、七七頁）という指摘があるが、アフリカ系アメリカ人の公民権運動の高まりと成果が他のマイノリティに大きな影響を及ぼし、七〇年代には人権と環境の問題の深い関わりを訴える声が聞こえるようになっていた。公民権運動自体が環境公正を求める運動であったとも言えるが、『差別と環境問題の社会学』（二〇〇三年）の序章で桜井厚が指摘するように、公民権運動が教育や職業といった「生産」の場における機会の平等を中心課題としたのに対し、環境公正運動は「廃棄」の場が焦点となった。

まず、環境レイシズムや環境公正という言葉が使われるようになった経緯をまとめておきたい。『環境レイシズム――アメリカがん回廊を行く』（本田&デアンジェリス、二〇〇〇年）によると、一九七九年にテキサス州でゴミ処分場開設をめぐり黒人コミュニティーが反対運動を起こしたのが、「環境差別」の観点が主張された最初の例であり、八二年にノースカロライナ州で同様の運動を指揮したベン・チェイヴィス（Ben Chavis）が「環境レイシズム」という言葉を使い、それと闘う「環境公正運動」が盛んになる。八七年に連合キリスト教会の人種的公正委員会[29]が研究報告「有害廃棄物と人種」を発表し、「環境レイシズム」の考え方を全米に

29▼「人種的公正委員会」の英語名は、"the United Church of Christ's Commission for Racial Justice" で "UCC-CRJ" と略される。

広めた。九一年には有色人種環境リーダーシップ・サミットが首都で開かれ、国内外から草の根環境活動家が集まり、環境レイシズム体験を共有した。[30] 九二年にはリオデジャネイロで地球サミット（国連環境開発会議）が開かれ、先進資本主義諸国の環境政策をめぐるダブル・スタンダードが告発され、世界に「環境レイシズム」の概念を定着させたという。[31]（本田、二二〜二五頁）

ここで「環境」という言葉の定義を確認しておく必要があるだろう。野生の動植物や森林等の保護に目を向けることの多かった環境保護運動にとっての「環境」、つまり「自然環境」から、「人が生まれ育ち、働き、遊び、くつろぐ場所」を含むものとして「環境」を再定義し、「人間も母なる地球の一部であり、守られるべき環境だ」と主張したのが、ニューメキシコ州に本部のある多民族参加の環境人権NGO「環境と経済の公正のための南西部ネットワーク」代表リチャード・ムーア（Richard Moore）だった。彼は、主要な環境保護団体に対し、「貴重な動植物や美しい森林」を守ることにのみ目を向けてきた「白人中産階級」中心の活動を批判し、マイノリティの積極的採用を求めた。（本田、二八頁）こうして環境保護運動と人権運動が結びつくことになったのである。[32]

本田は「『環境レイシズム』克服の道」という章で「差別意識の背景にある『文化的隔離』」について述べている。「特定の少数派に人間的関心をもたないから、当然、彼らがどんな生活をし、どんな（民族的）歴史をもち、どんな苦しみを背負っているかへの想像力もなくなってしまう。すると、そういう人たちに社会的経済的負担が遍在していようと、まったく気づかない。また気づく必要もない。気づかないほうが自分たちの既得権益も守れるし、それによって良心の呵責をかんじることもないわけだ。」（傍点筆者、一二〇頁）[33] 現在世界が直面している問題を引き起こす根本に、ここで指摘されている「人間的関心」「想像力」「気づき」の欠如があ

30▼ Joni Adamson, *American Indian Literature, Environmental Justice, and Ecocriticism : the Middle Place*, xv. なお、「有色人種環境リーダーシップ・サミット」の英語名は、"the First National People of Color Environmental Leadership Summit" である。

31▼ 一九九四年には、クリントン政権が「環境的公正のための大統領令」を公布している。

32▼ 後の章で取り上げるアリゾナ州ツーソンでのシンポジウムで案内役をしてくれたテレサ・リールは「環境と経済の公正のための南西部ネットワーク」(SNEEJ = the Southwest Network for Environmental and Economic Justice) の中心的メンバーである。

33▼ ここでいう「想像力」には、他者の痛みを感じ、その直面している問題を理解する想像力、過去・現在・未来を結ぶ想像力、自分も環境の一部でありすべてのものがつながっていることに

ったことは否定できないだろう。

七〇年代以降マイノリティの環境公正を求める草の根の運動が広がるのと同時に、彼らが自らの声で語る文学（口承文学の伝統をもち、古い世代の声をも伝える文学）が盛んに書かれ、高く評価されるようになったことに注目したい。抑圧されてきた人々が、文学の世界でも「語られる対象」から「語る主体」として立ち上がったのである。

3 環境文学研究の新しい流れ

アメリカ文学には自然をテーマとし自然と人間の関係を省察する一人称のノンフィクション「ネイチャーライティング」の伝統があり、また前述のように、一九六二年『沈黙の春』の出版とともに全米で環境保護運動が活発になったが、「環境」を視野に入れた文学研究が盛んになったのは八〇年代以降のことだった。九二年にアメリカで文学・環境学会（ASLE-US）が創設され、その二年後に日本でも同名の学会（ASLE-Japan）が発足し、いずれも年々会員数を増やしながら幅広い研究活動を続けている。[34]

従来の人間社会の制度（ジェンダー、人種、階級、資本主義等）に焦点を当てた文学批評に対し、「環境」の問題を中心に据え、文学と環境との関係を検証する文学研究はエコクリティシズムあるいは環境文学批評と呼ばれ、「ネイチャーライティング」やそれ以外のジャンルを含む文学テクスト一般を主な研究対象として始まった。当然「自然環境」重視の傾向はあったが、環境を考える上で重要な意識の変容をもたらすプロセスを見いだすことのできるテクスト、あるいはそうした変容を読者にもたらし得るテクストを見つけ検証するという姿勢が、初期の頃からいろいろな形で表明され、実践されてきた。[35]

気づく想像力などが含まれる。

34▼ ASLEはThe Association for the Study of Litertaure and Environmentの略。イギリス・韓国・オーストラリア等でも最近同学会が発足した。ASLE-US及びASLE-Japanについては次のウェブサイトを参照。
http://www.asle.umn.edu
http://www.asle-japan.org

35▼ 拙稿「『エコクリティシズム』と『環境文学』の関係——そのダイナミズムを定義する試み」を含むASLE-Japanのメンバー七人による「エコクリティシズム再考」（ASLE-Japanの学会誌『文学と環境』第八号に掲載予定）を参照。

やがて、白人ネイチャーライター中心の研究や「自然環境」重視、「脱人間中心主義」の傾向が、「環境公正」や「多文化主義」の視点からの指摘を受けることになった。環境保護団体が受けた批判と同様に、環境の問題が実はマイノリティや社会的弱者の問題（人間社会の構造や人間同士の関係の問題）と深く関わっているという視点の欠如や、異なる自然観や自然との関わり方にもっと目を向ける必要性が指摘され、マイノリティ文学や一見自然環境には無関心に思えるテクストも盛んに研究されるようになってきている。

こうした動きは、この文学研究の特徴である学際性と多様性（異なる分野の研究者や活動家がASLEの会員として、様々なアプローチを実践し、研究成果を共有していること）、実際に場所を訪れ現地の声を聞くフィールド・スタディの重視等によるところが大きいが、「環境を考える上で重要な意識の変容をもたらすプロセスを文学の中に検証する」という点において、マイノリティの文学が実際高く評価され始めたことにもよるのである。二年に一度文学・環境学会のアメリカ大会が大規模に開催されているが、二〇〇三年のボストン大会でも「環境公正」に焦点を当てたフィールド・スタディや基調講演、パネル発表が行われ、マイノリティの文学も数多く取り上げられていた。[36]

4 「グローバリゼーションと環境公正」シンポジウム報告[37]

アメリカの文学・環境学会（ASLE-US）とアリゾナ南大学共催で、二〇〇四年九月にアリゾナ州ツーソンで開かれた三日間の「グローバリゼーションと環境公正」シンポジウムは、学際性、多様性、フィールド・スタディの重視という特徴を反映し、様々な分野の研究者（大学院生を含む）、活動家、地方の政治家等が集まり、人権・環境問題と文学研究・教育がどのよ

36 環境文学研究の最近の動きについては、*The ISLE Reader : Ecocriticism*, 1993-2003 (Michael Branch & Scott Slovic eds, 2003) や *Beyond Nature Writing : Expanding the Boundaries of Ecocriticism* (Karla Armbruster & Kathleen Wallace eds, 2001) を参照。また、文学・環境学会ボストン大会に関しては、拙稿「アメリカ発・もうひとつの世界をつくるために」（『接続』二〇〇四年、二七七〜二八〇頁）及びASLE-Japanのニューズレター（第一五号、二〇〇三年一一月三〇日発行）を参照。

37 このシンポジウムは、ASLE-USのメンバーで、アリゾナ南大学でネイティヴ・アメリカンの文学や民間伝承を教えているジョニ・アダムソンが中心となって発案し、多くの団体、研究者、作家たちが賛同し、協力を申し出て実現したものだった。このシンポジウム報告の一部は、ASLE-Japanのニューズレター（第一八号、二〇〇五年六月三〇日発行）に掲載された

うに結びつくべきかを探る画期的な試みであった。
　初日に実施された国境の町ノガレス[38]でのフィールド・スタディでは、マキラ（原材料や部品を輸入し、加工して製品として輸出する製品組み立て工場）とコロニア（労働者居住地）を訪れ、関係者や住民の話を聞き、人権及び環境に関する問題とそれに対する取り組みについて学んだ。一九六〇年代後半に始まったマキラの制度は、当初から問題を抱えており、メキシコ人労働者は劣悪な環境の中で暮らし、過酷な労働条件の下で働かなければならなかった。アメリカ国内では環境問題への取り組みが本格化し始めていたが、国境地帯のような辺境の地に暮らす人々の環境は全く考慮されなかったことがわかる[39]。今ではマキラも世代交代が進み、技術を外国に依存していた世代から、メキシコで技術開発・設計も行う世代へ移ってきているという。（山本、八七頁）ノガレスは今この段階に入っており、環境問題の改善にも取り組んでいることがわかったが、そこに至るまでの労働者の苦しい体験や草の根の抗議活動についても、当事者の声を聞くことができた。
　ガイド役を勤めたバイリンガルの活動家テレサ・リール（Teresa Leal）は、アリゾナ州の綿花畑で働いていた高校生の頃から、組合のメンバーとともに、殺虫剤の空中散布の危険性を訴え経営者側への抗議を行い、やがてコムラデという組織を作り、マキラの危険な環境を労働者たちに伝え、改善を求める運動を始めた中心的人物である。ノガレスの労働者はほとんどが英語を話さないため、健康上の問題や劣悪な労働環境を訴えることができず、ラベルが英語で書かれているために有害物質を扱っていてもわからない。そこでテレサが必要な情報を広め、仲間を組織してきたのである。仕事を失うことを恐れ行動を起こせない仲間に実態を知らせ、団結の力を理解してもらう何よりの方法は、同じコミュニティの者が日常の言葉で「語る」ことだった。現在も「環境と経済の公正のための南西部ネットワーク」のリーダーとして、仲間

ものである。

38▼ ツーソンから車で一時間ほど南下したところにノガレスという町があり、ここから国境を歩いて渡るとメキシコ側にも同名のノガレスという町がある。

39▼『メキシコから世界が見える』の著者山本純一は、マキラの抱える問題点として、環境汚染、低賃金による労働力酷使、離職率の高さ、セクハラ、体罰や劣悪な労働環境による人権侵害等を挙げている。また、労働組合を認めていないところが多かったことや、労働者自身の環境意識の低さも指摘している。

を組織するためのトレーニング等を行っている。テレサは「語ること」と「組織すること」の重要性を強く訴えていた。

シンポジウムの発案者ジョニ・アダムソン（Joni Adamson）が数年前に行ったインタビューの中で、テレサは自分のストラテジーは「語ること」（word-of-mouth strategies）だと言っているが、この日もバスの中や現地で、マキラとコロニアの歴史と現状について語り続け、その力を実感させてくれた。インタビューの中でテレサは、自分の祖父母はスペインによる征服のはるか以前からノガレスの南の峡谷に住むインディオの子孫であったこと、幼い頃祖父母が連れて行ってくれた川の上流にある泉がゴミの埋め立てで汚染されていること、環境汚染はまずマキラの労働者やその家族を襲うがそれはすべての人に跳ね返ってくること、そして今後も「太陽に向かって石を投げ続ける（メキシコの金言で、いつか命中することを信じ、あきらめずに行動するという意味）」という決意を語っている。[40]テレサは、人権や環境問題の深刻さを民衆に伝え行動を起こしてもらうには、分かりやすい言葉で語ることが何より必要だと繰り返し訴えた。自らの体験に先祖や同志の体験を織り込んだ彼女の話は、口承文学の伝統をもつネイティヴ・アメリカンやチカノ作家の多くが、アクティヴィストとしても大きな影響力をもつことを思い起こさせた。

シンポジウム参加者は、町を見晴らす小高い丘の上とノガレス工科大学で、マキラの代表や技術者から、環境改善への取り組みについて話を聞いた。国の森林再緑化プロジェクト（その土地原産の植物、木、苺類を植え、育てる試み）や、アリゾナ大学とのパートナーシップ、環境教育の実践、そしてメキシコ人技術者がマキラのリーダー及び研究者として、環境改善にも努めている現状について理解を深めた。

その後、テレサの組織したコムラデのメンバーの家の庭先で昼食[41]をごちそうになり、年輩の

40▼ このインタビューはアダムソン他編著の『環境公正リーダー』（*The Environmental Justice Reader*: *Politics*, Poetics, & Pedagogy, 2002）に載っている。

41▼ とうもろこしの粉をこねたものを豆や肉といっしょに皮に包んで蒸したタマレというメキシコの家庭料理だった。

女性の話を聞いた。スーツケースを組み立てるマキラで働いていた時に、ガラス繊維の粉塵で健康を害し激しい痛みに苦しんだが、始めは原因もわからず、会社はその原因が労働環境にあることを認めず、何の支援もなかったことや、工場で不要になった木製の樽に飲料水を保存していたが、それがかつて有毒化学物質を入れるのに使われた樽で、残留物が染み出てくることがわかり、湾岸戦争時に大量生産され余っていたボディ・バッグ（死体を入れるビニールの袋）を一枚三ドルで買い、樽の中に敷いて中毒を防いだことなどが、とつとつと語られた。彼女の話からも「語り」のもつ力を強く感じた。

マキラのような工場の形態が生まれたのは経済的要因によるものだが、メキシコ人労働者を搾取し環境汚染を顧みない状況を引き起こした原因は、工場経営者の意識にもあったことを忘れてはならない。現地の労働者が働き暮らす環境への無関心は、彼等を同じ人間と見なさない差別意識によるものであり、国境地帯の環境を汚しても自分たちには直接影響がないという意識が、そこに暮らす労働者にとってそれが生命の危険につながることを見えなくしてしまう。それはまた、すべてのものがつながっている（自分も環境の一部である）という意識の欠如でもある。テレサが指摘するように、メキシコ側の川が汚れればその水はアリゾナ州側の川にも流れ込み、やがては広範囲で水の汚染問題を引き起こす。「環境とは、人が暮らし、働き、遊び、信仰する場所である」とテレサも繰り返していた。

翌日から二日間、会場となったホテルで講演やパネル発表があった。四人の基調講演者はそれぞれがアメリカ南西部や中南米と深く関わってきた人たちだった。アリゾナ大学教授で活動家のアネット・コロドニー（Annette Kolodny）[42]は教育現場での取り組みの重要性、教育者の果たすべき役割、教育環境を守ることの必要性を訴え、作家で活動家のデミトリア・マルチネス（Demitoria Martinez）は、ステレオタイプを崩し、統計の中の抽象的な数字ではなく一

42▼ コロドニーは、特に大学教員が終身在職権を得るための審査制度の弊害を指摘し、そのために思うような教育ができないことがあってはならないということを強く主張していた。

人の人間として認められるためにも、「語る」ことが大切であり、抑圧された人こそ自らを癒しながら傷ついた大地も癒すことができると語った。サクラメント大学教授で環境歴史家のアンガス・ライト（Angus Wright）は、多くの文学作品が征服・支配と土地搾取の歴史をひとつのプロセスとして描いていると指摘し、一九七〇年代にメキシコの土地をもたない（あるいは失った）農民の間に始まった農業と環境に関する運動を紹介した。劇作家・小説家・活動家のデニス・チャヴェス（Denise Chavez）はパワフルなひとり芝居を含む講演で、自分の周囲で苦しんできたメキシコ人労働者の声を代弁し、乗り移った霊が語るように多重の声で聴衆に訴えかけた。

最終日には、この四人とテレサ、地元の環境・人権問題に真摯に取り組んできたアリゾナ州選出の議員ポール・グリハルヴァ（Paul M. Grijalva）の六人による討論が行われ、教育現場の取り組み、物語や言葉のもつ力、国内・国際ネットワーク作り（さまざまな公正を求める動きをつなぐこと）の重要性が議論された。

5 「記憶の力」・「語りの力」

シンポジウムの発表の中に、ネイティヴ・アメリカン（ズニ・プエブロ）とシエラ・クラブのメンバーが共同で取り組んだ環境問題の報告があった。ツーソンの東五〇〇マイルに位置する湖はズニ・ソルトレイクと呼ばれ、塩を生み出す女の伝説のある聖地だったが、石炭採掘業者の開発で聖地巡礼が制限され、水の汚染の問題も生じた。ズニの人々がシエラ・クラブの支援を受けて草の根運動を展開し、採掘会社を操業停止に追い込んだ経緯の報告だった。聴衆から、ひとつの場所を守ることは、単に問題を別の場所に移させるだけの結果になることもあるのではないかという指摘があったが、そうした問題に対する取り組みとして、太陽エネルギーや風力発電の開発を進める動きがあることも報告された。[43] コロラド州南部のチカノ・コミュニティーが、川の上流で有害物質を流す採掘業者に対して起こした抗議運動の報告書の中で、開発そのものに反対なのではなくその方法に異義を唱えているのだと語っていたが、[44] 今至る所でその方法が問われているのである。

この発表は、ネイティヴ・アメリカンの作家たちが、「神聖な場所」のもつ意味をいろいろな形で描き出していることを思い起こさせた。例えばアコマ・プエブロ出身の詩人サイモン・オティーズ（Simon Ortiz 1941〜）の詩の中に、泉や川と深く関わりあってきた生活を「語り」の形式で描いたものがある。「インディアンたちが話しているのはその場所のことなんだ」（"That's the Place Indians Talk About"）という詩は、オティーズ自身が別の部族の男の「語り」に「耳を傾ける」ことで生まれた詩であり、聖地である温泉を含む敷地に軍事施設ができ、柵で囲われ鍵がかけられてしまったことに対する抗議、泉の「声」を聞くことができなくなった嘆き、そして泉から聞こえる大地の「声」に耳を傾け、対話し、祈ることでもたらされる力を、シンプルなフレーズの繰り返しによって伝えている。また、「単なる川以上のもの」（"More than just a River"）という詩は、故郷の川をめぐる七つの「語り」を、「川は単なる川以上のものなんだ」という文の繰り返しの中に挿入し、乾いた土地では川が生命の源であると考えられてきたこと、川が自分の記憶だけでなく昔の人々の記憶をも呼び起こし、神聖な儀式や信仰と強く結びついていることなどを、具体的なエピソードとともに描き出している。[45]

「語り」の力を実感させられたシンポジウムの後で、文学の果たす役割についてあらためて考えてみた。冒頭で紹介した『南西部を書く』の序章で指摘されているように、南西部文学は、絶えず変化し新しいものを取り込みながら古いものを維持してきたこの土地の歴史そのも

43▼ タオス・プエブロでも、一九〇六年にアメリカ政府に奪われた聖地ブルーレイクを取り戻す長い闘いがあり、アングロ・アメリカンの支援者も増え、七〇年にようやくニクソン大統領のもとで湖が部族に返還されたという経緯がある。(Rudnick, 231)

44▼ Devon Pena and Joseph Gallegos, 159.

45▼ この二編の詩は、詩集 *Woven Stone* (p. 321〜p. 324) と *Out There Somewhere* (p. 107〜p. 110) にそれぞれ収められている。

のであり、口承文学の伝統を色濃く反映している。そして、混血化する人と文化と言葉、多重のアイデンティティ、そこに長く暮らすものだけがもつことのできる「場所の感覚」[46]を描き出し、ステレオタイプに挑戦する。南西部では、外部からやってきた作家が外部の読者に向けて語ることから始まり、やがて土地の作家が自らの声で内外の読者に向けて語る物語が書かれるようになった。そこからは、メディアの報じない民衆の声が聞こえ、従来の歴史研究が伝えない土地の人々の生活や心情、人間と場所（自然）との精神的関わりが見えてくるのである。

　昔の人々の体験や毎日の生活に根ざした「語り」は、テレサが仲間に対してしてきたように、地元の人々に人権や環境に対する「気づき」や「理解」や「行動」を促す。そうした民衆の「語り」は作家の「語り」の中に取り込まれ、外の世界に発信されていく。皮肉にもそれを可能にしたのは、アメリカ政府の同化政策により英語を使うことを強いられた世代が、大学で教育を受け、作家として自分の声で自分の物語を語り始めたことであった。ネイティヴ・アメリカン作家にせよチカノ作家にせよ、彼らの使う「英語」は押し付けられたままの「英語」ではない。自分たちのコミュニティが守ってきた言語や文化や思想を「英語」の中に取り込むことで、独自の世界を作り上げ、「語り」の伝統の重要性とその力を内外に再認識させることになったのである。

　南西部文学の根底にある「語りの力」や「記憶の力」について考えるとき、グランマ・モーゼズのフォーク・アートを取り上げたテレビ番組で、詩人の長田弘が語っていた言葉を思い出す。「グランマ・モーゼズの絵の豊かさは、記憶の豊かさである。記憶は昔のものではなく、後ろから背中を押してくれる力をもつ。あるときには現在をたしなめる力、あるときにはバラバラになったものをつなぎとめる力、あるときには忘れていたものを思い出させてくれる力、そういう記憶のもつ力を思い出させてくれる。目の前にあるものがすべてではなく、実はそこ

46▼「場所の感覚」（"a sense of place"）という言葉は、南部文学研究や環境文学研究の中でよく用いられるが、「場所」を単なる空間や背景としてではなく、そこに暮らす人間の生活や文化と密接に関わり、記憶やアイデンティティと深く結びついたものとして認識することを意味する。

にないもの、見えないものすべてをひっくるめて時間というものはできている。（その絵を見る人は）単に昔をなつかしむのではなく、自分のもっている生きる力、プライド、喜びなど、そこで作られてきたものを思い出しているのである。」南西部の文学は、こうした「記憶の力」を「語りの力」が呼び起こすことによって、この土地の人権や環境の問題と深く関わってきたのであり、過去の経験を現在に取込みながら、未来に向けて動き出す原動力を生み出していると言えるのではないだろうか。

終章　プエブロの光と影――ラグーナ・プエブロを訪れて

ニューメキシコ州最大の都市アルバカーキは、三〇〇年祭を祝う準備が進められていた。町の中心のプラザ前には、一八世紀に建てられたアドーベ造りのサン・フェリペ・デ・ネリ教会があり、市内に多くの博物館や美術館があった。[47] その一つであるインディアン・プエブロ・カルチュラル・センターは、ニューメキシコ州の一九のプエブロの代表が、自分たちで企画・運営するセンターを作ろうと募金を行い、一九七六年に創設したもので、その中の博物館には、先史時代から現在に至るプエブロ・インディアンの歴史を一人称（"We"）で語る見ごたえのある展示があり、週末には中庭で踊りや工芸品制作の実演が行われている。入場料、ギフト・ショップやレストランの売り上げ、会議室使用料等は、センターの維持・運営・イベントの他、若者の教育やトレーニングのために使われているという。

一九のプエブロはそれぞれが自治国家であり、[48] 異なるキリスト教の聖人を守護聖人とし、その聖人の祝祭日にお祭りを開く。ニューメキシコを発つ前日（三月一九日）が、アルバカーキの西方にあるラグーナ・プエブロの祝祭日であることを知り、訪ねることにした。ラグーナの

47▼ ニューメキシコ大学のキャンパスにある人類学博物館や美術館をはじめ、ヒスパニック系住民の多く住む地区にあるナショナル・ヒスパニック・カルチュラル・センター、昔のたたずまいを残すオールド・タウンにあるアルバカーキ・ミュージアム、そしてインディアン・プエブロ・カルチュラル・センター等がある。

48▼ ヘメス・プエブロの観光案内所に貼ってあった地図には、国有林、私有地、プエブロ保留地（自治区）がジグソー・パズルのように複雑に入り組んで色分けされていた。例えば、ヘメス山を西側から上るハイウェイは途中でヘメス・プエブロの中を通過し、そこでは独自の制限速度が設けられ、プエブロのパトカーが違反車を捕まえていた。一方、プエブロ内にある郵便局は付近の私有地の住民も利用できるようになっていた。

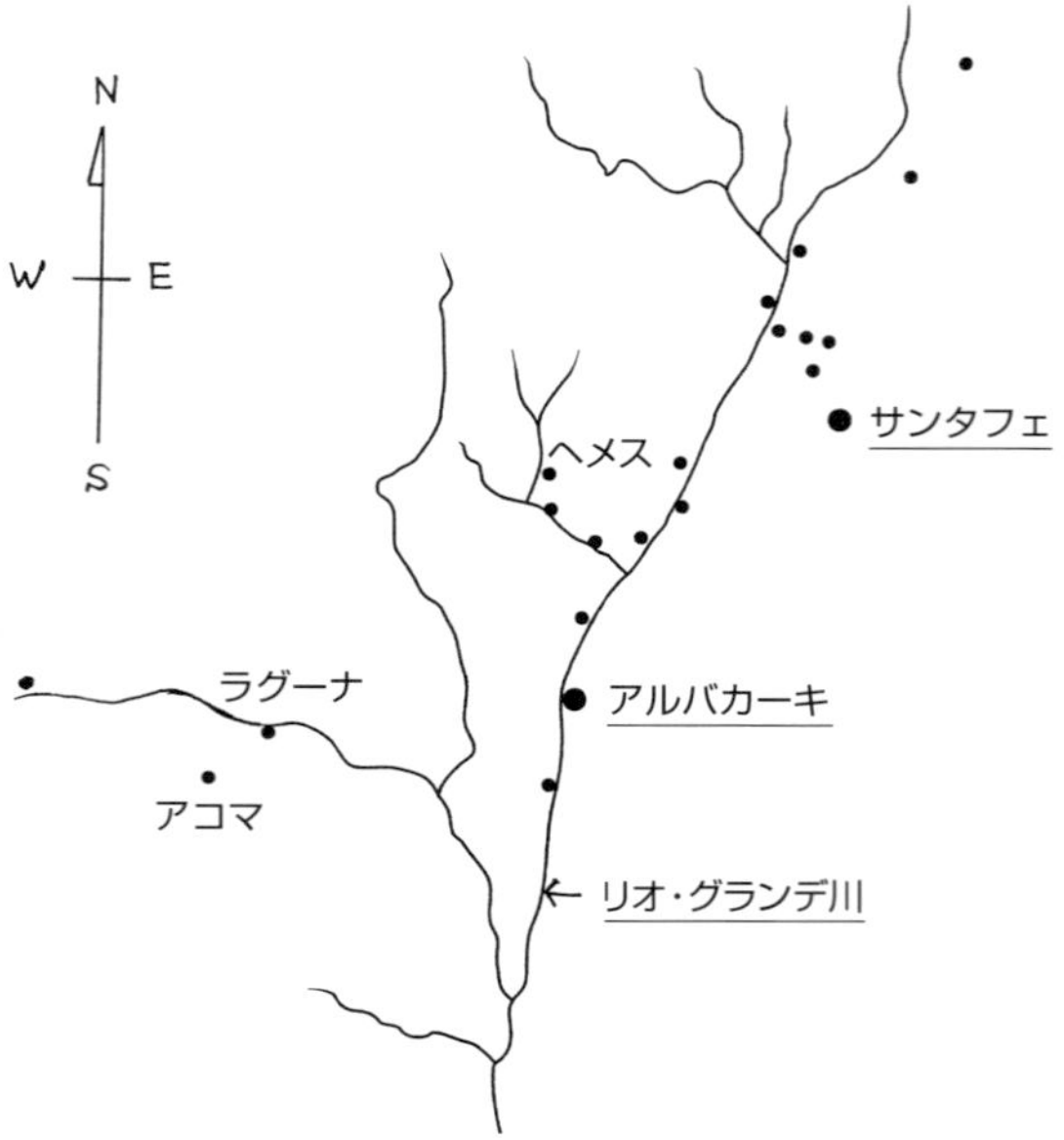

図版 2　ニューメキシコ州北西部の 19 のプエブロ（・印で示してある所）＊この図は、加藤薫著『ニュー・メキシコ』に挿入された図（p. 113）をもとに作成したものである。

4-1　市内のプエブロ・インディアン・カルチュラル・センターの中庭。ここで毎週末にダンスが行われている。

4-2　プラザ前のサン・フェリペ・デ・ネリ教会

写真 4　アルバカーキ

守護聖人は聖ヨセフ（St. Joseph）で、春と秋にお祭りがある。日本の夏祭りのように屋台がたくさん出て、工芸品や食べ物を売っており、中には他の部族の屋台もありにぎわっていた。ときおり伝統的なダンスが行われていた儀礼場のそばには、アドーベの古い教会があった。現存の建物は一八一一年に建てられたもので、一八世紀初頭に最初の教会が建てられたときの祭壇がそのまま残されていて、漆喰の壁にはラグーナ・プエブロ独自の装飾が施されていた。ラグーナの人々がスペイン人による強制移転で今の場所に集められ、カトリックの伝道が始まったのは一六九九年で、プエブロの中ではもっとも遅かったという。（加藤薫、一一九頁）教会の活動も盛んに行われている様子が伺われたが、お祭りにはキリスト教的要素はほとんど感じられなかった。プエブロのお祭りの日は、プエブロ内の教会のミサで始まるそうなので、一度ミサに出てみたいと思った。（Carrillo, 5）

プエブロのカトリック信仰に関しては、ラグーナ出身の作家レスリー・M・シルコウ（Leslie M. Silko 1948～）の『ストーリーテラー』（*Storyteller* 1918）の中に「雨雲をもたらす人」（"The Man to Send Rain Clouds"）という興味深い短編がある。そこには、死んだ祖父が乾いた大地に雨を降らせてくれると信じ伝統的な儀式を行う先住民の若者と、自分の教区に住む先住民の自然信仰を理解できない司祭の様子が描かれている。若者は、祖父の死を司祭に隠していたが、埋葬に際して司祭に聖水を振りかけてほしいと頼みに行く。それはカトリックの儀式に従ってというよりは、カトリックの儀式の一部を部族の自然信仰に取り入れているのであって、死んだ祖父の霊が乾いた大地に雨雲を送ってくれるように祈るためなのであった。[49]

プエブロにも保守的な部族と進歩的な部族とがあるというから、カトリック信仰のあり方もお祭りの内容や雰囲気もそれぞれ異なるにちがいない。しかしどのプエブロにとっても観光による収益は重要な財源で、お祭りは一般公開されている所が多い。観光客は節度を守ることが

49▼ アナヤの『アルバカーキ』には、恵みの雨をもたらすものとして、精霊《カチナス》と聖人《サントス》の両方に祈りを捧げるプエブロのことが書かれている。（三〇一～三〇二頁）

要求され、プエブロ内の写真撮影は、一部のプエブロだけが条件付き許可制で認めている。保守的と言われるヘメス・プエブロの観光案内所に置いてあったパンフレットには、訪れる人への諸注意がかなり細かく書かれていた。一方、保守的と言われるアコマ・プエブロでもカジノを経営しており、その収益を公共施設の建設や若者の奨学金にあてていると聞いた。現実的な問題に対処するために、こうした収益が必要なのである。

ダンスを見ていると、五〇年代に日本の米軍基地に二年滞在したというラグーナの退役軍人が、私が日本人であることに気づき話しかけてきた。50▼ 第二次世界大戦のときニューメキシコから従軍した兵士の多くがフィリピン戦で日本の捕虜となり、「バターン死の行進」と呼ばれる残虐な行為の犠牲となったため、反日感情が高まったということを読んだことがあったが（加藤薫、二七三頁）、その人はとてもなつかしそうに、覚えている日本語を交えて日本の思い出を語った。自分はもう踊りの輪には入らず見ているだけだと言い、これは政治的な歌、これは雨乞いの歌、と説明してくれた。また、踊りを見ながら、最近若者の肥満が増えたと嘆いていた。戦後は青少年犯罪者（Youth Offender）を立ち直らせる施設で仕事をしてきたという。お祭りの屋台の中にも、問題を抱え犯罪行為を犯してしまう若者を支援するプログラムを紹介するブースがあった。プエブロ内の伝統的な生き方と外部の世界とのギャップに戸惑う若者の直面する問題は、今も深刻な状況にあるようだ。

もうひとつラグーナに関して触れておきたいことは、ナヴァホ・ネイションに近いグランツ近郊で五〇年代にウラン鉱脈が見つかり採鉱が始まったとき、多くの住民が危険性については知らされないままそこで働き、経済的には豊かになったが、鉱山が閉鎖された今でも後遺症に苦しむ人がいるということである。政府は全面的な責任を認めず、人々も話題にすることを避けていると聞いたが、本多勝一著『新・アメリカ合州国』（二〇〇三年）によると、一九八九

50▼
ラグーナには全米で唯一プエブロの中に在郷軍人会の支局がおかれているという。（加藤薫、一二〇頁）

年に「ナヴァホ＝ウラニウム労働連合」ができて補償問題に取り組んでおり、ニューメキシコ大学やアリゾナ大学の協力の下で、被害者の多い他の地区にも労働連合ができているという。ラグーナではどうなのだろうと気になった。

シルコウの代表作『儀式』(*Ceremony* 1977) にもウラン採鉱現場のシーンがある。主人公テイヨは、ラグーナ・プエブロ族の母親と白人の混血で、母親が出ていった後、叔母の家で疎外感を抱きながら育つ。第二次世界大戦従軍中に幼馴染みの従兄弟が戦死するのを目撃し、日本兵の顔が父親代わりの叔父の顔と重なり、近代医学では癒すことのできない精神の傷を負って故郷に帰ってくる。やがてテイヨは、祖母の勧めで村の老呪術師の行う儀式を受け、その「語り」に耳を傾け記憶をたどり、現実や幻想の中で様々な人や大地と交感し、自分を取り戻していく。山の中を彷徨っていてウラン鉱採掘現場に行き着いたテイヨは、最初の原爆実験が行われたトリニティ・サイトや研究所のあるロスアラモスがそれほど遠くないことに思いを馳せ、「死の円環」によって人類全体が結ばれてしまった現実を知る。テイヨは村に戻り、長老たちに自分の体験した長い物語を伝えるのだった。

『儀式』には傷ついたテイヨが回復に向かうひとつのストーリーラインはあるが、随所に昔から語り継がれてきた歌や寓話がちりばめられ、ジャンルを越えた作品になっている。一九九二年のインタビューの中で、シルコウ自身が、過去から順に一直線に語るのではなく、ひとつの物語の中に別の物語が含まれ、過去も現在も未来も同時に体験できるような方法で書きたかったのだと言い、「私が生まれ育った所では、すべてのものが現在の中に存在していた。過去も現在の中に、未来も現在の中に。(中略) かつて生命をもっていた人は誰もここからいなくなってしまうことはないのです。」とつけ加えている。[51] また、シルコウは「風景、歴史、そしてプエブロ的想像力」(“Landscape, History, and the Pueblo Imagination”) というエッセイ

[51] Gonzalez, 5 & 10.

の中で、見る者はその対象となる風景と切り離されたものではなく、雲や岩や植物と同じように風景の一部なのだということを語っている（二五六〜二六六頁）。こうした世界観も文化も生きていくための知恵も、すべて口承の物語として、そのときどきの語り手や聞き手の声をその中に取込みながら、語り継がれてきたのである。

ネイティヴ・アメリカンの作家によって書かれたものを読み、実際にプエブロを訪れてみると、信仰にしても、言葉にしても、生活様式や文化にしても、壮大な宇宙観と柔軟性をもつ彼らの方が、自分たちの伝統の中に「アメリカ」を取り込んでしまったような印象を受けた。歴史の残した数え切れない問題を抱え、その生活は困難に満ちているが、ますますグローバル化し画一化していく世界において、プエブロの人たちは、力強く柔軟に伝統の中に現代の生活を取り込んで動き続けていくように思えた。

［参考文献］

岡島成行『アメリカの環境保護運動』岩波新書、一九九〇年。

加藤薫『ニューメキシコ　第四世界の多元文化』新評論、一九九八年。

加藤鉄三「手つかずの西部という神話――アメリカ環境史の語るもの」『環境と景観の社会史』徳橋曜編著、文化書房博文社、二〇〇四年。二〇一頁〜二三三頁。

茅野佳子 "Reading Nature in Willa Cather's *Death Comes for the Archbishop*"『文学と環境』第五号、二〇〇二年、三五〜四三頁。

――「アメリカ発・もうひとつの世界をつくるために――ローカルから世界へ」『接続』（2004 Vol. 4.）ひつじ書房、二〇〇四年、二七二〜二八一頁。

桜井厚・好井裕明編『差別と環境の社会学』新曜社、二〇〇三年。

清水和久『増補　米国先住民の歴史――インディアンと呼ばれた人びとの苦難・抵抗・希望』明石書店、一九八六年。

スコット・スロヴィック／野田研一編著『アメリカ文学の〈自然〉を読む――ネイチャーライティングの世界へ』

ミネルヴァ書房、一九九六年。

富田虎男『アメリカ・インディアンの歴史』雄山閣、一九九七年。

西村頼男／喜納育江編著『ネイティヴ・アメリカンの文学——先住民文化の変容』ミネルヴァ書房、二〇〇二年。

本多勝一『新・アメリカ合州国』朝日文庫、二〇〇三年。

本田雅和／風砂子・デアンジェリス『環境レイシズム——アメリカがん回廊を行く』解放出版社、二〇〇〇年。

松永京子「ウィラ・キャザーとアメリカ南西部」『新しい風景のアメリカ』伊藤詔子他編著、南雲堂、二〇〇三年、一九八〜二一〇頁。

山本純一『メキシコから世界が見える』集英社新書、二〇〇四年。

Adamson, Joni. *American Indian Literature, Environmental Justice, and Ecocriticism : the Middle Place.* Tucson : U of Arizona P, 2001.
———. "Throwing Rocks at the Sun : An Interview with Teresa Leal," in *The Environmental Justice Reader : Politics, Poetics, & Pedagogy*. Tucson, 44-57.
Adamson, Joni, Mei Mei Evans, & Rachel Stein eds. *The Environmental Justice Reader : Politics, Poetics, & Pedagogy*. Tucson : U of Arizona P, 2002.
Anaya, Rudolfo. *Bless Me, Ultima.* 1972. New York : A Time Warner Company, 1994.〔ルドルフォ・アナヤ著『ウルティマ、僕に大地の教えを』、金原瑞人訳、草思社、一九九六年。〕
———. *Alburquerque*. New York : A Time Warner Company, 1992.〔ルドルフォ・アナヤ著『アルバカーキ』廣瀬典生訳、大阪教育図書、一九九八年。〕
Armbruster, Karla and Kathleen R. Wallace, eds. *Beyond Nature Writing : Expanding the Boundaries of Ecocriticism*. Charlottesville : U P of Virginia, 2001.
Austin, Mary. *The Land of Journeys' Ending*. 1924. Urbana : U of Illinois P, 2003.
Branch, Michael and Scott Slovic, eds. *The ISLE Reader : Ecocriticism, 1993-2003*. Athens U of Gerogia P, 2003.
Carrillo, Charles M. *Saints of the Pueblos*. Albuquerque : LPD Press, 2004.
Cather, Willa. *Death Comes for the Archbishop*. 1926. London : Birago Press, 1999.
———. *Willa Cather on Writing : Critical Studies on Writing as an Art*. Lincoln : U of Nebraska P, 1988.
Chinery, Mary. "Willa Cather and the Santos Tradition in *Death Comes for the Archbishop*," in *Willa Cather and the American Southwest*. Eds. John Swift and Joseph Urgo. Lincoln : U of Nebraska P. 2002, 97-17.
Dunaway, David King & Sara L. Surgeon eds. *Writing the Southwest*. New York : A Plume Book, 1995.

Dunlap, Riley E. and Angela G. Mertig ed. *The U. S. Environmental Movement, 1970-1990*. New York : Taylor & Francis, 1992. 〔R. E. ダンラップ・A. G マーティグ編『現代アメリカの環境主義——一九七〇年から一九九〇年の環境運動』、満田久義訳、ミネルヴァ書房、一九九三年。〕

Edelman, Sandra A. *Summer People, Winter People : Indian Pueblos in the Santa Fe Area*. Santa Fe : Sunstone, 1986.

La Farge, Oliver. *Santa Fe : the Autobiograrphy of a Southwestern Town*. 1959. Norman : U of Oklahoma P, 1980.

Gonzalez, Ray."The Past Is Right Here & Now : An Interview with Leslie Marmon Silko," in *The Bloomsbury Review*, April/May 1992,5 & 10.

Kittredge, William. *Southwestern Homelands*. National Geographic Society. 2002. 〔ウィリアム・キトリッジ著『砂漠へ——心の故郷、アメリカ南西部』、幾島幸子訳、早川書房、二〇〇四年。〕

Horgan, Paul. *Lamy of Santa Fe*. New York : Farrar, Straus and Giroux, 1975.

Madox, Brenda. *D. H. Lawrence : The Story of a Marriage*. New York : Norton & Company, 1994.

John Nichols. *The Miragro Beanfield War*. 1974. New York : Henry Holt and Company, 2000.

Ortiz, Simon. *Woven Stone*. Tucson : U of Arizona P, 1998.

——— *Out There Somewhere*. Tucson : U of Arizona P, 2002.

Pena, Devon and Joseph Gallegos. "Nature and Chicanos in Southern Colorado," in *Confronting Environmental Racism : Voices from the Grassroots*. Eds. Robert D. Bullard. Boston : South End Press, 1993, 141-160.

Rudnick, Lois Palker. *Utopian Vistas : the Mabel Dodge Luhan House and the American Counterculture*. Albuquerque : U of New Mexico P, 1996.

Silko, Leslie Marmon. *Ceremony*. New York : Viking, 1977 〔レスリー・M・シルコウ著『儀式』荒このみ訳、講談社文芸文庫、一九九八年〕

——— *Storyteller*. New York : Arcade Publishing, 1981.

——— "Landscape, History, and Pueblo Imagination," *The Ecocriticism Reader : Landmarks in Literary Ecology*. Eds. Cheryll Glotfelty & Harold Fromm. Athens : U of Georgia Press, 1996, 264-275.

Steele, Thomas J., S. J. *Archbishop Lamy : In His Own Words*. Albuquerque : LPD Press, 2000.

Stout, Janis P. *Willa Cather : The Writer and Her World*. Charlottesville : UP of Virginia, 2000.

Swift, John and Joseph Urgo, ed. *Willa Cather and the American Southwest*. Lincoln : U of Nebraska P, 2004.

Woodress, James. *Willa Cather : A Literary Life*. Lincoln : U of Nebraska Press, 1987.

ダイアローグ

環境公正運動
アメリカの再創造に向けて

毛利聡子

論考「場所・人間・文学—アメリカ南西部の物語と環境公正運動—」（茅野佳子）を読んで、前から気になっていた問いがあることを思い出した。それは、「なぜ、アメリカの環境団体は規模も大きく会員数も多いのに、ブッシュ政権が京都議定書から離脱することを止められなかったのか」という疑問である。世界が一致団結して取り組もうとしている温暖化防止対策に、ブッシュ政権が後ろ向きなのはアメリカ経済と密接な関係があるのは自明である。それにしても、世界有数の環境団体がひしめくアメリカで市民が動かない、動いているのが見えない、議会を動かせないのは、なぜなのだろうか。論考「場所・人間・文学」の中の「南西部という辺境の地で繰り返されてきた少数民族への抑圧や支配、そしてそれに伴う環境破壊の大きな原因のひとつが、そこに暮らす人々への関心や理解、想像力の欠如にあった」というくだりは、前から持っていた疑問に対するヒントを与えてくれた。本稿では、アメリカの環境運動史をさかのぼって、冒頭の疑問に対する答えを探してみたい。

＊＊＊＊＊＊

「場所・人間・文学」を読んで、まず思い浮かんだのは、ディープ・エコロジーである。ディープ・エコロジーとは、一九七〇年代初めに欧米諸国で誕生した規範的・哲学的指向をもつ環境主義（思想）である。その核となるのは、人間も生命の網の一部であり、多くの創造物と対等な関係にあるという「生態系中心主義」の世界観で、すべての生命体はそれ自体が価値をもつとする。山や川など生態系は、人間の役に立つか否かにかかわらず、その存在自体に価値があるという考え方である。一九六二年に出版されたレイチェル・カーソンの『沈黙の春』は、合成殺虫剤を製造する化学会社に対する告発であったが、それ以前に、ディープ・エコロジー思想の先駆けとなる文学書であった。『沈黙の春』は、自然のみならず、自然を取り巻くすべての状況、つまり人をも含めた「環境」に初めて人々の目を向けさせたと言われている。[1]

アメリカでは、ディープ・エコロジーの考え方が誕生するより前の十九世紀後半、すでに自然保護運動が始まっていた。この頃の自然保護運動とは原生自然に手をつけずに守ろうというもので、野生生物の生息地保護を目的とした森林管理や国立公園の設置運動へとつながっていった。[2] この初期の自然保護運動の担い手は、登山や探検、ハイキングなどを楽しむ人々で、一八九二年には「シエラ・クラブ」が、一九〇五年には愛鳥家の全米組織である「全米オーデュポン協会」が設立された。原生自然をそのまま残そうとする運動が生まれたのは、独立以来、開拓を続けた結果、フロンティアが失われ、同時に失われた自然の偉大さに開拓側にある人々が気づいたためでもある。しかし、一九〇〇年代に入ると原生自然保護運動を推進する団体の中でも、手を付けずに自然を保存するのではなく、自然の「賢明な利用（ワイズ・ユース）」を主張する団体が登場する。自然をあるがままに保つことを主張する「保存」派と、自然は人間の役に立つように利用すべきであると主張する「保全」派との間で意見の対立が生まれたのである。[3] 人間を中心とする自然観と人間も生態系の一部にすぎないとする自然観は、自然に対

1▼ 諏訪雄三『アメリカは環境に優しいのか』新評論、一九九六年、一五頁参照。

2▼ 一八九一年に設置されたヨセミテ国立公園は、この自然保護の流れをくむ。

3▼ R・E・ダンラップ、A・G・マーティグ編『現代アメリカの環境主義』満田久義監訳、ミネルヴァ書房、一九九三年、九八頁参照。

する見方が根本的に異なる。そして、二〇世紀初頭になると、アメリカでは保全か保存かをめぐって全国規模の自然保護論争へと発展していった。結果的には、保全派が勝利したが、これにより米国の環境運動は、裕福な白人を中心とした功利的な目的のための自然保護という色彩を強めていくことになる。このような人間中心主義に基づく自然観に対抗して生まれたのが、前述のディープ・エコロジーである。

ただ、アメリカでは、人間中心主義の自然観にもとづく自然保護運動が、一九八〇年代まで圧倒的に主流であった。前掲したシエラ・クラブと全米オーデュポン協会は、この自然保護運動を推進する団体であり、それぞれ五十万人以上の会員をもつ。他に、狩猟の制限と野生生物保護区の設定を目的とした「アイザック・ウォルトン・リーグ」（一九二二年）や「原生自然協会」（一九三五年）、「全米野生生物連盟（NWF）」（一九三六年）などが老舗の大規模団体として挙げられる。中でもNWFの会員数は五百万人に達し、全米最大を誇る。[4]

さらに、一九六〇〜七〇年代には、「環境防衛基金」（一九六七年）や「自然資源防衛委員会」（一九七〇年）など、法律家や科学者、経済学者など専門家を多く抱える環境団体が設立された。アメリカでは、長い歴史をもつ団体と専門家からなる団体が、いわゆる主流派の環境団体を構成している。その政治的手法は、政治的チャネルを使って行政機関や議会に働きかけるロビー活動である。実際、主流派環境団体と行政府との間では人材交流が活発に行われ、環境団体のスタッフが環境保護庁（EPA）の職員になったり、逆にEPAの職員が環境団体で働くということも頻繁に行われている。[5]

一九八〇年代は、レーガン政権が反環境的な政策を立案・導入したこともあって、主流派環境団体は、環境保全の考え方に基づきレーガン政権に強い働きかけを行った。例えば、シエラ・クラブは国立公園でのダム建設反対の運動を展開し、自然資源防衛委員会は政府や企業を

4 日本最大の環境団体である「日本野鳥の会」の会員が約五万五千人であるのと比べると、規模の大きさが分かる。

5 例えば、世界自然保護基金アメリカの会長ウィリアム・ライリー（当時）は、ブッシュ政権下でEPA長官を務めた。

相手取って訴訟を起こし、環境防衛基金の提案した硫黄酸化物の排出権売買制度は一九九〇年に改正された大気浄化法に採用されるなど、多くの政治的成果をあげた。逆説的だが、レーガン政権が環境保護に後ろ向きだったことが、主流派環境団体にとっては、市民に環境危機を訴え、活動への支持を得る上で追い風となったのである。

では、主流派環境団体は、温暖化やオゾンホールなど、地球的な環境問題にはどのように取り組んだのであろうか。アメリカ市民が国外の環境問題に目を向けるきっかけになったのは、一九八四年にインド・ボパール市で起こったユニオン・カーバイド社の農薬工場爆発事故、一九八六年のチェルノブイリ原発爆発事故、そして一九八九年のエクソン・バルディーズ号による座礁であろう。油にまみれた海鳥やラッコの映像は米国市民に野生生物の生息環境破壊の象徴と写った。冷戦終結後、グローバルなレベルでの環境問題が国際的な関心事項として取り上げられ、環境安全保障に国際社会の注目が集まるにつれて、一部の主流派環境団体は、温暖化防止やオゾン層保護、野生生物保護へと活動範囲を広げていった。しかし、その一方で、多くの主流派環境団体の関心は、特定の地域の環境問題にとどまっていた。その理由は、会員の大半を占める中流アメリカ人にとってグローバルな課題は、その影響が目に見えにくく、結果についても実感しにくいため強い関心を示さないからと言われている。

＊＊＊＊＊

冒頭のディープ・エコロジーに話を戻そう。一九七〇年代に入ると労働組合運動、いわゆる「古い社会運動」とは別に、「新しい社会運動」が欧米の市民社会で生まれた。新しい社会運動の担い手は、市民社会の規範的原則と対立する社会的矛盾に対し、その是正を求める人々である。参加型、ボトム・アップの意思決定を重視する平和運動、反核運動、女性運動が、この新しい社会運動である。アメリカにおけるディープ・エコロジーの思想は、新しい社会運動の中でも公民権運動やベトナム反戦運動、女性運動の影響をうけて、ラディカルな環境団体を続々と誕生させた。代表的な団体として、核実験阻止を目的として設立された「グリーンピース」（一九七一年）、「羊飼い保護の会（シー・シェパード）」（一九七七年）、「アース・ファースト！」（一九八一年）、「熱帯林行動ネットワーク」（一九八五年）をあげることができる。こうした環境団体の特徴は、非暴力直接行動に訴え、人々の自然に対する関心を呼び起こし、世論を喚起するという、主流派環境団体とは異なる戦術にある。産業活動により引き起こされる環境破壊を実力で阻止する直接行動はメディアでも大きく取り上げられ、ラディカルな環境団体の会員は大幅に増加した。中でも、核実験阻止のためには核実験場にも立ち入るという徹底した現場主義を貫くグリーンピースは、メディアを意識したアクションを通して世論の関心を集めることに成功した。

ラディカルな環境団体の矛先は政府に対してだけでなく、交渉を通して政府政策に歩み寄りを見せる主流派環境団体にも向けられた。中でも、市場メカニズムを用いて環境問題の改善を図ろうとする主流派環境団体を「改良主義的環境団体」と呼び、強く批判したのである。ラディカルな環境団体の目にとって、レーガン政権時の主流派環境団体の対応は、政府政策に妥協し、政府側に取り込まれ、さらに産業協調主義と写ったのである[6]。このようなラディカルな環境団体と改良主義的な主流派環境団体との断絶が、アメリカにおいて環境団体が政府の環境政策策定に際し、十分な圧力団体になりえていない第二の理由だと考えられる。クリントン政権後の大統領選挙の際、パブリックシティズンのラルフ・ネーダーが、京都議定書を推進していたゴア副大統領（当時）との間で環境票とマイノリティ票を二分してしまったことも、環境団

[6] R・E・ダンラップ、A・G・マーティグ編、前掲書、一〇九頁参照。

体が運動を一元化できなかったことの表れであろう。結果的に僅差で共和党ブッシュ政権が誕生し、二〇〇一年三月には京都議定書からの離脱宣言、生物多様性条約の未批准など、環境条約への態度が次々に後退していったことを考えると、小さな亀裂が歴史の重大な転換点となってしまったことは否めない。

＊＊＊＊＊

ディープ・エコロジーの思想にもとづいて、非暴力直接行動型のラディカルな環境団体が生まれる一方で、環境面での平等を求める新たな草の根運動、いわゆる「環境公正運動」が生まれた。一九八〇年代後半、公民権運動、フェミニズム運動の影響をうけて、これまで環境運動にあまり関わってこなかったアフリカ系、ヒスパニック系、アジア系などの少数民族や労働者が、この運動に参加し、新しい主張を始めたのである。論考「場所・人間・文学」によると、マイノリティの若者たちが中心となり、公民権運動やベトナム反戦運動から学んだ直接行動による社会的抗議を行うようになったとのことである。一九九一年には第一回全米有色人種環境運動指導者サミットがワシントンで開催され、環境レイシズム（環境人種差別）の是正を強く求めた。このような動きは、白人による白人のための環境運動とは明らかに異なる環境運動が到来したことを示すものである。一九九二年の国連環境開発会議（地球サミット）で、先住民が環境管理と開発において重要な役割を果たすことが認識されたのも、国際レベルの環境公正運動を後押ししたと考えられる。

　環境汚染の影響がすべての人々に平等に分配されず、一部の地域の人々に過度な負担が強いられているという問題は、ラブ・キャナル事件[7]で全米の注目を集めた。その後、一九八七年に

7▼ 一九七〇年代後半、ニューヨーク州ラブ・キャナルにおいて、過去に投棄された有害化学廃棄物が漏出し、周辺住民に深刻な健康被害が生じた。

合同キリスト教会の「人種的公正委員会」によってまとめられた調査では、有色人種の地域社会が商業的な有害廃棄物処分場や規制されていない毒性廃棄物の処分場となっている確率が高い、という実態が報告された。黒人居住地域の環境の質が、白人居住地域より劣る、つまり環境政策の不平等性―環境レイシズム―が明らかになったのである。実は、環境レイシズムはアメリカ国内だけの問題ではない。前述のインド・ボパールでの爆発事故も、その背景には有害廃棄物の越境移動問題がある。その他にも一九八〇年代、ギニア、ナイジェリア、コンゴ、ベニン、ガンビアなど、多くのアフリカ諸国が、先進諸国の有害廃棄物の捨て場となった。[8] その事実さえ知らされない現地の人々は、深刻な環境破壊という現実を背負わされることになったのである。日本も例外ではなく、一九七〇年代以降、民間企業のみならず政府開発援助（ODA）の名のもとにアジア地域への「公害輸出」が急増した。裕福で優勢な人々は、その下の社会階層にある人々に、環境コストを押し付けてきたのである。単に汚染物質が環境規制の厳しい先進国から、規制の緩い途上国に移動するという事実以上に、環境問題の背後には人種差別、社会的不公正、格差という社会構造が潜んでいる点に注視しなくてはならない。最近では、二〇〇四年末にスマトラ島沖を襲った巨大地震による津波で、ソマリアに不法投棄されていた先進国の核廃棄物が散乱し、地域住民に深刻な健康被害と環境汚染を引き起こしていることが明らかになった。環境レイシズムの問題は克服されることなく、二十一世紀の国際社会に積み残されている。

このような環境レイシズムの背景には、「場所・人間・文学」にもあるように、「人間的関心」、「想像力」、「気づき」の欠如があると考えられる。過剰な資源消費に伴う環境破壊を特定の地域の人々に追わせているということに多くの裕福なアメリカ人が無自覚であるとしたら、まさにこの感覚が温暖化に対するアメリカの消極的、自己中心的な態度の源にあるのだろう。

8▼ 寺西俊一『地球環境問題の政治経済学』東洋経済新報社、一九九三年、八十四頁。

世界のCO2排出量の四分の一弱を一国で占めるアメリカにおいて、地球温暖化防止に向けた国内の環境運動が弱く、加えてアメリカ政府が消極的な態度を保持し続ける第三の理由である。他者に対する想像力の欠如という問題を孕む環境レイシズムに無意識のうちに覆われている限り、エネルギー依存の生活スタイルの変更には向かわない。たとえ南太平洋の小島嶼国ツバルが温暖化による海面上昇で水没しようとも、たとえ極北の狩猟民族イヌイットの生存が脅かされようとも、忍び寄る環境危機を自省的に考える回路は閉ざされたままになってしまう。どのようにしたら、ヴォルフガング・ザックスが訴えるような「常に他者を考え自己批判を行う」方向へと転換していくことができるのであろうか。[9]

環境公正運動は、今後、アメリカの人々が環境レイシズム的行為をとっていることを省察し、物質的消費偏重の価値観から脱却していく上で、重要な役割を果たすであろう。先住民やマイノリティ、貧困者などの社会的弱者が自ら語り、自ら運動に参加することによって、裕福な層を中心としてきた従来の環境保護運動に、より多様性をもたせることができるからである。人間による自然の抑圧と、人間による人間の支配・搾取は、まさに表裏一体の関係にある。社会的不公正の問題が解決しない限り、人間による自然環境の支配、環境破壊は止まらない。アメリカを変えることができるのは、アメリカの内的な力なのかもしれない。

9▼ ヴォルフガング・ザックス『地球文明の未来学』新評論、二〇〇三年、二二四頁。

［参考文献］

加藤尚武編『環境と倫理―自然と人間の共生をめざして』有斐閣、二〇〇一年。

諏訪雄三『アメリカは環境に優しいのか―環境意思決定とアメリカ型民主主義の功罪』新評論、一九九六年。

R・E・ダンラップ、A・G・マーティグ編『現代アメリカの環境主義』（満田久義監訳）ミネルヴァ書房、一九九三年。

寺西俊一『地球環境問題の政治経済学』東洋経済新報社、一九九三年。

……

三浦永光編『国際関係の中の環境問題』有信堂、二〇〇四年。

ヴォルフガング・ザックス『地球文明の未来学』新評論、二〇〇三年。

個人の権利を守るか、公共の利益を優先するか？

米国レイク・タホにみる環境保全の知恵

西浦定継

1　はじめに

〝環境を守る〟という言い方は、よく耳にする言葉である。しかし、〝誰のために、何を、どのようにして守るのか〟ということが具体的に示されない限り、あまり意味のある言葉ではない。本稿では、都市計画の視点から〝環境を守る〟ということをシステム工学的発想で考えてみたい。

環境は、人、動物、植物など、実に多くの生態がかかわる空間である。その中で、人についてみてみると、様々な利害関係に立つ多様な価値観のぶつかり合いの場でもある。例えば、〝田園風景を守る〟といった場合、農家の立場、開発業者の立場、周辺住民や都市居住者の立場では、それぞれ言い分が異なるであろう。その背景には、主として田園風景を構成する田畑が、水の保全機能や農作物の生産、開発の種地、動植物などの生態系を支える場、癒しの空間など、実に多くの機能を持っていることに由来すると考えられる。したがって、〝これを守る〟

といっても、立場の違う人の多様な価値観や利害関係を調整する仕組みを持たないがきり、〝守る〟または〝保全する〟ということは実現しない。

都市・地域計画は、都市や地域という空間的広がりだけでなく、一〇年、二〇年という時間的広がりを持つ分野である。したがって、現在における価値観や利害関係だけでなく、次世代における価値観や利害関係をも取り込んだ計画が求められる。別の言い方をすれば、時間軸も入れた中での私権と公共の利益とのぶつかり合いを、どのような仕組みで調整するかということでもある。これは、計画が直面する究極の課題のひとつである。

日本が法治国家である以上、当然のことながら都市計画の運用も法にそって行われる。その場合、司法の役割が重要である。現在、司法制度改革が進行しているが、その一つとして、環境法の専門家、ＮＧＯ、住民団体などからは環境行政の活性化が提言されている。[1] 環境破壊の深刻化を食い止め、環境の価値を世代間で公平に享受するためには、法の役割が決定的に重要であることは述べるまでもない。しかし、我が国の場合、二割司法と言われる言葉どおり、司法の機能不全が専門家により指摘されており、民事訴訟の機能回復、行政訴訟の活性化が司法制度改革の中で求められている。[2] 具体的には、法に基づいたかたちで行政権または司法権の行使があったかどうかという行政訴訟の処分性や、訴訟において原告となり得るかどうかという原告適格の拡大が活性化方策の一つとして提言されている。[3] 環境問題は発生してから対応するのでは手遅れであり、事前に防止することが肝要である。また、その多くが公益性というよりは住民個人の生活に多大の影響を及ぼす私益性という側面が強く、住民にも広く争う資格を与えるべきであると言う指摘もある。[4]

環境保全手法としての土地利用規制についても機能不全が指摘されている。日本の土地利用規制は建築自由を原則としており、規制には抵抗が強い。[5] 財産権の制限を厳しくすれば補償が

1▼ 下記の資料による：青山貞一（環境行政改革フォーラム代表幹事）（二〇〇一）、『司法制度改革推進本部　行政訴訟検討会ヒアリングレジメ』。

2▼ 1▼と同様。

3▼ 1▼と同様。

4▼ 1▼と同様。

5▼ 阿部・淡路（二〇〇二）、『環境法』、有斐閣、p.50

必要となるが、その資金がないために結局は規制できないことになると言う批判である。[6] この点は、都市計画の専門家も指摘していることでもある。規制により公共の利益を守るということであれば、〝公共の利益 *v.* 私有財産権〟という構図になり、どの程度の規制であれば補償の対称になるか否かという論点になる。しかし、個々の規制ごとに、その目的および開発負担の程度と開発内容との合理的関連性を検証するネクサス・テスト（nexus test）を行ったり、公益と私益のバランスを詰めていたのでは行政機能が破綻してしまうであろう。したがって、都市計画の観点から考えれば、規制の根拠となる計画の中で公益と私益のバランスを考えることが重要となる。では、どのような計画システムが求められるのであろうか。本論では、米国のレイク・タホ（*Lake Tahoe*）判例から私有財産権と計画システムのあり方を考察していく。

2 レイク・タホ判決の背景

保全の対象となったのは、カリフォルニア州とネバダ州の州境にあるタホ湖（Lake Tahoe）周辺四つの郡（county）にまたがる地域である。中心となるタホ湖は、二五〇〇万年前の地殻変動によってできた湖で、最大水深が約二〇〇〇メートル、周囲が約一二〇キロメートルの大きさである。米国の作家マーク・トウェイン（Mark Twain）が〝地球上で最も清らかなところ〟と賞したほど透明度の高い湖と、周辺の豊かな自然環境がある。しかし、一九六〇年代のリゾート開発や住宅開発の急増により水質汚染が進み、保全対策が求められた。一度汚染されたら回復するまでに七〇〇年以上の年月を要するとする調査結果もあり、早急な対策が求められた。

二〇〇二年四月二三日、長年に渡って争われてきたタホ・シエラ（Tahoe-Sierra）裁判に

6 ▼

7 ▼と同様。

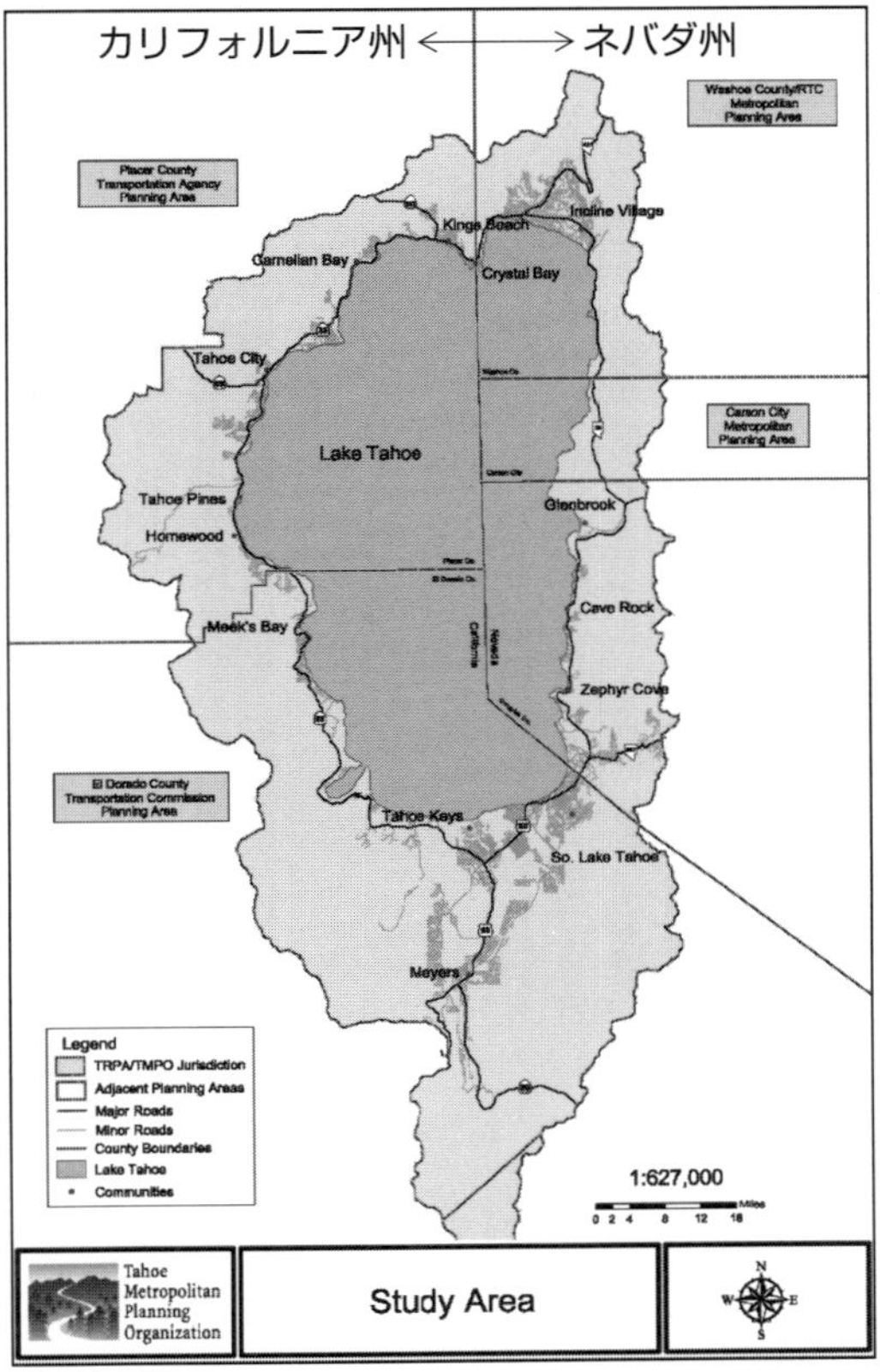

図1　タホ湖のマップ

図2　タホ湖沿岸の湿地帯で広がる開発

対して連邦最高裁が判決を下した。判決では、地域環境保全の目的で施行されたモラトリアム（moratorium）がテイキング（taking）にあたらないとして合憲と判断された。テイキングをめぐる裁判には長い歴史がある。その中で、一九八七年以降の最高裁判決の殆どは財産権の保護の立場にたった判決であり、[7]都市計画にとっては受難の時期であった。そんな中でレイク・タホの判決は環境保全規制の合憲性を認め、計画の意義を深めたと言われている。[8]

アメリカ都市計画学会はレイク・タホ判決の特集を組み、原告側弁護士、被告側弁護士、土

コラム　開発規制に関する用語

★モラトリアム（moratorium）

よく知られている意味は、未成年が社会的責任を負うのを避けたいがために、その状態にとどまろうとする心理状態を示すことである。一般的には、ある行為を延期、猶予する措置を意味する。都市計画においては、短期間に多くの開発行為が集中するために、著しく環境を破壊するとの危惧から、一時的に開発許可を停止する場合に用いられる。開発許可発行を停止している期間中に、都市の総合計画や土地利用規制に見直しなどが行われ、停止解除の後に適切に市街化が進むような対策が講じられる。レイク・タホの場合は、無秩序な開発が急増したため、開発制限をかけてその期間に広域計画を策定する目的で実施された。

★テイキング（taking）

直接的な意味は、収用することである。都市計画に関しては、規制の目的、態様、程度と損失補償の要否に応じて小高（一九九七）は以下のように区別している：①収用（taking）、②規制（Regulation）、③規制収用（Regulatory Taking）。①は公共工事など強制的に財産権を取得すること、②は土地利用規制、③は土地利用規制のうち損失補償を要するもの、と定義されている。米国の場合、合衆国憲法第五修正で財産権の補償が規定されており、正当な補償なしで公共の用途のために私有財産を徴収されることはないとされている。しかし、公的規制の場合、公共性確保のための社会秩序の維持を目的としているとして損失補償を伴わないことがあり、公的規制の本質が裁判で争われるケースが多々ある。レイク・タホのモラトリアムは③に該当するが、損失補償を要否そのものが争われた裁判である。

地利用法を専門とする学術専門家、弁護士、都市計画専門家の論評を発表している。[9] バーガー（Berger（二〇〇二））は、タホ地域の土地所有者を代表する立場で判決を批判している。モラトリアムによってタホ湖を含む地域の環境が改善した場合、その恩恵は地域社会全体が享受することになる。したがって、開発規制により個人土地所有者にその負担を全面的にかぶせるのはなく、社会全体で負担すべきであるという意見である。一方、判決を賞賛する意見もある。その中でダウリング（Dowling（二〇〇二））は、最高裁がモラトリアムの合憲性を認めた背景を論じる中で、タホの地域性をあげている。タホ地域の土地建物の資産価値は、タホ湖とその周辺の豊かな自然環境が保全されてはじめて形成されるものであり、その自然環境を守るモラトリアムは一概に私有財産権の侵害にあたらないと論じている。モラトリアムが実施された期間であっても、対象となった土地の価値は値下がりしなかったという実証データもあげている。つまり、タホ地域ではモラトリアムが逆に資産価値を保つ機能を果たしたという見解である。更にダウリング（Dowling（二〇〇二））は、一九八七年の広域計画について最高裁で言及がなかったのは、地裁、控訴裁において既に出訴期限（statute of limitation）が過ぎているという判断が下されているためで、最高裁が合憲性判断をする際の一つの材料としては一九八七年の広域計画があったのでないかと論じている。本論文の第三章で述べるが、モラトリアムの実施は広域計画が策定されるまでの期間であり、広域計画に支えられたモラトリアムという構図は時系列的には矛盾する。しかし、第三章の表一に示すように、三つの判決は一九九〇年代後半から二〇〇〇年にかけて出されており、判断材料として広域計画があったという推測も完全に否定できないと筆者も考えるところである。本論では、モラトリアムに関わる私有財産権の侵害は広域計画フレームワークに支えられてその妥当性が見出せるということを、経緯と実状をフォローすることを通じ、計画に支えられたモラトリアムという観点から深く掘

7▼ 土地所有者の財産権保護の立場にたった判決としては、First English Evangelical Lutheran Church v. County of Los Angeles (484. S. 304 (1987)), Nollan v. California Coastal Commission (483 U. S. 825 (1987), Preseault v. ICC (494 U. S. 1 (1990)), Lucas v. South Carolina Coastal Council (505 U. S. 1003 (1992)), Dolan v. City of Tigard (512 U. S. 374 (1994)), Suitum v. Tahoe Regional Planning Agency (520 U. S. 725 (1997)), City of Monterey v. Del Monte Dune, Ltd. (526 U. S. 687 (1999)), Palazzolo v. Rhode Island (533 U. S. 606 (2001)) がある (Kayden (2002))。

8▼ Land Use Law & Zoning Digest (June 2002) における都市計画専門家の意見。

9▼ Land Use Law & Zoning Digest (June 2002) で特集が組まれている。

り下げ、その意義を論じたい。

3 レイク・タホ判決の経緯

一九六九年に最初の協定（compact）が連邦法として定められた。その後、一九八〇年に改定され現在の協定となっている。タホ地域（Lake Tahoe Region）の広域計画（regional plan）をめぐる一連の訴訟は、この一九八〇年協定を制定する際に、広域計画が策定されるまでの間という期限付きで実施されたモラトリアムが発端となっている。モラトリアムの目的は、無秩序な開発が急増した場合、開発制限をかけてその期間に広域計画を策定しようとするものである。一九八四年に最初の広域計画が策定されたわけであるが、その一九八四年までの間のモラトリアムが私有財産権の不当な侵害にあたるとして訴えられた。いわゆるテイキング訴訟の始まりである。更に、この一九八四年の計画についても環境保全の目的を十分に達しえる機能を備えていないとして訴えられ、連邦控訴裁判所[10]によって八四年広域計画の差し止め命令が下された[11]。これを受けて一九八七年に新たな計画が策定されたが、この八七年計画に対してもテイキングにあたるとして訴えられている。つまり、乱開発によりタホ湖を含む地域の自然環境の保護、保全を目的として導入されたモラトリアムがテイキングにあたるかどうかが争われたのである。

このレイク・タホ判例の争点は幾つかあるが、計画の観点からは以下の三つにまとめられる。一つは、導入されたモラトリアムの実施期間が妥当かどうかである。約三年にわたるモラトリアムの期間中は開発行為を制限されるわけであり、当然、経済的損失も発生する。二つには、環境の価値を保全するための負担を誰が負うかということである。環境という人類未来永

[10] レイク・タホのケースの場合は、the U. S. Court of Appeals for the Ninth Circuit である。サンフランシスコにある。

[11] これにより、第三章で述べる一筆毎の評価システム（IPES）が開発され、一九八七年の広域計画に取り込まれた。

劫に渡る価値を保全するのであれば、公共（public）の負担によって行うべきであり、それを土地所有者に対する開発行為の制限というかたちで一方的に個人（private）に負わせるべきでないという意見である。環境の価値を守るコストは誰が負担するべきかという判断が求められた。三つには、広域計画の仕組みについてである。これは、判決の中では直接的に取り上げられていないが[12]、先の二つの観点と密接に関連し、モラトリアムの期間にどのような広域計画の仕組みが策定されたかに関連すると考えられる。財産権を保護する仕組みが盛り込まれているか、または環境保全に十分な機能を備えているかなど、計画の質が問われるということである。以下では、一連の判例を整理し、テイキング訴訟における意義を探っていく。

表一に、判決をまとめる。タホ・シエラ保全協会（TSPC：Tahoe Sierra Preservation Council）はタホ地域の土地所有者によって組織された団体であり[13]、モラトリアムがテイキングにあたるとしてタホ広域計画局（TRPA：Tahoe Regional Planning Agency）[14]を訴えた。表中には、一審のネバダ州の連邦地裁（the U. S. District Court of Nevada）、二審の第九控訴裁判所（the U. S. Court of Appeals for the Ninth Circuit）、そして連邦最高裁（the Supreme Court of the U. S.）において、勝訴した方が記してある。（　）内の数字は、判決時期である。先に述べたように、一九八四年に最初の広域計画が策定されたわけであるが、同じ年にネバダ州連邦地裁とカリフォルニア州連邦地裁に各々の州の土地所有者が訴えを起こしたことに一連の訴訟は始まる。その後、二つの訴えはネバダ州連邦地裁に一括して判断されることになり、表一に示す判決となっている。

レイク・タホ判決は四つの期間の法令、計画が争点となっている。期間Ⅰ（一九八一・八・二四―一九八三・八・二六）は、住宅及び商業開発の一部禁止を行った第八一―五法令の施行期間である。これは、一九八四年の広域計画策定までの間にかけられたモラトリアムである。期間

12▼ 連邦最高裁の判決文の中では広域計画の仕組みについての言及はないが、計画の一般的な意義については述べられている。

13▼ 一九八〇年に設立されたNPO団体で、タホ地域の土地所有者や民間事業者から組織されている。

14▼ 一九六九年の協定（Compact）を根拠に設立された地域計画機関。カリフォルニア州とネバダ州政府によって協定がつくられ、連邦下院での承認を経ている。計画機関として権限が与えられたのは一九八〇年に修正された協定による。

II（一九八三・八・二七—一九八四・八・二五）は、広域計画策定が遅れたためにモラトリアム期間を延長した第八三-二一法令の施行期間である。期間III（一九八四・八・二六—一九八七・七・一）は、一九八四年の広域計画を差し止めた第八四-一法令の施行期間である。先に述べたように、遅れて策定された一九八四年計画は、環境保全の機能を十分に果たしえないとして差止められた期間である。期間IV（一九八七・七・二以降）は、一九八七年の広域計画がテイキングにあたるとして訴えられた期間である。

この一連の判決を計画の観点からみると、期間I、IIの判決が重要である。広域計画策定を前提に約三年にわたってかけられたモラトリアムが、私有財産権を不当に侵害し損失補償の対象となるかという点である。一審ではタホ・シエラ保全協会の訴えが認められたものの、二審および最高裁ではテイキングにあたらないと判断された。期間IIIの法令については一審、二審

表一　レイク・タホ判決

	地裁 (1999)	控訴 (2000)	最高裁 (2002)
期間 I (1981.8.24-1983.8.26)	TSPC	TRPA	TRPA
期間 II (1983.8.27-1984.8.25)	TSPC	TRPA	TRPA
期間III (1984.8.26-1987.7.1)	TRPA	TRPA	—
期間IV (1987.7.2 以降)	TRPA	TRPA	—

注 1）期間 I：第 81-5 法令の施行期間、期間II：第 83-21 法令の施行期間、期間III：第 84-1 法令の施行期間、期間IV：87 年計画に関する訴訟期間

注 2）地裁：連邦地裁，控訴：第 9 控訴裁判所、最高裁：連邦最高裁、TSPC：タホ・シエラ保全協会、TRPA：タホ広域計画局

注 3）（　）内の数字は判決時期を示す。

ともに、裁判所による差し止め命令でありタホ広域計画局による措置ではないとされた。[15] 期間Ⅳについては、出訴期限 (statute of limitation) が過ぎていることによる判断である。[16] 以下では期間ⅠおよびⅡについて最高裁および第九控訴裁判所の判決文を基に探っていく。

判決では、テイキングにあたるかどうかの判断においてペンセントラル (Penn Central) 判例[17]の三つのコンセプトが引用されている。[18] 三つとは、(一)規制の経済的インパクト (the economic impact of the regulation)、(二)合理的収益への期待 (the extent of interference with reasonable, investment-backed expectations)、(三)行政行為の特質 (the character of government actions) である。(一)、(二)については、規制により私有財産権の経済的価値が減じられたかということである。規制により物理的損失を被った場合は明らかにテイキングが発生したとして損失補償の対象となる。しかし、それが物理的損失でなく経済的損失の場合にその判断がゆれることになる。[19] 規制により経済的損失を多少被ったとしても、その財産の利用は継続されるわけであり、経済的損失のみを取り上げてテイキングにあたると判断するのは難しい。レイク・タホのケースでは第八一―五法令と第八三―二一法令が審理の対象となった。この二つの法令が通常の場合に比べて特殊な点は、約三年間のモラトリアムということである。開発行為の制限ということで明らかに経済的損失は発生する。しかし、その間にも財産の利用は継続されるわけであり、加えて広域計画が施行された後には計画で定められたルールにそって開発行為は許可されることになる。また、期限付きのため、土地所有者の将来における収益の期待も損なわれない。判決では、法令の施行によって全ての財産的価値が損なわれたとは判断できないとされた。

(三)の行政行為の特質は、規制によりどのような価値を守ろうとするのかということである。それが一般の福祉 (general welfare) の場合、その価値を享受するのは一般市民という

15▼ カリフォルニア州とNPO団体であるLeague to Save Lake Tahoeなどにより訴えが起こされ、それを受けて裁判所により八四年計画の差し止めと再検討の判断が下された。

16▼ 計画が制定され効力を持つようになってからの時間の経過に伴って出訴期限が過ぎていること。

17▼ 一九六五年にニューヨーク市が制定した歴史的建造物保全条例(the Landmarks Preservation Law)に基づいて、グランドセントラル駅の高層化計画が保全委員会によって拒絶された事に関する判決 (Penn Central Transportation Co., v. New York、四三八U.S.一〇四(一九七八))。グランドセントラル駅の所有者であるPenn Centralは、補償なしで財産権が収用された (taking) として訴えたが、ゾーニングによって規定されている空中権を活用した開発権の移転により便益が得られることや、初期投資に対する合理的収益は高層化計画によ

ことになり公共性が強くなる。だとすれば、守るためのコストは公共負担が妥当であり、規制を通じて特定の個人に負わせるべきではないということとなる。判決文の中では、モラトリアムがかけられなかった場合を想定して規制の必要性が論じられた。もしモラトリアムがかけられなかったとしたら、広域計画が施行されるまで、つまり策定期間中に開発許可申請が殺到し、十分な審査が行われない状況で許可となり、無秩序な開発が一層広がり環境破壊が進行することが考えられる。それを考えると、土地所有者の開発行為がその期間中だけ制限されるという措置は伴うものの、モラトリアムによって公共の利益が守られることにつながる。つまり判決では、モラトリアムをかけるという行政行為の妥当性を公共の利益を守ることとの意味において認めている。となると、〝モラトリアムは合憲である〟ということが一般化できるかという疑問がでてくる。判決の中では、一年以上にわたるモラトリアムは慎重な審理が必要であると述べられている。つまり、レイク・タホのケースは特殊解という位置付けと考えられる。この特殊ということは、レイク・タホのどのような部分をもって特殊と受け止められ、モラトリアムの合憲性につながったのであろうか。第二章でも述べたように、モラトリアムの実施は広域計画が策定されるまでの期間であり、広域計画に支えられたモラトリアムという構図は時系列的には矛盾する。しかし、判決文からモラトリアムの合憲性判断を考察すると、その判断の背後にはモラトリアムの間に策定された広域計画の仕組み、つまり計画全体のフレームワークの合理性にあると筆者は考える。当然であるが、モラトリアムをかける場合は目的をもって行われる。例えば、開発ラッシュによりインフラに過度の負荷がかかる場合は、一定期間に開発制限を実施する。レイク・タホの場合は、環境破壊を抑える目的で施行されたが、最終的にめざすところは広域計画に基づき環境保全を継続的に実施していくことである。つまり、ただ単に規制をかけるだけでなく、その後にどういう地域を形成していくかという将来ビジョン、そのた

り全面否定されるのではなく既存の建物から得られること、などを理由に委員会決定の合憲性を認めた。

18▼
ペンセントラル判例の判決文の中で、ブレナン判事が提唱したマルチ・ファクター・テストのコンセプト。

19▼
Lucas v. South Carolina Coastal Council（五〇五 U.S. 一〇〇三（一九九二））では、“categorical taking”という考え方に基づき、経済的損失を伴う全ての規制は補償に該当するという判断も示されている。

めの合理的で公正なルールづくりがあるというのがレイク・タホの特殊性と考えられる。次章では広域計画のフレームワークについて考察していく。

4 広域計画フレームワーク

図三に広域計画のフレームワークを示す。構造としては協定（Compact）を頂点として環境保全のための閾値の設定（Environmental Threshold Carrying Capacities : ETCC）、広域計画の目標及び政策計画（Regional Goals and Policies Plan）、その目標達成のための手段としての様々な規制が規制法令集（Regulatory Code）として位置付けられている。更に、その規制法令集に整合するかたちでタホ地域を一七五に分けた地区別計画、マスタープラン、コミュニティープランがある。これは、一九八〇年協定を根拠とし、一九八七年の広域計画フレームワークを示している。先の訴訟の経緯でも述べたように、一九八四年の広域計画に差止め命令が下されたのは、環境保全機能が十分でないという理由であった。このことが一九八七年計画のどこに活かされたかというと、以下の二点において環境保全の知恵が見出せる：(一)環境保全のための閾値の設定、(二)成長管理による開発権の移転（transfer of development）。

表二に環境保全のための閾値の設定を示す。一〇の分野毎に細かい項目が設けられており、最もその環境影響を与える項目を抽出し、具体的数値ないしは特性を閾値として設定している。一般的な計画においては、環境保全目標は定性的、抽象的な記述に留まるものが多いが、ここでは具体的指標としてブレイクダウンされて設定されている。環境全体を把握するに十分な指標かどうかという疑念はあるものの、このような具体的項目に分けて示すことにより、タホ地域内の関係する行政機関やNPO、住民にとっては広域計画で何を、どのように保全して

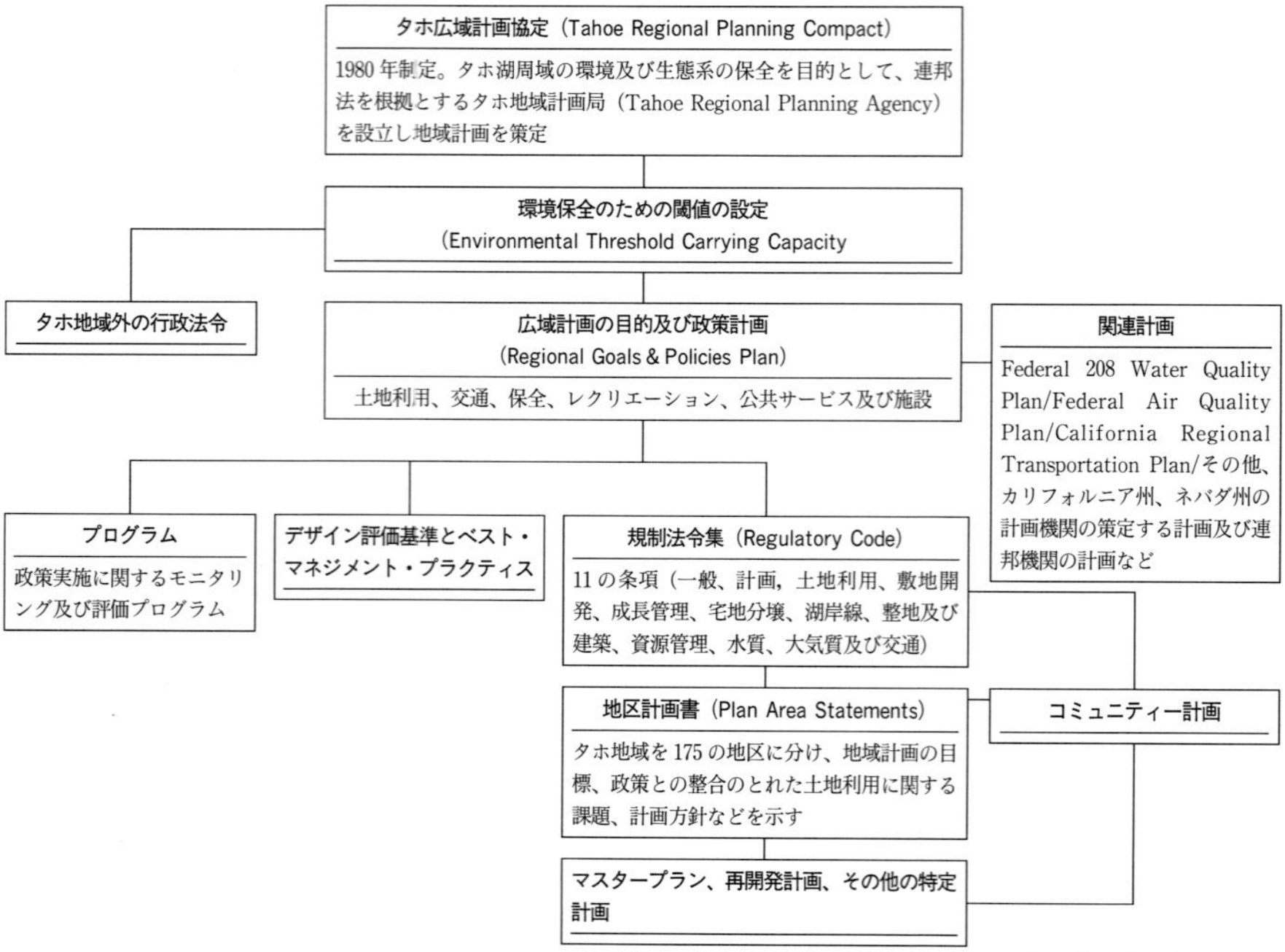
タホ広域計画協定（Tahoe Regional Planning Compact）
1980年制定。タホ湖周域の環境及び生態系の保全を目的として、連邦法を根拠とするタホ地域計画局（Tahoe Regional Planning Agency）を設立し地域計画を策定
環境保全のための閾値の設定
（Environmental Threshold Carrying Capacity
タホ地域外の行政法令
広域計画の目的及び政策計画
（Regional Goals & Policies Plan）
土地利用、交通、保全、レクリエーション、公共サービス及び施設
関連計画
Federal 208 Water Quality Plan/Federal Air Quality Plan/California Regional Transportation Plan/その他、カリフォルニア州、ネバダ州の計画機関の策定する計画及び連邦機関の計画など
プログラム
政策実施に関するモニタリング及び評価プログラム
デザイン評価基準とベスト・マネジメント・プラクティス
規制法令集（Regulatory Code）
11の条項（一般、計画，土地利用、敷地開発、成長管理、宅地分壌、湖岸線、整地及び建築、資源管理、水質、大気質及び交通）
地区計画書（Plan Area Statements）
タホ地域を175の地区に分け、地域計画の目標、政策との整合のとれた土地利用に関する課題、計画方針などを示す
コミュニティー計画
マスタープラン、再開発計画、その他の特定計画

注）Tahoe Regional Planning Agency（1980）を基に加工、作成

図3　広域計画のフレームワーク

表二　環境保全のための閾値の設定

対象		閾値の概略	物理的	生物的	社会的	経済的
水質	沖合部	年間平均透明度 28.7 m、セッキ円板による冬期透明度 32.4 m	＋	＋	＝	−
	沿岸部	Ambient primary algal productivity in carbon uptake 1968 年から 71 年レベル				
	河川支流	窒素、リン、鉄、浮遊沈殿物に関する州基準（ネバダ州）				
	表面流法	現行の広域基準				
	地下水	具体的数値の設定はない。目的として、1)飲料水供給の確保、2)環境保護地域での地下水位低下の監視、3)表面流去水による汚濁の防止、4)監視の強化、が挙げられている。				
水量	水利	年間利用制限 34,000 エーカーフィート。これをカリフォルニアとネバダ州の州間盟約により、カリフォルニアに 23,000 エーカーフィート、ネバダに 11,000 エーカーフィートの配分量。	＋	＋	＋	＝
	流水	現行の流水量を基本とする。急激な水量変化を回避する。漁業に配慮する。				
土壌保全	不浸透性カバレッジ	the Lake Capability Classification of the Lake Tahoe Basin（Bailey, 1974）を基に設定する。	＋	＋	＝	−
	土壌生産性	植生を維持するために最低限流失可能な量を設定する。				
	表層保全	土地利用法令、実施による現状保全。				
	河川環境保全ゾーン	環境保全を目的として開発の制限、規制を行う。ハイキング、放牧、オフロード車の利用なども制限に含まれる。				
大気質	一酸化炭素	8 時間平均値 6 ppm 以下	＋	＋	＝	−
	オゾン	一時間平均 0.08 ppm 以下				
	酸性雨	タホ湖周辺では問題となっていない。				
	遠視性	50％の確立で 171 キロメートル先が可視。				
	中近視性	50％の確率で 87 キロメートル先が可視。				
	臭気	ディーゼル車などからの排ガスによる臭気を抑制する。				

騒音	発生源	航空機、ボート、乗用車、バイク，オフロード車、スノーモービルを対象とする基準値の設定。	+	+	+	=
	累積的発生源	集団的、累積的発生源として、以下の土地利用に規制基準値を設定：高密度住宅地、低密度住宅地、ホテル・モーテル、商業地、都市的レクリエーション利用、田園的レクリエーション利用。				
植生保全	一般植生	草地、湿地、河川流域の植生を保全または増殖させる。	+	+	=	=
	貴重植物	貴重植物に対する保全管理計画を立てる。				
	絶滅危機品種	管理計画の基で保護する。				
野生生物		大鷹、ミサゴ、ハクトウワシ、イヌワシ、流浪性のタカ、水鳥、鹿および重要な生息地の管理、保護	+	+	+	=
漁業		地域内河川流域の生息地、ラオンタン・ニジマス、湖生息地などの管理、保護	+	+	+	=
屋外レクリエーション	未開発地	低密度なレクリエーション利用により質の高い環境を保つ	=	=	+	+
	湖岸ゾーン	地域計画の中で保護地域として位置付け開発制限対象とする				
	アクセス、利用密度、キャパシティ	環境の質の高い未利用地への適切な公共アクセスを確保する。				
	レクリエーション利用地	既存利用施設の最大限の利用を図り、田園地域の質を保全する。				
景観	道路景観	46の地域内道路に対して、ランク付けされた景観指標の設定	+	+	+	−
	湖岸線	33の湖岸線に対して、ランク付けされた景観指標の設定				

注一)＋：プラス、−：マイナス、＝：どちらとも判断が明確に付かない
注二）Tahoe Regional Planning Agency (1982) を基に加工、作成

いこうとするのかが明確に理解できるという利点がある。更に、物理的、生物的、社会的、経済的側面から評価している。この四つの側面からの評価については定性的な記述に留まっているものの、これらを数値的、科学的手法で十分に評価する困難さは明らかであり、その限界を踏まえた上で守るべき環境についてプラス、マイナスの評価を下したことの意義は大きいと考える。

次に、規制法令集の成長管理（growth management）について考察を加える。最初に述べたように、規制法令集は、広域計画のフレームワークにおいて環境保全のための閾値の設定を受けて定められた目標と政策計画を実現する手段として位置付けられている。一一の規定(provision)に分けられており、その一つに成長管理がある。成長管理は、さらに九つの項目からなる。第三章で述べたように、広域計画に係わる訴訟の争点は環境保全の目的で導入されたモラトリアムにより私有財産権が不当に侵害されたかどうかということである。成長管理では、規制を受ける土地にも開発権を付与し、それを他の土地に売買できる仕組みを規定している。いわゆる開発権の移転（transfer of development）によって、開発制限を受けている側の権利も補償している。開発権の移転のしくみを簡単に言えば、域内の全ての土地に少なくとも一住戸建築の開発権を与え、それをトレードする仕組みである。この仕組みを支えるのが土地容量区域（land capacity district）、一筆毎の評価システム（independent parcel evaluation system：IPES）、土地造成（land coverage）という三つの土地マネジメント・システムである。土地容量区域は、非住宅用途の土地全てを対象として、土質、傾斜などの条件により七つのランクに分類するシステムである。各々のランク毎に開発可能面積を設定しており、例えば最も環境規制の厳しいランク一、二については全面積の一％に限られている。一筆毎の評価システムも同様に土地を評価するが、この場合には住宅用途に指定されている空地のみについて〇から一四四〇までのスコアーをつけるシステムである。評価の条件としては、土地の侵食、表面流失、排水システムなど八つ基準が設けられている。スコアーが低い場合、当該土地は保護規制を受け、七二〇ポイント以下は開発禁止となる。土地造成は、土地の造成権に関するものである。先の二つは土地そのものを評価し、開発をコントロールするシステムであるが、これは開発行為に伴う排水が直接タホ湖に流入したり、土壌に直接浸透するのを防ぐための措置を行使する権利に関するものである。開発権の移転との関連で言えば、環境保護地から開発権を得たとしても、この土地造成に関する権利がないと開発行為は行えない。したがって、開発権に加えてこの土地造成に関する権利も取引の対象となり、土地造成権に関するバンキング・システム（land coverage "BANK"）が設立されている。所与の造成権以上の権利が必要となった場合、バンキング・システムを通じて取得することになる。このバンキングの中にストックされている権利は、荒廃地を買収して自然状態に復元した土地の造成権である。このバンキング・システムを運用しているのはカリフォルニア・タホ保全機構（California Tahoe Conservancy：CTC）という州機関であり、カリフォルニア州の予算で行っている。加えて、開発申請者からの土地造成権購入資金もバンキングに納金され、カリフォルニア・タホ保全機構の新たな運用資金ともなっている。このバンキング・システムは市場原理を取り込んだ形で運用され、同時に自然保護地の回復という成果も上げている。

5 最後に

本論から得られた知見を以下の三つにまとめる。一つは、合理的なアプローチで計画システムを構築すること。モラトリアムの合憲性は、科学的調査やモニタリングなどを基につくられた広域計画全体のフレームワークが屋台骨としてあり、それが判決として現れたと考えられる。モラトリアムそのものは一時的なものであるが、期間終了後に各々の土地、各々の地区、ひいては地域全体がどういう方向に進んでいくかを示すルールとビジョンが示せれば、規制の恣意性は回避できる。二つには、私有財産権を出来るだけ認めるようなメカニズムを計画システムの中に盛り込むこと。本論でも述べたように、開発権の移転を中心とする成長管理規定を設けて規制対象となる土地の財産権の損失を補う仕組みがある。土地造成権に関するバンキング・システムも含めて市場原理を取り込んでいることも重要な点である。三つには、環境保全のためには広域土地利用計画が基本となること。環境保全は行政区域を超えて実施する必要性が高い。その場合、やはり国や州のイニシアティブが不可欠であり、広域土地利用計画の策定を通じて下位自治体の合意形成や科学的情報の収集に努める必要がある。

［参考文献］

阿部泰隆・淡路剛久（二〇〇二）、『環境法』、有斐閣
稲田仁士 訳（一九九九）、『アメリカ環境法』、木鐸社、二一六-二二〇
小高剛（一九九七）、『損失補償の理論と実践』、住宅新報社、二八-四三
青山貞一（環境行政改革フォーラム代表幹事）（二〇〇一）、『司法制度改革推進本部　行政訴訟検討会ヒアリングレジメ』
畠山武道 他（一九九五）、『環境行政判例の総合的研究』、北海道大学図書刊行会、p. 162
Bauman, Gus (2002), "Lucas Limited and Penn Central Promoted", *Land Use Law and Zoning Digest*, June 2002, American Planning Association, 11p
Berger, Michael (2002), "The Shame of Planners", *Land Use Law and Zoning Digest*, June 2002, American Planning Association, 6-8
California Tahoe Conservancy (1997), Progress Report, 21-23
Centers for Water and Wild land Resources (1996), "Lake Tahoe Case Study", *Sierra Nevada Ecosystem*

Project : Final Report to Congress, the University of California, Davis, 217-275

Delaney, John (2002), "Tahoe-Sierra : The Great Terrain Robbery, or Simply A Bridge Too Far For Landowner", *Land Use Law and Zoning Digest*, June 2002, American Planning Association, 15-17

Dowling, Timothy (2002), "Happy Earth Day, Lake Tahoe", *Land Use Law and Zoning Digest*, June 2002, American Planning Association, 8-10

Echeverria, John (2002), "The Once and Future Penn Central Test", *Land Use Law and Zoning Digest*, June 2002, American Planning Association, 8-10

Firestone, Laurel (2003), "CASE COMMENT : Temporary Moratoria and Regulatory Takings Jurisprudence After : *Tahoe-Sierra Preservation Council, Inc. v. Tahoe Regional Planning Agency*", the Harvard Environmental Law Review, 27

Kahn, Jordan (2002), "Lake Tahoe Clarity and Taking Jurisprudence : The Supreme Court Advances Land Use Planning in Tahoe-Sierra", *Environmental Law and Policy Journal*, Fall 2002, the Univ. of California, Davis, 33-63

Kenner, Gideon (2002), "Rolling the Dice with Ambrose Bierce", *Land Use Law and Zoning Digest*, June 2002, American Planning Association, 12-13

Kayden, Jerold (2002), "The Tahoe-Sierra decision was about more than moratoria", *Land Use Law and Zoning Digest*, October 2002, American Planning Association, 3-5

Lucero, Lora and Jeffrey Soule (2002), "A Win for Lake Tahoe : The Supreme Court validates moratoriums in a path-breaking decision", *Planning, June* 2002, American Planning Association

Mandelker, Daniel (2003), *Land Use Law* (*Fifth Edition*), LexisNexis, New Jersey, 606 p

Marshall, John (2002), "Sweet Affirmation", *Land Use Law and Zoning Digest*, June 2002, American Planning Association, 17-19

Merriam, Dwinght (2002), "What the Supreme Court Didn't Decide in Tahoe-Sierra", *Land Use Law and Zoning Digest*, June 2002, American Planning Association, 13-15

Penn Central Transportation Co., v. New York, 438 U. S. 104 (1978)

Pruetz, Rick (1993), "The Land Coverage Program of the California Tahoe Conservancy", *Putting Transfer of Development Rights to Work in California*, 177-181

Roberts, Thomas (2002), "A Takings Blockbuster and a Triumph for Planning", *Land Use Law and Zoning Digest*, June 2002, American Planning Association, 4-6

Tahoe Regional Planning Agency (1980), Compact, TRPA
Tahoe Regional Planning Agency (1982), Environmental Impact Statement for the Establishment of Environmental Threshold Carrying Capacities, TRPA
Tahoe Regional Planning Agency (1987), Regional Plan for the Lake Tahoe Basin : Code of Ordinances, Rules of Procedure, TRPA
Tahoe Regional Planning Agency (1987), Regional Plan for the Lake Tahoe Basin : Plan Area Statements, TRPA
Tahoe Regional Planning Agency (1987), Regional Plan for the Lake Tahoe Basin : Goals and Policies, TRPA
Tahoe Regional Planning Agency (1987), "A Property Owner's Guide to LAND CAPABILITY and LAND COVERAGE", TRPA
Tahoe Regional Planning Agency (1987), "TRPA Land Coverage Transfer Program", TRPA
Tahoe Regional Planning Agency (1987), "TRPA's Land Coverage Systems", TRPA
Tahoe-Sierra Preservation Council v. Tahoe Regional Planning Agency, 535 U. S. 302, 122 S. Ct. 1465 (2002)
Tahoe-Sierra Preservation Council v. Tahoe Regional Planning Agency、216 F. 3 d 764 U. S. App. (2000)
都市計画国際用語研究会編（二〇〇三）、『都市計画国際用語辞典』、丸善

ダイアローグ

「自然」という場で

◉細谷 等

七年前の話になるが、『ウルトラマンガイア』というテレビ番組があった。土曜日の夕方六時に放映ということもあって、さすがにリアル・タイムで見ることはできなかったが、それでも何気に借りた一本のビデオがきっかけとなって、一気に全巻読破ならぬ全巻観破してしまった。そんなにも惹き込まれたのは、小中千昭によるよく練られた物語構成もさることながら、『ゴジラ対メカゴジラ』や『ウルトラマン・パワード』のような八〇年代後半の特撮映画に現れはじめたエコロジー認識――怪獣を保護すべき動物・「自然」と捉えるような、あるいは怪獣を「大いなる自然」として象徴化してしまうような文化的想像力――が、規範的な形でそこには分節化されていたからである。僕が子どもだった六〇年代、高度成長期の日本を象徴するかのごとく、初代ウルトラマンがネロンガ、ゴモラ、ザンボラーといった怪獣あるいは「自然」を容赦なくスペシューム光線で焼き殺していった姿は、時間的のみならず認識論的にも遙か過去のものとなってしまったようだ。

物語には、二人のウルトラマンが登場する。一人は本編のタイトルにあるウルトラマンガイア、もう一人はウルトラマンアグルである。ウルトラマン・カラーの銀と赤が基調のガイアは、人類を守る正統派ヒーローだ。他方、青い巨人アグルは地球を守るウルトラマンであり、彼の論理では、人類は地球の敵、地球環境を蝕む害虫に他ならない。つまり、アグルは過激なエコロジストなのである。人類か環境か。この二項対立を軸に、シリーズの前半は緊張感をもって展開される（後半はテーマが不鮮明になって、ややダレ気味だが）。

なぜこんな話をしているかというと、西浦定継の「個人の権利を守るのか、公共の利益を優先するのか？」を読んでいて、『ウルトラマンガイア』と何か通底するものをふと感じてしまったからである。もっとも、両者の差異は歴然としている。というのも、この論文で問題とされているのは、人類と対立する形での環境ではなく、人類のための、すなわち広域住民のための環境であるからだ。しかも、本論で筆者が丁寧に分析しているように、現実の環境問題は行政や司法、開発会社や住民の権利が絡む、はるかに複雑なプロセスである。それは、ガイアとアグルのようなマニ教的な二元論ではけっして語れないし、それにもとづいて解決することもできない。それでもやはり、「環境」・「自然」という認識論的な枠組みのなかで分節化されていったという点で、アメリカの環境保全問題と特撮ヒーローものとが、思わず知らず連想の輪で結びついてしまったのである。

筆者によれば、環境保護と一口に言っても、「農家の立場、開発業者の立場、周辺住民や都市居住者の立場」など、自然に関わる個々異なる立場を考慮する必要が生じ、それをどのように調停していくか、という複雑な問題系が浮上してくる。環境保護という賽《さい》が投げ込まれると同時に、まさに自然は「様々な利害関係に立つ多様な価値観のぶつかり合いの場」、いわば権力闘争のアリーナと化す。

その具体的な事例として、筆者はアメリカのタホ湖を取り上げているが、日本においても愛知万博で似たような問題が持ち上がったように思える。「愛・地球博」と命名された現在開催中の万博は、その自然保護という姿勢にもかかわらず、日本野鳥の会、日本自然保護協会、世界自然保護基金（WWF）ジャパンの環境保護三団体が参加を拒否している。その原因は、道路建設や絶滅危惧種の取り扱いなど、団体から見れば環境に配慮しない万博協会側の姿勢にあるといわれている。

たしかに、「ロボット・ステーション」のようなすぐれてテクノロジカルなパヴィリオンを目玉とし、冷凍マンモスや「サツキとメイの家」で「自然らしさ」をアピールしようとする強引な演出からしても、協会いうところの「環境」・「自然」は純粋に記号的なものであると指弾されても仕方がない。とはいえ、環境保護をどんなに誠実に追及してみたところで、所詮それは万博には不可能なテーマなのだ。なぜなら、一八五一年の第一回ロンドン万博を見てもわかるように、そもそものはじめから万博は自国の技術力を誇示する産業革命の申し子であったからだ。したがって、エコロジー万博とは究極の自己否定であり、排出ガスを規制した「エコ・カー」と同じくらい矛盾した存在といえよう（ちなみに、「トヨタグループ館」も人気パヴィリオンのひとつだ）。

しかし、協会の自然観が問題含みのものであったからといって、環境保護団体が自然を正しく捉えている、などというつもりはない。問題は自然の在り方について真偽を問うことではなく、自然がつねに多様な解釈を誘発し、権力闘争が展開される枠組み、つまり「場」となっていることである。そして、「環境保全のためには広域土地利用計画が基本」であるという筆者の指摘が示すように、それは特定の地域の環境を保護することが、そのまま他の地域へとその影響を波及させ、それを巻き込んでしまうような磁場でもある。しかも、問題は、自然がどのポジションから解釈されるのか、という共時的・空間的なものに留まらない。それは、「次世代における価値観や利害関係」にすら連動する通時的な問題としても捉えられなければならないのだ。現在の当事者のみならず、到来するであろう未来の他者たちもが、闘争のアリーナのなかへと繰り込まれる。

ジョン・トムリンソンは、ローカルな意識とグローバルな意識が理想的にシンクロした関係、いわゆる「グローカリズム」をグローバリゼイション時代の倫理的な在り方として提示した（ジョン・トムリンソン『グローバリゼーション』）。脱ローカルな空間・時間を視野に入れたローカルな動きという意味で、タホ湖の環境保全も「グローカリズム」の一種と見なすことができるであろう。とはいえ、そこにはひとつ不明瞭なところがあることも否定できない。自然をめぐる共時的あるいは通時的な「価値観や利害関係」の布置は描かれつつも、そこでは当事者たちの声が「タホ広域計画局」や「タホ・シエラ保全協会」といった行政や団体の声に抽象化され、しかもそれが司法という、きわめて形式的な場で聴こえてくるだけなのだ。とりわけ、土地所有者の団体組織である「タホ・シエラ自然協会」が、どのような社会的ポジションからその声を発しているのか見えてこない。

しかし、ひとつだけ確実にいえることは、その協会の構成員が、行政の政策に充分に対抗しうる階層――圧力団体を組織し、裁判費用を捻出でき、公的な場に自分たちの声を届かせることができる階層――に所属しているということだ。そう考えると、タホ湖の環境保全問題は、アメリカにおける環境保全の規範的な事例とは思えなくなってくる。もし対象となる地域の住民が、資金力も組織力も社会的な影響力も欠いた、周縁化された階層に属していたならば、タホ湖の場合ように、環境をめぐる多種多様な声を響かせる環境自体が形成されたであろうか。およそ一五〇年前に、環境保護の名のもとに、セントラル・パークの建設予定地に住んでいた黒人やアイルランド系・ドイツ系移民を有無も言わせず立ち退かせた行政の暴力など、もはや存在しないと果たして言い切れるのであろうか。

問題はこれだけには留まらない。筆者がいうように、環境保全はまさに「広域計画」として、特定の地域の自然保護が当該の場所だけでなく、州さらには国自体にもどのような影響を波及させるのか考慮することを要求する。そうであるならば、この「グローカリズム」の論理は、そこで止まることなく、さらなる徹底性を要求することになるだろう。なぜなら、特定の地域の自然を保護しても、資本主義下における開発自体が止むことはないからだ。したがって、ある地域の環境保全が予期せぬ形で他の地域の開発を促し、環境破壊をもたらすという可能性――例えば、先進諸国の環境保護が、そのまま第三世界の深刻な環境破壊へと繋がっていくような可能性――も、当然視野に入れなければならない。実際、本誌所収の別の論文では、自分たちが住む地域の環境には周到に気を配りながらも、「国境地帯の環境を汚しても自分たちには直接影響がないという意識」が生み出すいびつな現象、いわゆる「環境レイシズム」の問題がアメリカにあることが報告されている（茅野佳子「場所・人間・文学――アメリカ南西部の物語と環境公正運動」）。

以上のことから、アメリカの、しかもタホ湖という特定地域の環境保護を、そのまま現在の規範的な環境保全の在り方と見なすことは難しくなる。タホ湖の外部ばかりでなく、アメリカの外部――もっぱら資本投下と軍事戦略の対象としてしか考えてこなかった外部――にも、環境保護がどのような効果を波及させるのか、それが「環境レイシズム」と表裏一体となってはいないか、考えてみるべき課題は少なくないように思える。

自然という闘争のアリーナに、境界線を設定してはならない。というのも、そこには境界など存在しないし、線を引くこと自体がひとつの暴力となってしまうからだ。それゆえ、「様々な利害関係に立つ多様な価値観」を取り込む作業も、際限のないものとなろう。果てしなく広がる外延から他者たちの声が聴こえたとき、それが自然という「場」でどのように反響するのか、興味の尽きないところである。

中国黄土高原の緑化

池本和夫

1 はじめに

中国内陸部に、風で西から運ばれた黄砂が長い年月のうちに堆積してできた黄土高原がある。小学校の図工の時間に教わった黄土色や、春先に飛んでくる黄砂のふるさとである。黄砂や地球温暖化、酸性雨などを考えれば、環境に国境はなく、日本と中国はつながっており、文化的、歴史的な結びつきだけでなく、環境面でも中国を知る必要がある。しかし、乾燥した大地である黄土高原の自然やそこに育つ植物などは、湿潤な日本列島（東京の年平均降水量は一四〇五ミリ）に住む我々には想像しにくい。

黄土高原東端の山西省大同[1]で一九九二年から緑化活動を行っているNGO、認定特定非営利活動法人「緑の地球ネットワーク（Green Earth Network、略称GEN）」[2]の活動や大同での筆者の見聞を交えながら、黄土高原の緑化事業を紹介し、その問題点を指摘する。

1▼ 山西省北部の大同市及びその周辺七県を大同と呼び、大同市と区別することにする。

2▼ 一九九二年に大阪で設立。黄土高原での一〇年余りの活動が実を結び、初期に植えたマツが人の背丈以上に育ったり、小学校付属果樹園に植えたアンズが収穫できるようになった村では収入が一〇倍以上になったり、村で初めての大学生が出たりと成果があがっている。また、環境林センター、霊丘自然植物園、カササギの森、白登山苗圃（仮称）など、育苗から造林樹種の多様化をめざすソフト面の協力拠点も充実させている。高見邦

2　黄土高原の自然

黄土高原の範囲や過去の植生などは研究者により異なるが、本稿では『黄土高原森林与《と》草原的《の》変遷』（史念海ほか）により概観する。その範囲は西は青海省の日月山から東は太行山脈まで、南は秦嶺山脈から北は万里の長城に及び、甘粛・陝西《せんせい》・山西など六つの省・自治区にわたり、約四四・九一万平方キロメートル、日本の一・二倍の面積がある。

黄土高原は二〇〇万年前の第四紀更新世から、中央アジアや中国西部の黄砂が風で運ばれて堆積してできた。東南から西北にかけて海抜が高くなり、気温・雨量も厳しさが増し、気候は暖温帯-中温帯、植生帯は森林-草原-荒漠と変化する。大部分は海抜一〇〇〇-二〇〇〇メートルである。土石山地・河谷平原・黄土丘陵などさまざまな地形があり、浸食谷が発達し、厳しい水土流失にあっている。

季節風の影響で乾燥し、寒暖の変化が大きく平均気温は六-一二度、降水量は二〇〇-七〇〇ミリで夏に集中する。冬から春には強い西北風が吹き、時に猛烈な砂嵐を起こし、黄砂は北米大陸にも達する。

かつて黄土高原には森林があったが、全体が森林に覆われていたわけではなく、おもに岩石山地やその周辺、河谷盆地などにあったと推定される。[3] 西周以後、農業の発達により平原の森林は縮小を続け、秦漢以降は山地の森林の破壊が始まり、明代中葉には全面的に破壊されるようになり、二〇世紀には山地の森林はほとんどなくなった。

雄（GEN事務局長）の『ぼくらの村にアンズが実った――中国・植林プロジェクトの一〇年――』はGENの活動の歴史を紹介している。同書は李建華・王黎傑訳で二〇〇五年に『雁棲塞北――来自黄土高原的報告』として中国でも出版された。

3▼ 劉東生ほか（二〇〇四）、一六―一七頁。

図 1.　黄土高原の位置
出所：緑の地球ネットワーク（2001）19 頁、図 1

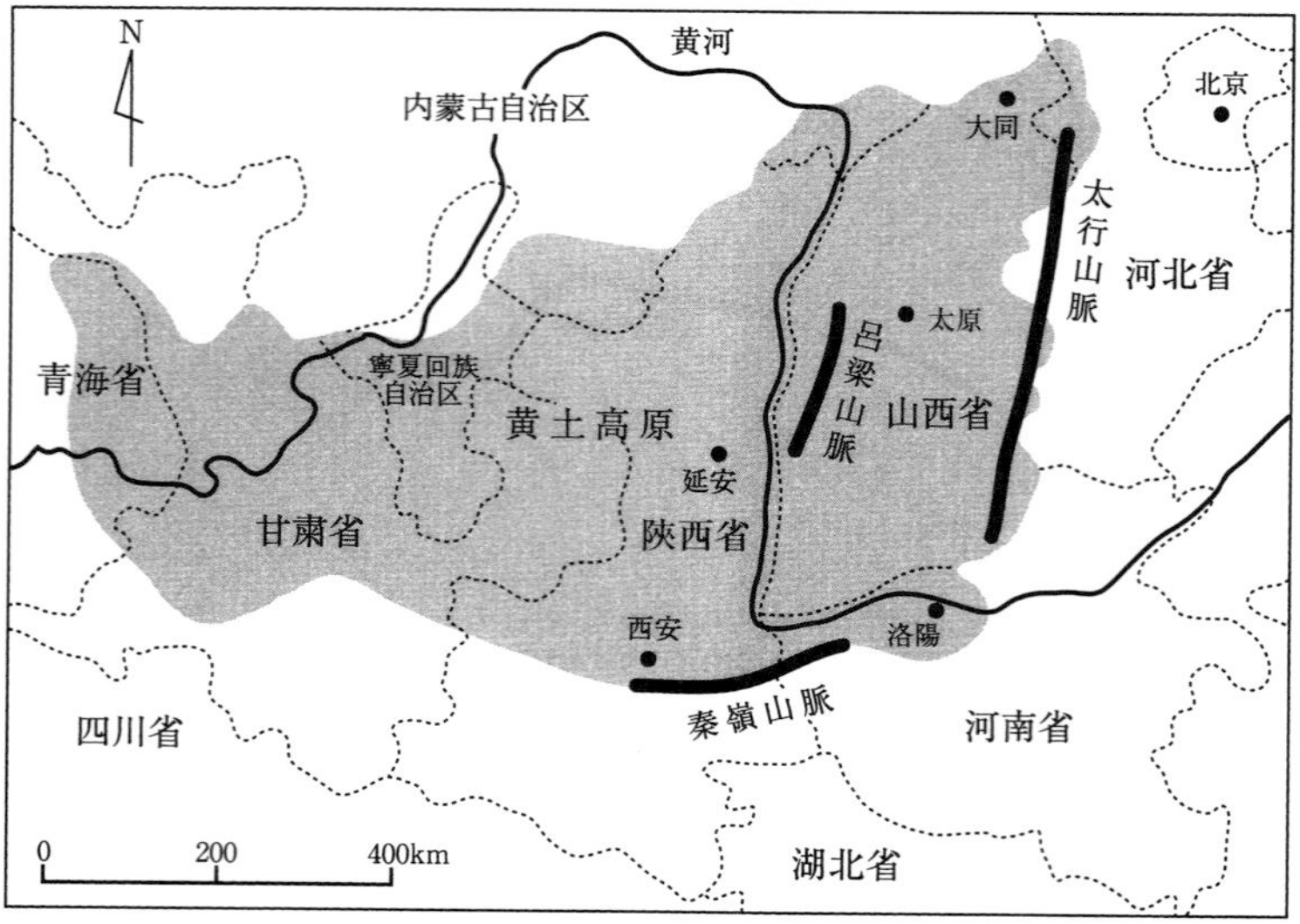

図 2.　黄土高原の範囲
出所：高見（2003）15 頁、地図 2

3 黄土高原の緑化

中華人民共和国は一九四九年の建国以来、荒れ果てた全国の緑化に継続的に取り組み、一九四八年に推定八・六パーセント[4]の森林被覆率は、二〇〇五年一月の中国国務院新聞弁公室の発表では一八・二一パーセント[5]に増加したとされる。中国の統計数字の信頼性[6]や森林の定義[7]の問題があるので、二〇〇五年発表の数字はそのまま信用できるわけではないが、日本の六六・一パーセント、世界平均の二九・七パーセント[8]に比べてあまりにも低く、中国の森林の過少状況と植樹造林の重要性を示している。

首都北京は華北平原にあり、周りは河北省である。河北省の西に太行山脈が南北に走っており、その西に山西省がある。山西省北部の大同は黄土高原の東端にあたり、太行山脈を間にして東に北京を望む。春の砂嵐から首都を守り、大同盆地から河北省に流れる桑乾河の水を官庁ダムにためて首都の水を確保するために、一九四九年の建国後、中国政府は大同の緑化に力をいれてきた。従来のさまざまな環境保全政策が二〇〇一年に統合されて「国家六大林業重点工程《プロジェクト》」となったが、そのうち「三北防護林工程」は一九七八年に体系化された、砂漠化の進む東北・華北・西北に「緑の万里の長城」を作ろうとするプロジェクトであり、この政策に沿って大同でも緑化が行われてきた。

次に、文明の発達により自然を破壊され、深刻な水不足や土壌浸食に悩む黄土高原の東端の大同で、現在進められている緑化（植樹造林）の現状を紹介し、問題点を考える。

4▼
『中国環境ハンドブック二〇〇五―二〇〇六年版』二八八頁。

5▼
『中国緑色時報』電子版、二〇〇五年一月一九日。

6▼
スミル（一九九六）、一〇一―一五頁。

7▼
吉川賢（二〇〇四）は国連食糧農業機関による一九九〇年の森林資源調査を例に、森林の定義には目的に応じて政治的配慮もあることを示している。「温帯の先進国については、森林とは土地の面積に対する樹冠投影面積（上空から樹冠を見たときの広さ）の割合（樹冠被度）が二〇パーセント以上の土地とした。ただし、閉鎖度は低いが（樹冠被度は一〇パーセント以上）、下に連続した草本層が形成されている疎林は森林に含めた。一方、途上国の場合、森林とは樹冠被度が一〇パーセント以上で、農業に利用されていない土地とした。また、成熟木の樹高も先進国の七メートル以上に対して、五メートル以上と緩やかな定義とした。こうした違

4 植林技術と農民の理解

湿潤温暖な日本列島に住む我々にとって、雨量が少なく特異な性質を持つ黄土に覆われた黄土高原は想像しにくい。そこにおける植林も、下草刈りが最大の問題である日本とは様子が異なる。

苗は二、三年の幼苗を植え、日本の記念植樹で使うような大苗は植えない。大苗は見栄えがいいので、上級の視察があるときなど、手っ取り早く実績を作るために植えられることがあるが、ほとんどは枯れる。大苗は根を切って掘り起こしたものだから、もともと弱い根が、冬の強い季節風で揺られてだめになる。黄土高原は水分条件が厳しいので、水分要求量の少ない幼苗を植え、時間をかけて根が育つのを待つ。最初の二冬は苗に土をかぶせて覆い、冬の季節風による乾燥から守る。植えてから四、五年は生育が遅いが、その後は根が発達して育ちが早くなる。苗に土をかぶせるなど、日本の植林では考えられない方法である。

植物の生育には養分のほかに、温度と水分が欠かせない。日本は四月の菜種梅雨、六、七月の梅雨、九月の台風、冬の雪（日本海側）と、満遍なく十分な雨量があるので、植物の生育を左右するのは気温である。これに対して、黄土高原では雨量が生育を左右する。大同市の年平均降水量は四〇〇ミリ（日本の三分の一ないし四分の一）と少ないので、地面からの蒸発量など微妙な条件の違いが森林の発達に影響する。そのため、日照が弱く地面温度の上がりにくい山の北斜面（陰坡《いんは》）は比較的森林ができやすく、日照が強い南斜面（陽坡）は灌木しか育たない。モンゴルに行った友人の話では、東西に横たわる山脈の北側だけ森林があったという。理由は黄土高原と同じであろう。

いは、途上国の厳しい環境と人々の生活習慣に配慮したものである」（三〇八頁）。

8▼ 『中国情報ハンドブック二〇〇四年版』二二五頁。

植林する場所は北斜面が基本だということを誰でも理解しているわけではない。農業や林業など自然を相手にする分野に通じていない共産党書記が、野心に燃えて功を焦ると、時に陽坡に高木の苗を植えさせることがあるという。誰も止めることはできないから、資金と労力と時間が無駄になる。形式的な業績主義の弊害である。

中国では上意下達で政策が遂行され、民意を反映させることはほとんどない。中央だけでなく地方でも最高責任者は共産党書記で、省長や県長、鎮長、郷長はその指導下にある。党書記は植樹のような国家重点政策で大きな業績を挙げれば栄転が保証されるので、植樹に不適な南斜面に植えるとか、平地の畑に果樹を植えるなど、黄土高原の自然や農民の意向に逆らうような植樹を強引に進め、その結果、植えた木が全部枯れることもある。[9] 何万本植えたとか植林面積は何百ヘクタールだとかは、その書記の業績になるが、後任の書記はいくら前任者の植えた木の面倒を見ても自分の業績にはならない。後任者が熱心でないため、せっかく植えた六万本のアンズがノウサギにかじられたりアブラムシが発生したりして、壊滅的な被害を受けるということもあったという。[10]

また、GENは次のような失敗も経験している。大同県のある村でアンズを大面積に植えたが、収穫まで四、五年かかるうえ、農民は施肥や農薬散布などに資金と労力を要するのに、収入はまったくない。さらに、他の作物の栽培面積は減少する。そのため、生育し始めた苗木を抜かれたこともあったという。[11]

植林は、県政府や郷・鎮政府に動員された農民が指示に従って割り当てを消化していく。環境保全に立ち上がった民間ボランティアではないから、何を植えるか、どう植えるか、すべてが上の指示による。農民にとって植林は受け身であり、自主性は見られない。一度覚えた植え方がマニュアル化されると、その是非は問われないで、ただ外形だけをなぞるようになる。た

9 申元村（二〇〇五）は次のように指摘している。造林に不適な草原や荒漠草原に行政手段を用いて高木樹を植え、管理はおろそかな上に、造林面積イコール政治的業績という誤った考査を一方的に強調した結果、黄土高原の造林には低い活着率、低い保存率、低い効果という三低問題が長期にわたって存在する。過去五〇年あまりのうち、水土保持部門の植樹造林面積は累計七六八〇万ムー（一ムーは六六六・七平方メートル）であるが、現在、実際の林地面積は六七四五万ムーで、天然林六三〇〇万ムーを除くと人工林はわずかに四四五万ムーしかなく、造林面積の五・七九パーセントに過ぎない。つまり、五〇年以上にわたる造林面積の五・七九パーセントしか残っていないのである。例えば、内蒙古自治区烏海市の荒漠草原では、市の行政決定者（池本注：おそらく共産党書記）は専門家の意見も聞かず、見通しもないまま、一九九九年九月に一〇〇〇台に上る機械、四八〇万元あまりの経費、九日の時間を費やして、五〇〇

とえば、黄土は乾くと日干し煉瓦のように固まるのに、苗を植え水をかけたあと土を固く踏みしめるので、通気性を悪くしてしまう。GENがこのことに気付いて、木を植えるための穴の底に砂や砂利など通気性を確保する材料を入れ、水をかけた後に埋め戻した土は固く踏みしめないように指導した。しかし、口でいくら言ってもこの方法は受け入れられず、何年もかけて新旧の方法の成績の違い、つまり新しい方法では根の発育がいいことを見比べて確認させて、やっと新しい方法を納得したという。新しい方法を受け入れてもらうには、いわば文化の壁が障害になるので、性急に結果を求めず、言葉だけでなく現場の実物で気長に理解をはかる必要がある。

次のような話を聞いたこともある。ある木を植えるのに五〇-六〇センチの穴を掘る必要があり、現地の人にわかりやすいように「二尺掘る」と説明した。そこで、ある人がメートル尺を持ってきて穴の深さを計った。六五センチしかなく、「まだ一センチ足りない」と言った。中国では一メートルが三尺、一尺は三三センチだから、二尺は六六センチになる。確かに一センチ足りない。工場で製品を作っているのではないから、一センチはおろか一〇センチ過不足があっても問題ないはずだが、言われた人はそうは受け取らなかった。よりよい植樹の方法を見つけ、普及するに際して、その理由をよく説明し、理解してもらわないと、言われたことを機械的に繰り返すだけになる。

5 樹種

植樹を行う場合、適地適木の原則に従い、目的に応じたふさわしい樹種の選定が重要である。環境保全が目的であれば、元々その土地に生えていた樹種を植えるのが基本である。政府

〇ムーの固定砂丘を平地にならし、翌年四月にマツ・ポプラ・ニワウルシ二二万本あまりを植えたが、活着せず、固定砂丘は流動砂丘になってしまった。

10▼ 高見（二〇〇三）、八五―九〇頁。

11▼ GENのメールマガジン「黄土高原だより」三〇二号、二〇〇五年四月七日。

主導型の植樹では、政府が配る苗木は、地元の自然植生にあうか、地元農民の希望にあうか、かなり疑問が残る。[12]

従来、大同ではポプラとマツが最も多く植えられていたが、現在はマツが中心である。GENの植栽計画（実施時期は二〇〇四年七月から二〇〇五年六月末）によると、アブラマツ（油松 *Pinus tabulaeformis*）と、乾燥に強いマメ科灌木のムレスズメ（檸条 *Caragana korshinskii*）との混植が基本である。しかし、これらは昔から生えていた中心的樹種だという保証はない。

大同南部の霊丘県の自然林で見つかった自生の広葉樹[13]を森林再生に活用するために、GENは霊丘県の自然植物園で育苗を行っている。それにもかかわらず、なぜ依然としてマツ中心で、地元に自生する広葉樹種を使わないのか、筆者は疑問を持っていた。GEN事務局長の高見邦雄は問い合わせに対して、次のように答えている（二〇〇五年二月一五日私信、一部改編）。

> 中国側が主体の植林地ではマツが主体だ。これに代わるものはなかなか見つからない。混植に使う灌木も、大量に準備できるものは、沙棘《サージ》（*Hippophae rhamnoides* ヤナギハグミ）、檸条（ムレスズメ）あたりしか今のところない。GENが主体で植林している大同県のカササギの森では、主要に植えている樹種は似たようなものだ。そのほかに植えているのは各種の広葉樹だが、まだ試験段階で、大面積に本格的に植えるには自信がない。
>
> 大同南部の霊丘県で見つけたような広葉樹を本格的に植えるには、二つの困難がある。第一点は、恒山山脈から南の霊丘県などは中国の地図では中温帯で、それより北は寒温帯だそうだ。実際に植生もかなり違う。山西省林業庁の技術者によると、GENの自然植物園がある霊丘県南山区は山西省内でも特に植物種の豊富なところだそうだ。我々がそこに

12▼ 向虎ほか（二〇〇三、一六七・一九三頁）の貴州省古勝村のケースでは、生態林では雲南松（*Pinus yunnanensis*）、柳杉（*Cryptomeria fortunei*）、雲南ポプラ（*Populus yunnanensis*）が六三パーセントを占め、経済林の苗はわずかであり、桃・スモモ・花椒（サンショウ属の低木）が主である。雲南松・柳杉・雲南ポプラは用材としては非常に安いので、農民はそれらを植えることを嫌がっている。農民が植えたがっているのは梓（*Catalpa ovata* キササゲ）という郷土樹種で、これは棺などに使われる高級用材で高値で取引される。しかし、政府は一本も苗木を供給していない。

13▼ 緑の地球ネットワーク（二〇〇一、七九―九一頁）によると、高木では遼東櫟（*Quercus liaotungensis* リョウトウナラ）、糠椴（*Tilia mandschurica* マンシュウボダイジュ）、元宝槭（*Acer truncatum* カエデ属）、黒樺（*Betula dahurica* ヤエガワカンバ）、山楊

樹種の試験をするために植物園を置いたことに、彼らは驚いていた。中温帯で条件のいい霊丘県の樹種を、寒温帯に属する大同の北のほうに広げるのはそう容易ではない、ということだろう。

第二点は、土の問題だ。植物相が草原から森林へと極相へ向かって変化する遷移の後ろのほうに出てくる植物が育つ条件は、土がそれなりにできているということだ。カササギの森に植えた広葉樹は枯れないでいるが、育ちはよくない。土に有機質が全くないからだ。

筆者の樹種に関する疑問には、宮脇昭の潜在自然植生という概念が念頭にある。

6 潜在自然植生

植樹には大きく分けて経済性と環境保全の二つの目的がある。自然を回復するとか緑を取り戻すという環境保全を目的にする場合、元々その土地に生えていた木を植えるのが基本である。即効性を求めて外来種を植えても、土地本来の植物・動物環境を取り戻すことにはならないから、控えたほうがいい。[14]

宮脇昭（一九九七、六六-六八頁）は、従来の二つの植生概念、「人間が影響を加える直前までの原植生」と「現在の現存植生」に対して、潜在自然植生という第三の植生概念を提起し、それについて、「現存植生は、さまざまな代償植生によって置き換えられたものであるが、もし現在の時点ですべての人間活動、人為的な干渉を停止したとすれば、現在の自然環境が許容しうる最も安定した終局群落」と説明している。そして、日本では、その土地本来の潜在自然植生の主木は、社寺林や古い屋敷林などに残っているので、これを用いて土地固有の緑の環境

(*Populus davidiana* チョウセンヤマナラシ）などの落葉広葉樹が見つかっている。

14▼ たとえば、中国最南端の海南島は平地には自然林が残っておらず、平地の林はほとんどがユーカリかゴムノキだが、これでは緑化の実績にはなっても土地本来の自然環境は回復できない。筆者は二〇〇五年二月、海南島に一週間滞在したが、どこにでもいると思われがちなスズメ（*Passer montanus*）を一羽も見なかった。スズメにとって海南島は極めて過酷な環境である。単に木が生えていれば自然環境が保たれるわけではない。

を回復・修復・創造するべきだという。
中国では潜在自然植生はどこに残っているのか。黄土高原では二〇〇〇年以上にわたる自然破壊により、多くの土地では二次林すら存在しない。しかし、大同では霊丘県の山奥で見つかった自然林に残っていた。北京周辺では、古い寺や谷間に残っていた。
イオン環境財団と北京市政府が主催する一九九八年からの三ヵ年計画「万里の長城・森の再生プロジェクト」をまかされた宮脇は、万里の長城のレンガを焼くのにモウコナラ（蒙古櫟 *Quercus mongolica* モンゴリナラ）を使ったのではないかと見当をつけた。北京周辺でも、古寺や山あいにはモウコナラの老木が残っていたので、これを潜在自然植生の主役と推定した。そして、八〇万個のドングリを集めてポット苗を育て、これを一九九八年七月に八達嶺の万里の長城周辺に植えた。中国側はこのやり方を疑問の目で見ていたが、ほとんどのポット苗は活着した。[15]
しかし、二〇〇二年七月の現地調査では、「植樹地は、少ない降水量、強風、冬にはマイナス三〇度まで気温が下がるという大変厳しい環境の為、生育状況が悪化し、枯れた木々の補植および植樹した苗木の水やり・除草等の育樹が必要」と判明した。[16] この結果に、植物に門外漢の筆者は、植えた当初はほとんどが活着したと調子よかったが、やはり失敗ではないか、と当事者ではない気楽な感想を持った。だが、植物の専門家は違う考え方をする。

7 種の多様性

植物を本来の生育環境から別の環境に移す場合（その当否はここでは論じない）、気候馴化育種が重要だと、立花（一九九九、一七七頁）はいう。たとえば寒いところの苗木を暑いとこ

15▼ 一志《いっし》治夫（二〇〇四）、一三八―一四〇頁。

16▼ イオン環境財団ホームページ「海外の緑化→万里の長城・森の再生プロジェクト」(http://www.aeon.info/ef/jp/kaigai/index.html)。

ろに植えて一割だけが成木になったとする。「歩留まりは極めて低いが、成木した個体があるのは、暑さに強い遺伝子をもった個体がいくらかは存在したからであろう。生き残った個体から種子を取って蒔けば、今度は歩留まりがかなり高くなるはずである」という。

モウコナラやリョウトウナラ（*Quercus liaotungensis*）が開花し一定数の実を付けるのに一〇年かかるとすると、[17]その実（ドングリ）から実生《みしょう》苗を育て実をつけるのにまた一〇年で、結果を見るには少なくとも二代、二〇年程度はかかる。万里の長城・森の再生プロジェクトのモウコナラ、GENが霊丘県の自然植物園で育苗しているリョウトウナラなど、いずれも潜在自然植生の主木であろうが、土壌条件が大きく変化しているのだから、数年で成否を決めず、新しい環境に適応した個体が子孫を作るのを一〇年単位の時間をかけて待つ必要がある。

この場合、種の多様性が重要である。熱帯雨林の保護などに関連して生物多様性の重要性が指摘される。それは一般には種間多様性（種と種との間の多様性、つまり一つの地域の生物全般の多様性）と理解される。それとともに種内多様性、つまり一つの種の中の個体間の遺伝的な変異の多様性（遺伝子のばらつき）も重要である。種内多様性の対極にあるのが組織培養や挿し木で増やしたクローン苗（スギやポプラなど）や、個体数が減り近親交配の結果絶滅した日本のトキ（*Nipponia nippon*）である。栽培植物や園芸植物は人間の都合に合わせて性質がそろえてあるので扱いやすいが、環境の変化に弱い。クローン苗のように遺伝的に全く同じ性質の個体はどれだけ数が多くても、環境が変化すると全滅するかもしれない。そのため、環境保全・環境回復にはクローン苗ではなく、種子から育てた実生苗を使うべきである。

17▼
森林総合研究所多摩森林科学園にコナラ属（*Quercus*）の開花や結実に要する年数をたずねたら、次のような説明を受けた。コナラ属は一般的には五、六年とか七、八年で花が咲いて実をつけるが、三、四粒できても繁殖には意味がない。一〇〇〇粒、二〇〇〇粒できるには二〇年くらいかかるだろう。しかし、木は日当たりの良し悪しなど育つ環境で花の付き方や実の付き方は全く違うので、一概には言えない。

8 封山育林[18]

植林地など一定区域を囲って家畜の放牧や草木の伐採を禁止し、苗木の保護、植生の回復を促す方法を「封山育林」という。黄土高原では、森林や草原が失われたため、激しい水土流失に悩んでいる。これを防ぎ、自然環境を保全・回復するために、植林を中心にさまざまな手段を講じている。その一つが封山育林である。次に、GENが運営している霊丘県の自然植物園を封山育林の事例として紹介する。

GENは山西省霊丘県上寨鎮南庄村に八六ヘクタールの土地の一〇〇年間の使用権を得て、一九九九年三月に自然植物園を開設し、自生樹種の育成などの試験を行っている。同時に、同年春から地元の南庄村と協定して、植物園の用地内ではヒツジやヤギ・ウシなどの放牧と柴刈りを禁止した。その結果、今までは育つそばから食われていた草や灌木は眼に見えて回復した。高見（二〇〇三、二四二―二四五頁）によると、植物園開設以来、草丈は以前の膝や腰の高さから胸や肩の高さになり、種類はキンポウゲ科のような毒のあるものや棘のあるものから、ハギ（*Lespedeza* sp）やウマゴヤシ（*Medicago* sp）などマメ科が増えてきたし、かつてはほとんど見られなかったホソバユリ（*Lilium pumilum* イトハユリ）やラン科のアツモリソウ（*Cypripedium* sp）も花を咲かせるようになった。また、高木のリョウトウナラは樹高を伸ばし実生苗をたくさん発芽させ、灌木のトネリコ（*Fraxinus* sp）なども斜面に広がっている。

この自然植物園で筆者が行った鳥類調査によると、表のように種類も数も増加傾向が見られる。二〇〇〇年春は一一種・約三一羽、二〇〇三年春は一五種・約五四羽（範囲外や上空通過

18▼ 本項はGEN『緑の地球』九四号（二〇〇三年一一月）に載せた拙文「植物が増えると鳥も増える～霊丘自然植物園における封山育林と鳥類の変化～」に基づく。

表：霊丘自然植物園における鳥類

和　　名	学　　名	2000春	2003春	生息状況・注記
1.アカゲラ	*Dendrocopos major*		1*	留鳥　*単位は羽（以下同じ）
2.ヤマゲラ	*Picus canus*	2	1	留鳥
3.ヤツガシラ	*Upupa epops*		1	留鳥　範囲外（植物園の隣接地）
4.モズ類	*Lanius* sp.		1	
5.サンジャク	*Urocissa erythrorhyncha*	3	声1	留鳥
6.カササギ	*Pica pica*		上空2	留鳥
7.ベニハシガラス	*Pyrrhocorax pyrrhocorax*		上空4	留鳥
8.ノドグロツグミ	*Turdus ruficollis*	2*		冬鳥　*亜種ノドアカツグミ
9.ルリビタキ	*Tarsiger cyanurus*	4		夏鳥
10.ジョウビタキ	*Phoenicurus auroreus*	3	4	夏鳥
11.ミソサザイ	*Troglodytes troglodytes*		1	留鳥
12.シジュウカラ	*Parus major*		3	留鳥
13.エナガ	*Aegithalos caudatus*		3	留鳥
14.カラチメドリ	*Rhopophilus pekinensis*		5±	留鳥
15.キタガビチョウ	*Garrulax davidi*	2		留鳥
16.ダルマエナガ	*Paradoxornis webbianus*		8	留鳥
17.スズメ	*Passer montanus*		1	留鳥
18.ヤマヒバリ	*Prunella montanella*	1	2	冬鳥
19.カワラヒワ	*Carduelis sinica*	2	9	留鳥
20.マシコ類		♀2		
21.ヒゲホオジロ*	*Emberiza godlewskii*	5±	7	留鳥　*新和名ミヤマヒゲホオジロ
22.ホオジロ	*Emberiza cioides*	5±	7	留鳥

和名：山階芳麿（1986）『世界鳥類和名辞典』大学書林

学名・配列：John MacKinnon et al.（2000）*A Field Guide to the Birds of China*. Oxford University Press

生息状況：樊龍鎖ほか編（1998）『山西両棲爬行類』中国林業出版社

は含めない）で、種類は四種、総数は二三羽増えた。この中で注目したいのは、カラチメドリ（*Rhopophilus pekinensis*）とダルマエナガ（*Paradoxornis webbianus*）である。ともに群れをつくり、山地の草むらや灌木、低木の間で活動する留鳥である。この三年間の封山育林の効果で下草や灌木が増えて、カラチメドリやダルマエナガの好む生息環境ができたから、この環境変化に対応して、新しい生息地を探していた個体が入り込んだのである。

もう一種注目すべきは、スズメ（*Passer montanus*）である。二〇〇三年に初めて一羽記録された。スズメは人間活動と切り離せない鳥であり、二〇〇〇年秋に管理棟が完成し、職員が寝泊りするようになったので、おそらく南庄村の若いスズメが新天地を求めて植物園に来たのだろう。本来はいなかった動物が人間活動に伴って現れたということは、人間が環境を変化させたことを意味する。

鳥は植物の実を食べたあと、糞とともにタネを少し離れたところに落とす。鳥の種類や数が増えれば、遠くへ散布するタネの種類も量も増える。人間が苗を植えて森を育てると同時に、鳥がタネを運んで木や草が広がるのを助けてくれる。いったん植物環境の変化がいい方向へ向い始めると、動物相の変化も始まり、全体としての環境が豊かになる。

霊丘植物園での封山育林は、ヒトの圧力を排除することの有効性と、植物相が豊かになると動物相も豊かになるという経験則を実証している。

9 退耕還林

急傾斜地の耕地に木を植えて林にもどし、自然環境の保全を図ることを「退耕還林」という。最近では、黄河下流で水が流れない断流[19]や、一九九八年の長江・松花江の大洪水などがき

19▼『人民日報海外版（日文版）』電子版、二〇〇〇年二月一五日四頁によると、一九九七年には断流が二二六日に達したが、その後、黄河水利委員会による水量コントロールにより断流日数が減少し、用水効率が高まっているという。

っかけになって森林の重要性が再認識され、退耕還林政策が本格化した。二〇〇二年には「退耕還林条例」が制定され、翌年一月から施行された。この条例は従来さまざまな法律で個別に規定されていた退耕還林（還草、還牧）を行政法規としてまとめ、政策に根拠を与えるものである。[20]

同条例一五条一項に、退耕還林の対象地として「水土流失が重大なところ」が規定されている。具体的には、二五度以上の急傾斜地は必ず退耕還林をしなければいけない、一五度-二五度の緩傾斜地及び砂地化しやすい耕地も退耕還林すべきである、とされている。[21]

三五条で退耕還林実施者に対して食糧補助・種苗造林費補助・生活補助費を提供すると規定され、具体的な内容は国務院が次のように定めている。[22]

① 退耕地一ムー（六六六・七平方メートル）当り毎年、長江流域・南方地区一五〇キログラム、黄河流域・北方地区一〇〇キログラムの食糧補助、および退耕地一ムー当り毎年二〇元の現金補助を行う。食糧補助は一キログラム当り一・四元で計算する。

② 退耕還林戸に一ムー当り五〇元の種苗造林費補助を行う。

③ 食糧・現金補助の年限は、草地への転換は二年、経済林への転換は五年、生態林への転換は暫定八年である。

これらの規定から次のように言える。退耕還林の目的は、二五度を超えるような急傾斜地で農耕をするのはやめて（退耕）、植林して森林にかえそう（還林）ということである。「生態移民」を奨励し、適切な補助を与える（五四条）のは、生産性の低い荒地や急傾斜地で農業や牧畜を行って生態環境を破壊し、水土流失を悪化させるよりも、補助を与えてでもそのような土地での人間活動をやめさせる方が得策だという判断である。また、退耕還林を行った者の林木所有権を保護し（四七条）、資金や食糧補助期限が過ぎた後は、関係部門の批准により林木を

20▼ 『中国環境ハンドブック二〇〇五-二〇〇六年版』一一六、二一七—二一八頁。

21▼ 王燕燕（二〇〇四）「対我国退耕還林的法律思考」（武漢大学環境法研究所のサイト「中国環境法網」に掲載。http://www.riel.whu.edu.cn/show.asp?ID=2328）

22▼ 「国務院関於進一歩完善退耕還林政策措施的若干意見」（国発［二〇〇二］一〇号）、二〇〇二年四月一一日発布・実施。

伐採できる（五〇条）。木を植えればその権利を守り、八年以上経てば伐採して売ることができるので、[23]安心して退耕還林を実施するよう促している。

しかし、政府の思惑通りに退耕還林が効果を挙げているわけではない。大同の状況について高見邦雄は次のように言っている。[24]

従来の農村政策と違って予算の裏打ち（食糧や現金での補償）があるので、妥当な政策だと思った。しかし、農村では今まで耕していた畑の大半が退耕還林の対象になり、作物の代わりに植えるのが紫穂槐（イタチハギ）とアンズ、アンズは苗ではなくタネを直播き、[25]という農民がいる、これでは農民は積極的になれない。一方、幹線道路の両側の優良な農地をつぶして、片側幅五〇メートルはありそうなポプラの緑地帯を作っている。[26]ある郷の党書記は「退耕還林もうまくいき、すばらしい緑化ができた」と自慢している。二〇〇四年暮には「基本農田保護」のスローガンが強調されていて、政策が揺れているようだ。さらに、中央政府が理念的で長期的な政策を出す。ほれぼれするようなものなのだが、中央から何段階もの行政機構、何回もの会議を経て都合のいい解釈がされ、現場に着くころにはずいぶん違う内容になってしまうという。

さらに、向虎ほか（二〇〇三）によると、貴州省では地元政府が供給する苗木は自然条件や地元農民の希望にあわないので歓迎されない、活着率が向上する植林地での間作を禁止しているなど、農民の積極性を損なっている。そのため、農民は補助期限が切れる八年後には、退耕還林で植えた木を切って、再び農耕をするつもりだという。

農民は退耕還林の補助で八年間時間稼ぎをしても、その間に新しい生業の道が生まれなければ、せっかく植えた木を切って農業をするしかない。おそらく多くの土地で、同じことが行われているだろう。[27]大同でも貴州省でも、中央の理念とは異なり、現場では官僚が農民の生活向

[23] 「森林法」三二条は林木の伐採には伐採許可証が必要だと規定しているので、退耕還林条例よりも厳しく、法体系としては矛盾があり、退耕還林を奨励するようになっていない。

[24] GENのメールマガジン「黄土高原だより」二九六号、二〇〇五年二月二一日。

[25] アンズは実生苗ではいい実が取れないので、接木苗を使う。

[26] 申元村（二〇〇五）も条件のいい農地や道路そばの農地で退耕還林を行っている例を紹介している。甘粛省楡中県蘭山郷では二〇〇〇年に退耕還林の任務を理由に山杏樹（アンズ）を植えたが、翌年一〇月には九〇パーセント以上が枯れた。しかし、郷政府は上級機関の検査に対応するために四八〇名の中学生を動員して、同郷豆家山村のユリ畑（蘭山郷は有名なユリの産地）にアンズの木を一一〇八ムー補植した。村民がさらに理解しがたいのは、計画に関係する退耕還林地点はすべて公路両側

上や生態保全よりも任務の数字の達成を優先しているようだ。

10 植樹の目的と所有形態

一九九八年七月から施行されている現行の森林法は四条で、森林を防護林（水源涵養林・水土保持林・防風林・護岸林など）、用材林（木材・竹材生産林）、経済林（果物・食用油料・飲料・調味料・工業原料・薬材などの生産林）、薪炭林（燃料生産林）、特殊用途林（国防林・実験林・母樹林・環境保護林・風景林・自然保護区の森林など）の五種類に区分している。

退耕還林条例二三条は、「退耕還林により作る生態林の面積は県を単位に計算し、退耕面積の八〇パーセントを下回ることはできない」と定め、前述の国務院の規定[22]は、「食糧・現金補助の年限は、草地への転換は二年、経済林への転換は五年、生態林への転換は暫定八年」と定めている。

国家林業局の通知[28]による生態林と経済林の定義は、それぞれ森林法四条の防護林と経済林にほとんど一致するので、森林法の規定を準用したと思われる。

これらの規定から、次のように言える。退耕還林は、生産性の低い農地を生態林（水源涵養林・水土保持林・防風固砂林など）に転換することを主目的とし、それを促進するために農民に最長八年間の援助を与える政策である。しかし、経済林への転換や林木の伐採を認めている（条例五〇条）ことでわかるように、生態林への転換に徹しているわけではない。

中国政府が自然環境の保護・回復という退耕還林の植樹目的を達成するには、次の方法が有効だと思われる。食糧や現金補助の資金で急傾斜地の使用権を買い上げたり、代替産業を振興したりする。[29] さらに農民に都市戸籍を与えて土地から解放し、土地を離れやすくする。中国で

の比較的平坦な耕地だ、というのである。

27▼ 申元村（二〇〇五）によると、寧夏回族自治区西吉県の二六〇五生態建設プロジェクトは一九八六年に終了し、五・二八万ヘクタールの造林などを行い、生態環境は確かに改善された。しかし、終了後、農民に対する食糧援助が停止され、植えたポプラは育たず経済効果がないので、農民は造林した木を伐採して開墾し、以前の「低収量・広い播種」を続け、生態環境はプロジェクト前に戻ったという。

28▼ 国家林業局文件（林退発［二〇〇一］五五〇号）「国家林業局関於印発退耕還林工程生態林与経済林認定標準的通知」。

29▼ 向虎ほか（二〇〇三）、二〇〇—二〇二頁。

は都市人口の膨張をおさえるために、農村戸籍を持つものが都市に住むことを原則的に禁止しているが、時には政策遂行のために農民に都市戸籍を与えることがあるようで[30]、この方法を活用すればよい。

さらに、土地や樹木の所有形態の面からも、植樹の動機付けが可能である。大塚啓二郎（一九九九）は、スマトラ、ガーナ、ウガンダ、ベトナム、ネパールなどで、森林破壊の実態を調査し、その回復の手立てを研究した結果、次のように指摘している。

土地の所有権が弱いと自分が植えた木を守れず植樹の誘因にならないので、土地に対する所有権制度が森林資源管理の鍵である。共有地でも日本の入会地のように取り決めがあれば過剰伐採を規制できるが、国有地のように開放地で利用がオープンアクセスで規制がないと過剰な放牧や伐採は避けがたい。つまり、「土地に対する所有権が確定していれば、森林がむやみに伐採されることはないし、伐採されたとしても植林を行なう誘因が存在する」（一六頁）のである。

中国では土地の所有権は国家に、使用権は農民や村などにある。土地登記制度はないが、土地使用権は役所に登記し、売買もできる。また、樹木の所有権は基本的には植えた者に属し、林権（山林や樹木に関する財産権）を登記することができる。このようにある程度は制度的に整っているが、まだ十分ではない。さらに、中国では制度と運用はへだたりが大きいのが常で、農民は制度だけではあまり信用しないようだ。そのため、これらの制度は植林の誘因としてあまり有効に機能していないようだ（池本、二〇〇二）。言い換えると、植林を効率よく進めるには、植林政策の安定性とともに、樹木や土地の権利（所有権）の確立とその保証、政策に対する農民の信頼が欠かせない（池本、二〇〇一）。

中国では樹木の伐採は禁止されており、個人所有の木でも許可証がないと伐採できない。こ

30▼ 今から一〇年ほど前、四川省の峨眉山がユネスコの世界遺産登録を目指している時、区域内の農地をなくすには、近くの小都市の戸籍を与えれば農民は喜んで農業をやめると、地元の役人は言っていた。

れは村周辺や公路沿いのように人目があるところでは、基本的には守られているように見え、むやみに木を切り倒すことはないようだ。しかし、下枝を燃料にしたり葉を家畜のえさにしたりすることは日常的に行われているため、下枝を切られて上部にだけ枝葉を付けた「あわれな」ポプラは、農村でよく見かける。さらに、高木の若木や灌木は「保護されるべき木」ではないらしく、柴として刈られて燃料になる。上部にだけ葉を付けた農村のポプラは、表面的には政府の樹木保護政策を守るが、違反にならない範囲では自然環境を破壊する農民の態度を象徴している。

11 まとめ

岩石山地やその周辺などにあったと推定される黄土高原の森林は、二〇世紀にはほとんどなくなった。中国政府は一九四九年以降、荒廃した国土の緑化に取り組み、中でも北京の水源地の山西省大同では、首都を守るために重点的に緑化が行われた。中国の森林被覆率は一九四八年の八・六パーセントから二〇〇五年発表の一八・二パーセントに増加したとされる。

雨量が少なく特異な性質を持つ黄土高原では、水分蒸発量の少ない北斜面中心に幼苗を植え、冬は土をかけて乾燥から守るなど、独自の植林技術が要求される。自然環境を回復するにはその土地に生えていた樹種を植えるのが基本だが、黄土高原では本来の植生がほとんど残っていないため、マツを主体とした植樹が行われてきた。近年は山奥や古い寺で見つかったモウコナラやリョウトウナラなど自生の広葉樹の育苗や植栽テストが行われている。性急に結果を求めることなく、植物が新しい環境に適応するのを待つ必要がある。

植林地を囲って放牧や柴刈りから守る封山育林を行うと、下草や灌木が回復し、高木は樹高を伸ばし実生も多く発芽してくる。その結果、鳥類が増えるなど動植物が豊かになることが実証されている。

長江の洪水などがきっかけとなって本格的に取り組んでいる生態環境改善策の退耕還林は理念は優れているが、本来の目的を逸脱して急傾斜地ではなく優良な農地に植樹したり、生態系を無視した植樹で全滅するなど、現場では役人の形式的な業績主義が横行している。また、農民への援助が終わると、せっかく植えた木を伐採して元の農地にかえす例もあり、生態環境の改善は政府の理念どおりには進んでいない。そこで、農民を土地にしばりつけている農村戸籍・都市戸籍の区別を廃止するとか、退耕還林のために土地を手放す農民には都市戸籍を与えるとか、思い切った政策転換が必要である。

中国の緑化事業は従来、政府主導で行われてきた。ところが発展途上国の例でわかるように、土地や樹木の所有権が弱いと自分が植えた木を守れず、植樹の誘因にならない。土地に対する所有権制度が森林資源管理の鍵であるが、中国では土地は国家が所有している。また、山林や樹木に対する財産権制度はあるが、制度と運用のへだたりがあり、農民の信頼を充分に得ていない。そこで、植林を効率よく行い環境保全を進めるには、植林政策の安定性、樹木や土地の所有権の確立とその保証、政策に対する農民の信頼が必要である。

中国共産党と中国政府は国土の緑化や環境保全を進めるために退耕還林などの政策を打ち出しているが、農民は必ずしも党や政府の意図どおりに動いているわけではない。外国のＮＧＯは現地の政治に関与できないので、第三者的な立場から資金と技術を導入して緑化に協力している。自然環境や緑化に理解や知識のない共産党書記がいるところでは、事業は失敗に終わることが多く、ＮＧＯとしては政治不介入が逆に事業のネックになる。また、中国の政治・社会体制は農民の植樹や環境改善への自発性を高めるようにはなっていない。そのため、緑化事業は最終的には技術の問題を超えて政治体制や社会構造の問題に行き当たる。

緑化事業が成功し農村部の環境が改善されると、農民が都市に出稼ぎに行く圧力は軽減されるだろう。しかし、都市と農村の格差を生む構造が温存される限り、環境改善の成功は共産党や政府の都市重視・農村軽視策に結果として手を貸すことになり、現状維持につながる。環境の問題には様々なイデオロギーや思惑がからむのである。失われた森や自然環境を取りもどすこと自体を目的にしないで、農民の生活をよくするために植林や環境改善をするという基本を忘れてはいけない。

［参考文献］

池本和夫（二〇〇一）「中国の植林モデル村、山西省大泉山村」（『明星大学研究紀要-人文学部』三七号）
池本和夫（二〇〇二）「中国における「林権」と植林について」（『明星大学研究紀要-人文学部』三八号）
一志《いっし》治夫（二〇〇四）『魂の森を行け：三〇〇〇万本の木を植えた男の物語』集英社インターナショナル
大塚啓二郎（一九九九）『消えゆく森の再生学』講談社
向虎ほか（二〇〇三）「中国の退耕還林と貧困地域住民」（依光良三編著『破壊から再生へアジアの森から』日本経済評論社）
史念海ほか（一九八五）『黄土高原森林与草原的変遷』陝西人民出版社（西安）
申元村（二〇〇五）「黄土高原植被生態建設的反思与対策」（中国自然科学博物館協会『大自然』二〇〇五年第一期、北京）
スミル、ヴァーツラフ（一九九六）『蝕まれた大地』行路社
高見邦雄（二〇〇三）『ぼくらの村にアンズが実った——中国・植林プロジェクトの一〇年——』日本経済新聞社
中国語版：李建華・王黎傑訳（二〇〇五）『雁棲塞北——来自黄土高原的報告』国際文化出版公司（北京）
立花吉茂（一九九九）『警告する自然　どうする人間どうなる環境』淡交社
中国環境問題研究会（編）（二〇〇四）『中国環境ハンドブック二〇〇五-二〇〇六年版』蒼蒼社
二一世紀中国総研（編）（二〇〇四）『中国情報ハンドブック二〇〇四年版』蒼蒼社
緑の地球ネットワーク（二〇〇一）『地球温暖化対策クリーン開発メカニズム事業調査　中国・黄土高原における緑

化の可能性調査　報告書』緑の地球ネットワーク
宮脇昭（一九九七）『緑環境と植生学――鎮守の森を地球の森に――』ＮＴＴ出版
吉川賢（二〇〇四）「森林があるところ」（岩波書店『科学』七四巻三号）
劉東生ほか（二〇〇四）『黄土高原・農業起源・水土保持』地震出版社（北京）

ダイアローグ

森と文明

小林一岳

「木は文明の土台」（ジョン・バーリン）という言葉がある。火が人類の文明の源であることは周知の通りであるが、その火を生み出す木こそが文明の土台となっていたというのである。実際、都市国家アテネの持つ強大な海軍は、アッティカ地方の豊かな森から切り出される船材によって作られ、アテネの経済を支えた銀は、森で生産される木炭で精錬されていた。またアテネに替わるマケドニアの台頭も、豊かなマケドニアの森によって支えられていたという。森を握ることが、力を握ることであったのである。人類は森から大きな恩恵を受けているとともに、文明史は本質的に森を消費し、森を破壊する歴史であったということができよう。

安田喜憲によれば、日本列島においても、一九世紀中頃までの東日本にはナラやブナなどの落葉広葉樹の森が広がり、それは縄文時代いらいの原始性の強い森であったという。ところが高度経済成長期から、これらの森が急速に破壊されていってしまう。それは、都市住宅におけるフローリング（加工床板）としての消費が主なものであるという。そしてその伐採は、再生を一切念頭におかない、まさに破壊であった。そして、その後に植林されるのは、経済効率の高いと考えられていたスギ・ヒノキなどの針葉樹であった。

また、薪炭などの燃料として利用され、里山を形成していたクヌギやコナラなどの雑木林も、石油燃料の切り替えによりその役割を終え、スギ・ヒノキへの植林が推し進められる。いわゆる「拡大造林」である。そしてそのピークは、昭和三〇年代から四〇年代であった。現在、ハイキングなどで私たちが目にするスギ・ヒノキは、この時期にから植林されたものである。その結果、日本の森林の四割が人工林となっているともいわれる。

ところがそのスギ・ヒノキまでもが、輸入木材に圧倒され、経営放棄や後継者不足などによって間伐などの手入れもままならず、多くのスギ・ヒノキ林は荒れてしまっている。

このように私たちは、自らに都合のよいように森を利用し、破壊し、そして造り変えてきたのである。春になると私たちを悩ませる「花粉症」は、私たちが造り変えてしまった森からの、なんらかのメッセージであるともいえよう。

池本論考は、現在中国において行われている緑化政策についての興味深いレポートである。黄河の流域に広がり、日本の約一・二倍の面積を持つ黄土高原は、乾燥と激しい寒暖の変化という厳しい自然環境のため、現在大部分が荒れた大地となってしまっている。しかし、ここにはかつて森林があったという説もあるという。そして、かつての黄土高原の森林を取り戻すために、NPO「緑の地球ネットワーク」等により積極的な緑化活動が行われ、中国政府もその政策を進め一定の成果が上がっているというのである。かつてあった豊かな森を取り戻すという、胸のワクワクするような大きなプロジェクトである。

しかし、池本によればそこにはいくつかの問題点があるという。例えばそれは、植林が中国共産党政府の主導により行われているため、農民にとっての植林は受け身であり自主性はみられないというのである。そして、農民の方は、表面的には植林政策を受け入れるかのようにみえているが、実際は燃料としての若木や灌木の伐採は生活のために行わざるをえないし、せっかく植林した場所に羊を放牧し、枯れさせてしまうこともあるという。黄土高原の緑化活動は、NPO団体や中国政府が意図しているようには順調には進んでいないようである。

日本の森林利用や植林が経済活動の一環として行われ、そのためなんらかの経済的理由によって環境に問題が生まれるといった構造をとっているのに対し、中国の場合は少し様相が異なっているようである。中国の森林破壊と貧困との関係について、上田信は「食料の欠乏が耕地の拡大をもたらし、耕地の拡大が森林破壊を激化させ、森林破壊が土壌流失の原因となり、そして土壌流失が食料の欠乏を招いていた」と述べている。中国農村社会にある貧困が、環境破壊の悪循環のメカニズムを生み出しているというのである。

池本も指摘しているように、都市と農村の格差を生む構造そのものが温存される限り、緑化＝環境改善運動という一見素晴らしく見えるプロジェクトは、共産党政府の都市重視・農村軽視政策に手を貸してしまうことになる。そして、植林によって黄土高原の農民を経済活動に巻き込むことが本当に農民の生活を豊かにすることになるのか、という根本的な問題も浮かび上がってくる。かといって、中国における環境破壊に手をこまねいていては、地球環境そのものにも大きな影響を与えていくことになる。このように「環境」問題とは、いくつものジレンマを抱え込む問題であるといえよう。

「環境」とは、いわばさまざまな力がせめぎ合う「場」ということができよう。そして、その力とはもちろん国家・市民・経済等の文明の側からの力のベクトルだけではなく、動植物や水・空気等からのベクトルも含まれる。そのため、その場は複雑で重層的な、いわば「権力関係」（ミシェル・フーコー）とも言うべきものとなっている。

「環境」という場における力のせめぎ合いの中で、文明という人間の側からのベクトルを相対化しつつ、どのようにバランスのとれた新しい「森」を再生することができるのかが、今私たちに問われているといえよう。

［参考文献］

上田信『森と緑の中国史』岩波書店　一九九九年。
安田喜憲『森林の荒廃と文明の盛衰』思索社　一九八五年。
ジョン・パーリン『森と文明』安田喜憲・鶴見清二訳　晶文社　一九九四年。
ミシェル・フーコー『知への意志　性の歴史　Ⅰ』渡辺守章訳　新潮社　一九八六年。

セントラル・パークという〈自然〉

フレドリック・ロウ・オームステッドのユートピア

細谷 等

1 ユートピアとしての公園

一九〇二年、ジャーナリストで社会改革家のジェイコブ・A・リース（Jacob A. Riis）は、その著作『スラムとの闘い』（*The Battle with the Slum*）のなかで、スラムの青少年犯罪に対する公園の効用について次のような報告をした。

ニューヨーク市公園諮問委員会は、地図の上に犯罪発生地を示す赤い印を付けた。それから、委員会は「犯罪についての」報告をしなかった警察署長にそれぞれの部署を聴き、その管轄内ではなぜトラブルが生じないのかを尋ねた。部署を示すため、彼らが指さした地図の場所には、一様に公園を表す緑の印があった。（Riis 288）

リースによれば、「緑のないスラム」には、あいかわらず青少年犯罪が多発している一方で、

公園が敷設された地区は改善の効果が著しく、「十年でがらりとその様相を変えてしまった」という。(Riis 287)

公園が社会の病を治す。この考えの根底には、ロマン派以来、現在まで根強く残存している自然の治癒力への素朴な信仰があることは言うまでもない。しかしここでは、都市化がもたらす最悪の弊害であるスラムの特効薬として、公園が名指されることに少し注意を向けてみたい。なぜ、リースにとって、公園と社会改革は容易に連想の輪で結び付いてしまうのか。なぜスラム対策として公園諮問委員会のような組織が造られたのか。要するに、なぜ公園が、都市の問題を解決する理想的な場として提示されねばならなかったのか。実は、こうした認識を可能にし、同時にその認識から分節化された強力なモデルが、すでに半世紀前からニューヨークには存在していたのだ。セントラル・パークである。

同じくこの都市型公園をモデルとして、理想的な空間を思い描いた、とおぼしき人物がもうひとりいる。ユートピア作家のエドワード・ベラミー(Edward Bellamy)である。一八八八年、主著『顧みれば』(*Looking Backward, 2000-1887*)において、ベラミーは二〇〇〇年のボストンという理想的な未来社会、リースが描くスラムとは対極のユートピア空間を提示し、世紀転換期アメリカにユートピア運動を引き起こした。(細谷 一三一—二頁)そして、『顧みれば』の続編である『平等』(*Equality*, 1897)のなかで、未来のニューヨークはまさしくセントラル・パークに喩えられるのだ。

もしマンハッタン島を訪れたならば、セントラル・パークがバッテリー公園からハーレム川まで拡張された、と最初は思ってしまうだろう。(Bellamy 294)

「イワシのようにスラムにすし詰めされた」人口過密な状態から、「田舎に住んでいるような快適な場所」へと変貌した都市環境を描くときに、セントラル・パークが想起され、言及されるのである。(Bellamy 294-5)

この連想の輪は、都市計画家エベネザー・ハワード(Ebenezer Howard)の田園都市構想にも見つけられる。アメリカよりも早くに都市化の諸問題に悩んでいたイギリスの現状を打開すべく、彼はベラミーのユートピア思想に感銘を受け、愚直にそれを現実化しようと企てた。その帰結がレッチワースやウェリンなどの田園都市であり、そのフォーマットから造られた世界各国の郊外住宅地であった。(細谷 一五二—六五頁)そのヴィジョンを展開した小冊子、『明日の田園都市』(*Garden Cities of To-Morrow*, 1902)に添付された田園都市のダイアグラムを見てみよう。中央に描かれた公園が、「セントラル・パーク」と命名されている。(図1)この理想的空間でも、またもや公園は想起され、その名前が反復されるのである。

スラム対策、ユートピア小説、都市計画。そのいずれにおいても、社会的弊害を解消するユートピア的な場として公園は眼差される。そして、実際に、十九世紀中葉にセントラル・パークはまさしくユートピアとして構想され、建設されたのである。というのも、このアメリカ初の大規模な都市型公園はたんなる公共事業としてではなく、設計者のひとりフレドリック・ロウ・オームステッド(Frederick Law Olmsted)の理想・理念が強く反映された形で築かれていったからだ。(図2)しかし、これから論じていくように、オームステッドのユートピアは、結局は「何処にもない場所《ユートピア》」にすぎなかった。もっとも、当初の意図を裏切って、セントラル・パークが地上の楽園とはほど遠く、結局は犯罪、塵芥、落書きといったネガティヴなイメージ(例えば、ドン・シーゲルの『マンハッタン無宿』など、一九六〇—七〇年代の映画が植えつけたイメージ)に塗り込められてしまった、という理由からそう言うのではない。そうで

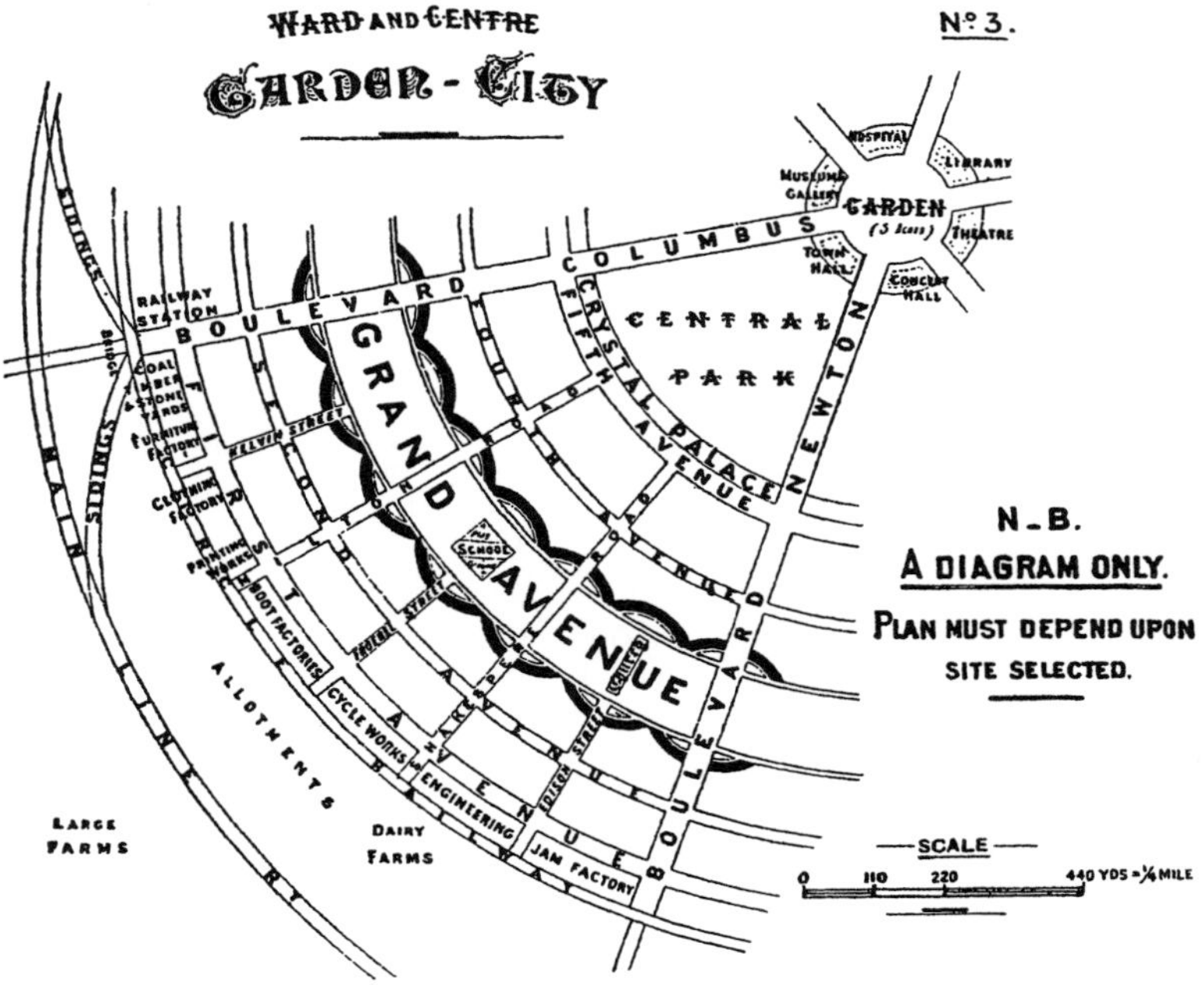

WARD AND CENTRE OF GARDEN CITY

図1

図2

はなく、リースのスラム対策やベラミーの未来社会と同じく、公園もまた、移民や労働者階級といった他者を統禦・同化するイデオロギー装置として発明された、という意味で「何処にもない場所」なのだ。

以下、オームステッドの思想を中心に、セントラル・パークの文化的機能、とりわけその「自然」のイデオロギー効果を検証してみたい。いま「効果《エフェクト》」という言葉を使ったが、まさにこの効果こそが、公園のみならず十九世紀アメリカの自然観、そしてそれが孕むイデオロギー性を解くカギとなるだろう。

2 セントラル・パークの誕生

一八四四年七月三日、『ニューヨーク・イブニング・ポスト』紙に、「新しい公園」（"A New Public Park"）と題された社説が掲載された。（Berman 9, Rosenzweig and Blackmar 15）その社説を書いたのは、同紙の編集者であり詩人のウィリアム・カレン・ブライアント（William Cullen Bryant）であった。そのなかで、ブライアントは、ロンドンやパリなどの大都市にはかならず見られるような広大な公園や庭園が、ニューヨークにはひとつもないことを嘆き、その建設を早急に開始するように行政当局に訴えている。公園建設とはいかにも自然を詠うロマン派詩人らしい提案ではあるが、たんにロマンティックな自然賛美から、この社説は書かれたのではなかった。すでに南北戦争以前からはじまりつつあったニューヨーク・シティの都市化、そしてそれに対する懸念が、その直接の動機であったのだ。

ビジネスがマンハッタン島の海岸を日々浸食している。そして、健康と娯楽のために、かか

る浸食からその島の一部でも救いたいと思うならば、今やるしかないであろう。(Bryant 227-8)

こうしてブライアントは、遠からず起こるであろう都市の過密化・閉塞感を緩和すべく、「街から出ないでも行けるような」広大な行楽地の建設を提唱したのである。(Bryant 227)

この社説をセントラル・パークの起源とする説もあるが、しかし都市化対策として公園を建設するという着想は、ブライアント個人のものではなかった。それは、庭園設計師のアンドリュー・ジャクソン・ダウニング (Andrew Jackson Downing) や作家のワシントン・アーヴィング (Washington Irving) など、当時のニューヨークの知識人・文化人のあいだで広く共有されていた願望であったのだ。公園建設から約一〇年後の一八六九年に出版された案内書、『ニューヨーク・セントラル・パーク案内』(*A Description of the New York Central Park*) においても、ニューヨーク・シティの都市化がいかに急激であったか、そして公園建設がいかに必須の事業であったかが語られている。

ニューヨークからその田園的な側面を奪った変化は、容易にその経過を辿れるようなゆるやかな段階を踏んで起こったのではなく、まさに唐突に生じた。……ヨナのとうごまの木のように、ほとんど一夜にして、ニューヨークは小さな町から今日の大都市へと急変貌したのだ。(Cook 11)

いまや都市生活者は、「都市という城壁の閉塞感、街路のせわしなさや慌しさからのひとときの退避」を渇望している。(Cook 11) そして、膨大な人口の渇きを癒す場として、大型の都市型公園が必要不可欠なものとなっていった、という流れがその案内書で回想されている。

こうした声に押されて、一八五一年にニューヨーク市は公園建設案を議会で取り上げ、それを可決する。最初の建設予定地は、マンハッタン島の東端にあるジョーンズ・ウッドであった。しかし、中心部に住む一般市民のアクセスが困難であるという理由から、というよりも、土地をめぐるさまざまな利権が絡んだ末に、その案は却下される。そこで新たに浮上してきたのが、島のほぼ中心に位置する七七八エーカーの土地（のちに八四三エーカーに拡張）を公園予定地として使うというプランであった。ここにセントラル・パークが誕生する。（Berman 4-10, Rosenzweig and Blackmar 37-58）

一八五七年、州政府の諮問機関であるセントラル・パーク建設委員会は、公園の設計案を公募する。そして、応募作品三三点のなかから選ばれたのが、建築家カルヴァート・ボウ（Calvert Vaux）と公園予定地の現場監督フレドリック・ロウ・オームステッドの共作「緑地プラン」（Greensward Plan）であった。（図3）

設計を本業とし、ダウニングの弟子でもあったボウはともかくとして、このときオームステッドは建築や設計にかんしてはまったくの素人であった。いかにも十九世紀の「叩き上げの男《セルフメイド・マン》」らしく、彼は船員、ジャーナリスト、スタテン島での農場経営と多種多様な仕事に係わってはきたが、建築との接点といえば、せいぜいダウニングの雑誌『園芸家』（*The Horticulturist*）に記事を書いたていどのものであった。そもそも彼が公園予定地の現場監督に抜擢されたのも、何か実績を認められてというのではなく、ブライアントやアーヴィングといったビッグ・ネームの推薦を受け、政治的に「野心のない男」（unpractical man）と見なされたからであった。簡単にいえば、公園建設をめぐる共和党と民主党の権力闘争の落としどころとして選ばれたのだ。（Rybczynski 155-7, Hall 54-6, Roper 135-42）

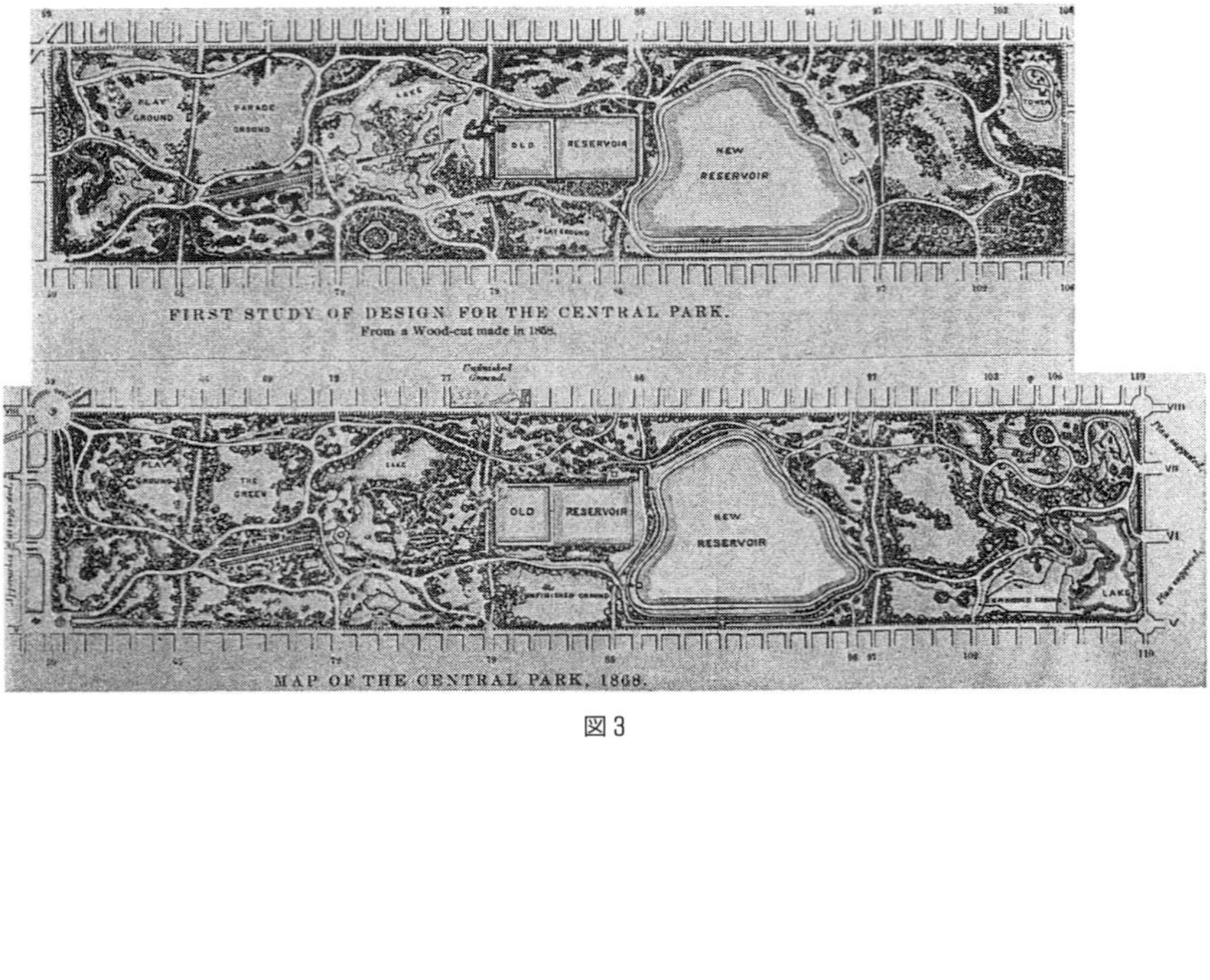
PLAY GROUND
PARADE GROUND
LAKE
OLD
RESERVOIR
NEW RESERVOIR
FIRST STUDY OF DESIGN FOR THE CENTRAL PARK.
From a Wood-cut made in 1858.
PLAY GROUND
THE GREEN
OLD
RESERVOIR
NEW RESERVOIR
LAKE
MAP OF THE CENTRAL PARK, 1868.

図3

しかし、この仕事がきっかけとなって、オームステッドは自らが命名した「景観建築士」(landscape architect)として目覚しい活躍をすることになる。セントラル・パークのほかにも、彼はボウと組んでブルックリンのプロスペクト・パークなど、多数の都市型公園を設計し、またシカゴのリヴァーサイドに代表される郊外住宅地の形成にも大きな役割を果たした。さらに、ヨセミテ渓谷やナイアガラにおける自然保護、ひいては自然公園の設立に尽力し、晩年の一八九三年にはシカゴ万博の会場設計を手がけた。このように、オームステッドの仕事は、アメリカの都市計画、環境設計、環境保護に多大な影響を与えていくことになる。

とにもかくにも当選した「緑地プラン」にもとづき、オームステッドとボウはセントラル・パーク建設へと乗り出す。しかし、その予定地は――それが選定された理由でもあったのだが――とても商業地や住宅地には適さない湿地や起伏の多い悪所であった。事実、オームステッドが現場監督としてはじめて予定地を訪れたとき、彼の眼前に広がっていたのは荒涼とした風景にほかならなかった。

実際、低地の部分は豚小屋、屠殺場、そして骨の煮出し作業から流れ出る泥水に浸されており、その悪臭は胸が悪くなるほどであった。(Fein 61)

おそらく、このときの彼の心情には、十七世紀初頭にニューイングランドの荒地に立ったピューリタンたちのそれと似通ったものがあったにちがいない。このように、その当初から、セントラル・パークは、荒地から楽園を造るというユートピア的企ての側面をもっていたのである。

では、どのようなコンセプトのもとで、その企てが着手されていったのかといえば、なによりもまずそれはオームステッドの自然観にもとづいて、であった。つまり、都市と自然の二項対立を軸として、楽園の青写真は描かれていったのである。前述したように、ブライアントが公園設立を訴えたとき、その根底には都市化の問題があった。オームステッドもまた、この問題をつねに視野に入れていたのだ。「緑地プラン」の前口上において、「今日まで、ニューヨーク市の公共事業を計画するにあたって、急増する人口とビジネスに対して然るべき考慮がなされたことはなかった」と述べているように、彼からすれば、公民館であれ郵便局であれ、従来の公共事業はみなこの視点が欠落したものばかりであった。したがって、公園建設にさいしては、万全の都市化対策がまずもって講じられなければならない。そうしなければ、「いまから二〇年後に、市街地がセントラル・パークを取り囲んでしまう」ときに、公園はその機能を十全に発揮できなくなってしまうからである。(Olmsted [1983] 120)

オームステッドの都市化に対する懸念は、空間的なものに留まらなかった。彼にとって、都市化は、文明社会が避けることのできない「必然的な結果」であった。(Olmsted [1997] 38) しかし、一八八一年にボストン公園設立委員会に提出した報告書のなかで述べられているように、それは都市生活者の肉体や精神を蝕まずにはおかない必要悪でもあったのだ。

> 大都市の人工的《アーティフィシャル》なモノに眼を奪われることによって、あるいは自然であっても、明らかに人工的な環境のなかでそれが見られることによって、[都市生活者の] 精神や神経に由々しき害が及び、最終的には身体全体が蝕まれてしまう。(Olmsted [1997] 243)

他方、自然はそれを見る者に「安らぎとリラックスした眺め」を提供し、都市生活者のささくれ立った神経を癒してくれる。(Olmsted [1997] 119) したがって、公園のなかには、「いかなるものであれ、人工的なモノが関心の中心として景観に割り込んではならない」。(Olmsted [1997] 126) このように、セントラル・パークは、建築学的というよりは、むしろ都市化の悪弊を矯正する衛生思想的・社会改良的な観点から構想されたのである。

「人工的なモノ」をいっさい排除した都市のなかの自然。一八七〇年に発表した論文「公園と都市化」("Public Parks and the Enlargement of Towns") においても、オームステッドはこの原則を繰り返し主張する。公園とは、「街の喧騒など何ひとつ見えない、聞こえない、感じない場所、都市が遥か彼方にあるかのように思わせる場所」でなければならない。「風景から都市を完全に閉め出すこと」。彼にとって、それこそ公園の在り方であったのだ。(Olmsted [1997] 80)

しかし、このような「人工的なモノ」の嫌悪にもかかわらず、オームステッドの報告書や論文を読むと、単純に人工/自然の二項対立では割り切れないようなある矛盾に突き当たることになる。とりわけ彼が景観建築士の役割について語るとき、人工/自然という安定した構造はいとも簡単に揺らぎはじめてしまう。

よく考えてしまうのだが、遠大な美の概念と設計能力をもって、[自然というキャンバスに] 絵の輪郭を描き、色彩を施し、陰影をつけることができる芸術家以上に高貴な芸術家がいるであろうか。もし自然そのものにその作業を任せてしまえば何世代もかかってしまうような、そうした壮大な絵を造ることができるような芸術家以上に。(Rensselaer 861)

景観建築士は芸術家であり、自然は彼が筆をふるうキャンパスである。これを擦り切れた修辞と見過ごすことはできない。なぜなら、ここでは、自然と人工の関係が逆転しているからだ。

自然はもはや偉大なる治癒力を秘めた何かではなく、まさに自然のままに放置しておけば「壮大な絵」を描いてくれない、描いたとしても「何世代もかかってしまう」鈍重な厄介者として語られる。そのため必要となるのが、「芸術家」(artist)、すなわち「技術」(art)を巧みに操れる者となる。

「人工的な」(artificial)操作こそが、自然よりも自然らしい「壮大な絵」を造り出す、という人工と自然の倒錯した関係。はたして、これは、どのような論理によって可能となるのであろうか。

それは十八世紀にイギリスで流行し、十九世紀に入ってもアメリカではその勢いが衰えなかった、ある美学によるものであった。ピクチュアレスク美学である。これから論じていくように、この美学こそが、公園設計の基本理念となるばかりではなく、公園のもつ政治的な機能の理論的支柱ともなっていくのだ。

3 ピクチュアレスク・ユートピア

公園全体の地理的特徴は、ひじょうに多様で、自然の働きを強く思わせるところが多い。また、それは見事なほどピクチュアレスクで、その特色に個性があるため、大通りを公園の目玉にすえたり、それを造るために広大な土地を使うことは、理に適っていないように思える。(Olmsted [1983] 125)

「緑地プラン」を読むと、「多様性」(variety)、「効果」(effect)、そして「ピクチュアレスク」(picturesque)といったピクチュアレスク美学のキー・タームに頻繁に出会うことになる。では、ピクチュアレスク美学とは何か。簡単に定義してしまえば、その名称からもわかるように、それは十八世紀のイギリスで流行した風景を絵画のように、あるいは絵画そのものとして眺める美学のことである。絵画のみならず文学、演劇、庭園、旅行に至るまで広く支配的となったその美的視座は、アメリカにも輸入されて流行となり、十九世紀になってもその影響力は衰えることがなかった。例えば、前出のブライアントの社説を見ても、「この場所に備わったピクチュアレスクで美しい自然の利点」などといった一節にぶつかってしまう。(Bryant 228) また、公園設立運動に関わり、オームステッドが公園の現場監督に応募したとき推薦人のひとりともなった、ワシントン・アーヴィングの西部旅行記『大平原の旅』(*A Tour on the Prairies*, 1835) でも、大自然はひたすら美的枠組みのなかで経験される。

南西の方角の丘陵の頂に、廃墟となった城砦を思わせる奇妙な形に張り出した岩棚があった。それは、スペインの風景の真中にぽつんと聳え立つ、ムーア建築の城の廃墟を彷彿とさせた。(Irving 106)

こうしたピクチュアレスク旅行においては、総てが絵画的モチーフへと変換され、「クリーク・インディアン」ですら「ピクチュアレスクなオブジェ」として眺められてしまう。(Irving 20)

オームステッドはといえば、このすぐれてディレッタントな風潮をけっして受動的に消化していたわけではなかった。コネティカット州ハートフォードの裕福な商人の家に生まれ、ジャーナリスト時代にニューヨークの文人たちと親交があったことからもうかがい知れるように、彼はこの美学をむしろ積極的に吸収していった。一八六一年に彼が担当した『新アメリカ百科事典』(*New American Cyclopaedia*) の「公園」の項目には、次のような一節が見られる。

> ギルピンの様々な「ピクチュアレスク旅行」や、ユヴデイル・プライス卿の浩瀚な「ピクチュアレスク論」において、風景造りに応用される真の原理がたゆまず研究され、入念に定義された。(Olmsted [1983] 359)

風景の「真の原理」を追及した、とここで賞賛されている二人の人物、ウィリアム・ギルピン (William Gilpin) とユヴデイル・プライス (Uvedale Price) とは、言うまでもなくピクチュアレスク美学の代表的な理論家にほかならない。はやくも青年時代にハートフォードの図書館で出会った彼らの著作は、それ以降もオームステッドがつねに立ち戻っていく景観建築の参照枠となる。(Roper 11, Rybczynski 29, Scheper 374) そして、彼の公園建設の理念における自然と人工のよじれた関係も、ここに由来しているのだ。それを確認するため、一七九四年に出版されたギルピンの著作『三つの論文――ピクチュアレスク美学、ピクチュアレスク旅行、そして風景スケッチについて』(*Three Essays: On Picturesque Beauty; on Picturesque Travel; and on Sketching Landscape*) をつらつらと眺めてみよう。

ギルピンによれば、ピクチュアレスクな風景の特徴は、そこに「荒々しさ」(roughness) や「ゴツゴツした形状」(ruggedness) が際立っていることにある。「デコボコの大地」、「節くれだった樫の木」、「険しい街道」。ヴェルサイユに代表されるフランス式庭園の幾何学的な端正さとはまったく異なり、こうした非対称で不規則なフォルムこそが風景の「真の原理」となる。(Gilpin 8) したがって、ピクチュアレスクな視線は、「人工」(art) を極度に嫌悪する。

この問題に対しての答えは、以下のとおりである。ピクチュアレスクな眼は人工を嫌悪し、もっぱら自然のみに喜びを見出す、と。そして、人工は「滑らかさ」の別名である「規則性」に富み、自然の姿は「荒々しさ」の別名である「不規則性」に富んでいるので、ここにおのずから問題は解決されてこよう。(Gilpin 26-7)

ピクチュアレスクな旅行者は、どんなに荒れ果てた自然でも、それが混じりけのないものであれば失望することなど滅多にない反面、間違いなく人工の産物にはたいてい憤慨する。(Gilpin 57)

しかし、こうした言説を額面どおりに受け取ってはならない。なぜなら、オームステッドのところで見てきたように、ピクチュアレスクな眼はありのままの自然のなかに「喜びを見出す」ことなどしないからである。つまり、自然はそのままでは趣味を欠いた不完全なものにすぎないのだ。

つねに念頭に置くべきことは、自然とはその構成においてもっとも欠陥のあるもの、少しばかり手を加えてやる必要のあるもの、ということである。(Gilpin 67)

もし眼前の自然をスケッチするとき、それが充分にピクチュアレスクでなければ、容赦なくそこには「手が加えられる」(assisted)ことになる。

ここの木を取り去って、そこに移す。小山を削り取るか、あるいはそれに何かを付加する。

柵、小屋、外壁、取り外せるもので気に入らないものは、総て削除する。(Gilpin 68)

自然よりも自然らしい「自然」を人工的に造ること。その卓越したピクチュアレスク論において高山宏が指摘したように、これこそ「自然に背を向けて風景を見よ」というピクチュアレスクのパラドクスにほかならない。(高山 一一七頁、強調原文)

そして、オームステッドは、この人工と自然のパラドクスにもとづいて、セントラル・パークを設計・建築していく。それゆえ、公園予定地で彼のピクチュアレスクな眼に適わないもの、「気に入らないもの」は仮借なき修正を受けることになる。

> この地点にそのような装飾的水面を導入することで、その水際まで伸び、そこに迫り出す険しい崖のピクチュアレスクな効果が格段に増すことが予想されよう。(Olmsted [1983] 127)

この美的・人工的操作への意志は、「緑地プラン」に添付された図版、現在の土地と完成予想図の対比のなかに端的に現われている。(図4) また、ピクチュアレスクな絵画を任意に選んで、実際に完成された公園と比べて見てもよいだろう。(図5・6) 絵画と公園の酷似した相貌は、いかに愚直にこの美学が適用されていったかを物語ってくれる。

一八八一年にモントリオールのマウント・ロイヤルを設計するさいも、彼は自然を徹底していじくり、技術へとそれを従わせようとする。

> 少しばかり将来を見越して、土手のある箇所に適切な岩壁を差しはさむことで、自然だけに任せた場合よりも、ずっと大胆でピクチュアレスクな地形が得られよう。さらに、この岩壁

Present Outlines

Effect Proposed

図4

図5

図6

に腐葉土を盛る小さな窪みを入れ、そこに適切な種子や植物を植えれば、いかにも山らしい木々や花々を自然にまとわせることができよう。しかも、自然が百年かけて成し遂げるよりもずっと趣き深く。(Olmsted [1997] 207)

彼の論理《ロジック》においては、自然の賛美・その治癒力への信頼と、自然に対する抜き差しがたい不信感が、撞着することなく併存している。なぜなら、「いかにも山らしい」山を、「自然が百年かけて成し遂げるよりも」趣き深い風景を、要するに自然よりも自然らしい「自然」を造れるのは、技術・人工にほかならないからだ。「人工的なモノ」へのアンチテーゼは、こうして再び「人工的なモノ」へと回帰していく。

このようにして、オームステッドの「自然」の概念は、現在のそれとは微妙なズレがあることに気づかされる。マイルズ・オーヴェルが論じたように、それは現実そのものよりも、リアリズム文学、写真、パノラマなどのシュミラクラ、レプリカのほうに「リアルさ」を感じてしまう、十九世紀的な感性とぴったり符合する。(Orvell 73-102) つまり、「本物の自然」とは、自然そのものではなく、流通するイメージどおりの「自然」、見る者の期待を裏切らない「自然」であるのだ。一八五九年、公園設立運動に関係したホーレス・グリーリー (Horace Greeley) が、はじめてセントラル・パークに足を踏み入れたときのエピソードにも、そうした感性は再確認されよう。その前代未聞の大規模な造園工事にもかかわらず、ニューヨーク『トリビューン』紙のこの名物編集者は、「ふむ、思っていたよりもずっと手が入れられていないな」と思わず口にしてしまうのだ。(Olmsted [1983] 18) そのとき彼の十九世紀的な眼に映っていたのは、紛うかたなき「自然」にほかならなかったのである。

造られたものこそ「リアル」であり「自然」であるという認識。現在の私たちがそれを錯誤と考えるならば、それを錯誤と考えるほうこそ錯誤であるとはいえないだろうか。もしそうでないならば、「本物の自然」とはどういうものか、改めてイメージして欲しい。浮かんでくるのは、メディアを介して流通している「自然」のそれではないだろうか。たとえ実際に眼にした風景が蘇ってきたとしても、それがいまだに心象として残っているのは、あらかじめ刷り込まれた既成のイメージとそれが合致していたからではないだろうか。そもそもイメージできること自体に、自然を分節化された形で思い描けること自体に、構成の契機が入り込んでいるのである。人工的な生産物を自然とする感性に違和感を覚える感性こそ、自然を所与と捉え、それを無批判に前提とする錯誤と言わねばならないだろう。

閑話休題。セントラル・パークは、都市のなかの自然として、「人工的なモノ」のアンチテーゼとして造られながらも、結局はすぐれて人工的な「自然」にほかならなかった。しかし、それは美的な問題にすぎないのであろうか。ピクチュアレスク美学が孕む政治性に思いを巡らせば、単純にそうだとはけっして言えない。例えば、ギルピンは、その美学における人物の役割を「たんなる風景の装飾」とした。(Gilpin 44) 富山太佳夫がイギリス農村文学のピクチュアレスクについて指摘したように、この唯美的な眼差しは、「ジプシー」を野趣あふれる「風景の装飾」に変えてしまう政治的な眼差しへと容易に転化する。(富山 一〇二―三頁)「クリーク・インディアン」を「ピクチュアレスクなオブジェ」と見たアーヴィングの視線も同じである。そこにもっぱら美しい形象だけを見るという行為は、そのまま記憶を――先住民たちが被ってきた虐殺、略奪、保留地への強制移住といった記憶を――こっそり忘却する行為ともなるからだ。ピクチュアレスクな眼差しは、対象の個別性や歴史性がもつ複雑な色合いを脱色し、風景を彩る点景へとそれを還元せしめるのだ。

この政治の美学化は、セントラル・パークのなかでもしっかりと実践されていた。次に見ていくように、それは美学的な規律の場のみならず、民族・階級的な規律の場としても構想されていたのである。

4 「階級融和」のユートピア

とりわけ必要なのは、都市の抑圧的で閉塞的な状況、怯えながら四囲に注意深く眼を凝らして街を歩き、共感なくして他人に眼を配らねばならない状況、そうした状況と考えうる限り対極にあるものである。(Olmsted [1997] 80)

「緑地プラン」のなかで述べられているように、都市は「人工的なモノ」で生活者の神経をすり減らすだけでなく、断片化した個人がお互いに猜疑心を募らせ、敵対しあう殺伐とした場所でもあった。オームステッドが都市をこのように定義した背景には、ビジネス・人口の集中、それにともなう居住環境の悪化とは別の、しかしそれらと構造的に連関する問題が横たわっていた。他者の問題である。

すでに南北戦争以前から、ニューヨーク・シティには主にアイルランド系・ドイツ系の移民が流入し、一八五五年には実に住民の五二パーセントを外国人居住者が占め、その大半が労働者階級であった。(ファイン 二七頁) 社会は民族・階級の境界線にそって二極化し、アングロ・サクソン主体の同質性から、異質な文化がせめぎあい反目しあう多様性へと、その様相を激変させていく。新移民の大量移住による民族のボーダーレス化という世紀末にアメリカを襲った現象——ユートピア文学を大量に生産し、スラム撲滅運動を展開させた動因でもある現象——が、ニューヨークではすでに半世紀先取りされた形で起こっていたのだ。

こうした歴史背景のもと、セントラル・パークが企画されたのは、ある意味で理の当然であった。というのも、公園にはこうした社会動乱の火種を摘み取る作用がある、という社会通念が当時は流通していたからだ（拙論の冒頭で見てきたように、それは二〇世紀に入ってもリースが繰り返すことになる神話だが）。一八五一年六月一〇日付のニューヨーク『ポスト』紙は、「外国人の［市への］大量移住」を問題視したあとで、「しかし、こうした問題に対処する特効薬がひとつある。……新しい公園を即座に確保することだ」、と締め括っている。（Rosenzweig and Blackmar 27）

オームステッドもまたこの認識を共有し、民族問題あるいは階級問題の「特効薬」として公園を企画した。「公園と都市化」のなかで、セントラル・パークとプロスペクト・パークを例に取りながら、彼はこの公園の社会的効用を力説している。

……交流することへの期待と喜びを満面にたたえながら、一群のキリスト教徒がそこに集まり、あらゆる階級の人間が共通の目的をもって、お互い気取ることも張り合うこともなければ、嫉妬や精神的・知的優越感を抱くこともなく、ひとりひとりがただそこにいるだけで誰もが幸せになり、それぞれの幸福を高めている。そこでは、貧者であれ富者であれ、若者であれ年寄りであれ、ユダヤ教徒であれ異教徒であれ、多くの人が親密に交わる光景がしばしば目撃されよう。（Olmsted [1997] 75）

公園外部では日々その深刻さを増している民族・階級間の緊張も、そこに入ればウソのように雲散霧消してしまう魔方陣。「貧者であれ富者であれ」、「ユダヤ教徒であれ異教徒であれ」、あらゆる階級・民族を横断して「誰もが幸せ」になれる階級融和のユートピア。しかし、彼が引き続き次のように言うとき、はたしてそこが「誰もが幸せ」になれる楽園なのか、大きな疑問符が浮かんでしまう。

セントラル・パークを訪れる人々の振る舞いをつぶさに観察すれば、都市のもっとも不幸でもっとも無法な階級（the most unfortunate and most lawless classes of the city）に、公園が調和と洗練の明らかな影響――礼儀・自制・節制をもたらす影響――を及ぼしていることを疑う者などいないであろう。（Olmsted [1997] 96）

「都市のもっとも不幸でもっとも無法な階級」が何を指示するのか、改めて言うまでもないであろう。「無法な階級」に「調和と洗練」を教化すること。公園の現場監督に就任した直後、オームステッドは公園建設委員会にその意向を露骨に表明している。

ニューヨークの住民の大部分は……公園とは何たるかということにまったく無知である。彼（女）らには、公園の正しい利用法やその誤用の抑制を訓練せねばならない。公園はまだ工事中ではあるが、いまから徐々にやれば効果絶大であろう。（Rosenzweig and Blackmar 239）

公園内での立ち振る舞いから自然の愛で方に至るまで、「正しい利用法」があらかじめ定義され、指定される。このように、彼にとっての「階級融和」とは、相互理解にもとづく異文化交流ではなく、「礼儀・自制・節制」といったすぐれて中産階級的な価値観を移民や労働者に訓練・規律することを意味したのだ。（Blodgett 877, Trachtenberg 107–12）

断るまでもなく、この力への意志は、つねに不安と表裏一体であった。実際、オームステッドが他者に注ぐ眼差しは、不信と不安とに貫かれている。そのため、街路にたむろす労働者階級の若者たちなどは、「繊細さ、男らしさ、やさしさ」にまったく欠け、心が荒みきった輩としてしか彼の眼には映らない。(Olmsted [1997] 78) また、建設予定地で働く労働者に対しても、同じ視線が注がれる。彼らは「大都市の住民のなかでもっとも貧しい、あるいはもっとも危険な階級 (the most dangerous class) と一般的に思われている者たち」以外の何者でもないのだ。(Olmsted [1983] 286) アラン・トラクテンバーグがまとめているように、まさにこうした「危険な階級」、社会の危険分子を矯正するためのイデオロギー装置として、公園はその機能を期待された。

こうした「危険な階級」をつねに念頭において、オームステッドは、秩序と安全の体系的な維持の要として、すなわち一見して非強制的な統禦と安定化の装置として、公園を構想したのだ。(Trachtenberg 109)

とはいえ、どんなに「無法で危険な」輩ですら、いったん公園に入れば黙っていても羊のようにおとなしくなる、と信じるほどオームステッドは楽天家ではなかった。はやくも一八六〇年、公園建設委員会への書簡のなかで吐露しているように、「汚れて汗まみれの連中」がその「汚らしい振る舞い」によって、「清潔な利用者」から公園を使用する権利を剝奪していることに、彼は頭を悩ませることになる。(Olmsted [1983] 281-2) そこで彼は公園付属の警察のほかに、二四人からなる公園警備員を組織する。(Rosenzweig and Blackmar 241-2) 当然、その目的は、不埒な利用者を監視・規律することにあったのだが、しかしながら、その規律の洗礼をまずもって受けたのは彼らであった。「しかし、少なくとも警備員にはより厳格な規律(stricter discipline)を課し、その立ち振る舞いの規準を向上させなくてはならない」。(Olmsted [1983] 282) その総てが労働者階級出身である警備員は、監視・規律の機能ばかりでなく、中産階級の規範に馴致・回収された他者のモデルとしても機能したのだ。

「厳格な規律」の檻に囲い込まねばならない「危険な階級」。神学者ホーレス・ブッシュネル(Horace Bushnell)の講演「野蛮、第一の危険」("Barbarism the First Danger")に深く感化されたことからもわかるように、同時代の知識階層の例に漏れず、オームステッドにとっても、労働者階級は文明を覆しかねない「野蛮」であった。(Rybczynski 253-4) ここにおいて、セントラル・パークの「自然」は、二重の意味を帯びることになるだろう。すなわち、そこでは美的規範に合うように自然が統禦され、同時に社会的規範に合うように、もうひとつの「自然」、文明と対極にある野蛮が統禦されるのだ。社会的構図を歪める他者の異質な習慣《ハビトウス》は、美的構図を崩す木や小山のように「気に入らないもの」として抑圧され、絵画的風景のなかに塗り込められてしまうのである。

そのように考えれば、「ユダヤ教徒であれ異教徒であれ」、あらゆる民族・階級が予定調和的に集う階級融和のユートピアが、どのような意匠のもとに想像されたのか見当がつくであろう。「多様性」である。「荒々しさ」や「ゴツゴツした形状」を前景化することで、ピクチュアレスク美学は対象の多様性を強調する。しかし、自家撞着の美学にふさわしく、結局それは一元的な多様性となる。つまり、それは「自然を活かし、かつ飼い慣らす」多様性であり、風景全体の効果に奉仕する従属的な部分の集合にすぎないのだ。(Conron 7) 同じように、異民族・異階級が孕む他者性も、風景全体の効果に奉仕する多様性へと還元される。もちろん、その風景とは、旧世界のそれとは異なる「民主主義の公園」という美しい一幅の絵にほかならない。多様性は活かされつつも飼い慣らされ、いまや構図にしっくり収まるように同化・吸収された異分子は、けっして見る者を脅かすことなく、絵に野趣を添える点景として配置されるのである。

都市のなかの自然、階級融和のユートピアとして構想されたセントラル・パークは、誰もが幸福になれるわけではない「何処にもない場所《ユートピア》」であった。それは、特定の社会層の幸福のために他者を抑圧する暴力性の上に築かれた楽園であったのだ。しかも、その暴力性はすでに公園建設以前から働いていた。公園予定地に住んでいた住民は、その九〇パーセント以上がアイルランド系・ドイツ系移民であり、とりわけセネカ・ヴィレッジと呼ばれた地区は黒人居住区であった。(Rosenzweig and Blackmar 64, Berman 26) 公園設立運動のさなか、新聞などのメディアをとおして、その地域のネガティヴなイメージが流通しだす。(図7) その家は「掘っ立て小屋」として描かれ、また大部分の住民が土地を所有しているにもかかわらず、「不法定住者」(squatters) と報じられる。(Rosenzweig and Blackmar 77) 都市計画と他者排除の典型的な抱き合わせがここに見られよう。結局、土地収用権の名のもとに、住民たちはわずかばかりの立ち退き料と交換に土地を追われることになる。

前述したように、オームステッドは公園予定地をはじめて見たとき、「豚小屋、屠殺場、そして骨の煮出し作業から流れ出る泥水」の悪臭にあてられ、気分が悪くなってしまう。しかし、言説の暴力というこの文脈に置きなおして読めば、彼の感想もそのまま額面どおりには受け取れなくなる。おそらく、あってもなくても「悪臭」はしたのであろう。なぜなら、異質性剝き出しのその地、というよりそのように表象されたその地は、実際眼にする以前から景観建築士の想像力のなかに、美的・社会的規範に達しないもの、「気に入らないもの」として排除されるべく存在していたからだ。

図7

[参考文献]

Bellamy, Edward. *Equality*. New York : AMS Press. 1970 [1897].

Berman, John S. *Central Park*. New York : Barnes and Noble Books, 2003.

Beveridge, Charles E. and Paul Rocheleau. *Frederick Law Olmsted : Designing the American Landscape*. New York : Universe, 1998.

Blodgett, Geoffrey. "Frederick Law Olmsted : Landscape Architecture as Conservative Reform." *The Journal of American History* 62-4 (March 1976) : 869-89.

Bryant, William Cullen. *Power for Sanity : Selected Editorials of William Cullen Bryant, 1829-1861*. Ed. William Cullen Bryant II, New York : Fordham University Press, 1994.

Conron, John. *American Picturesque*. University Park, Pennsylvania : Pennsylvania State University Press, 2000.

Cook, Clarence C. *A Description of the New York Central Park*. New York : Benjamin Blom, 1979.

Fein, Albert. Ed. *Landscape into Cityscape : Frederick Law Olmsted's Plans for a Greater New York City*. [1967] New York : Van Nostrand Reinhold, 1981.

Gilpin, William. *Three Essays : On Picturesque Beauty ; on Picturesque Travel ; and on Sketching Landscape*. London : Printed for R. Blamire, 1792.

Hall, Lee. *Olmsted's America : An "Unpractical" Man and His Vision of Civilization*. Boston : Bulfinch Press, 1995.

Howard, Ebenezer. *Garden Cities of To-Morrow*. Ed. F. J. Osborn. Cambridge, Massachusetts : The M. I. T. Press. 1965. 邦訳 エベネザー・ハワード。『明日の田園都市』長素連訳。鹿島出版会，一九六八年。

Irving, Washington. *A Tour on the Prairies*. Ed. John Francis McDermott. Norman, Oklahoma : University of Oklahoma Press, 1956.

Olmsted, Frederick Law. *The Papers of Frederick Law Olmsted III : Creating Central Park, 1857-1861*. Eds. Charles E. Beveridge and David Schuyler. Baltimore : The Johns Hopkins University Press, 1983.

———. *Civilizing American Cities : Writings on City Landscapes*. Ed. S. B. Sutton. [1971] Da Capo, 1997.

Orvell, Miles. *The Real Thing : Imitation and Authenticity in American Culture, 1880-1940*. Chapel Hill : University of North Carolina Press, 1989.

Scheper, George L. "The Reformist Vision of Frederick Law Olmsted and the Poetics of Park Design." *The New England Quarterly* 62-3 (1989) : 369-402.

Rensselaer, M. G. van. "Frederick Law Olmsted." *Century Illustrated Monthly Magazine* 46, no. 6 (October 1893) : 860-7.

Riis, Jacob. A. *The Battle with the Slum*. New York : Garrett Press, 1970.

Rosenzweig, Roy and Elizabeth Blackmar. *The Park and the People : A History of Central Park*. [1992] New York : Henry Holt, 1994.

Roper, Laura Wood. *FLO : A Biography of Frederick Law Olmsted*. Baltimore : The Johns Hopkins University Press, 1973.

Rybczynski, Witold. *A Clearing in the Distance : Frederick Law Olmsted and America in the Nineteenth Century*. New York : Scribner, 1999.

Trachtenberg, Alan. *The Incorporation of America : Culture and Society in the Gilded Age*. New York : Hill and Wang, 1982.

高山宏『目の中の劇場』、青土社、一九八五年。

富山太佳夫『ダーウィンの世紀末』、青土社、一九九五年。

細谷等「昨日、そして今日の田園都市――世紀転換期ユートピアと都市計画におけるハイブリッドな欲望」、『接続』3所収、二〇〇三年。

アルバート・ファイン『アメリカの都市と自然――オルムステッドによるアメリカの環境計画』、黒川直樹訳、井上書院、一九八三年。

ダイアローグ

「閉ざされた庭」の行方

村井則夫

「我が妹、花嫁は、閉ざされた庭。
閉ざされた庭、封じられた泉
……
北風よ、目覚めよ
南風よ、吹け
我が庭を吹き抜けて」。
（「雅歌」四・一二、一六）

旧約聖書のソロモンの「雅歌」において、恋人を謳いながら「閉ざされた庭」の比喩が用いられているように、ヨーロッパ思想の中で「庭」という表象は並々ならぬ古い伝統をもっている。聖書の文脈では、この「閉ざされた庭」(hortus conculsus) は、マリアの処女性を表しながら、なおかつ生命が繁茂する豊穣さをも象徴する。中世では「庭」のもつ豊穣さと甘美さのイメージが変形され、とりわけ一二世紀の「宮廷風恋愛」の世界において、「閉ざされた庭」

は禁断の愛が交わされる「楽園」を意味するようになる。もちろん、人類の父祖が最初に置かれた「エデンの園」こそ、そうした閉ざされた豊穣さの原型にほかならない。それに加えて、原初の「庭」である「楽園《パラダイス》」(Paradise)の語が、ペルシア語のPairidaēzaに由来するものであり、その語が元来「壁に閉ざされた囲い」を意味していたことを思えば、この表象の根深さがあらためて実感されることだろう。「庭」はその初めから、楽園としてのユートピアであり、なおかつあくまでも「閉ざされ」「囲われて」いたのである。

近代以降の「庭」の歴史も、空間をいかに囲い込み、自然をいかに封じ込めるかという、「閉ざす」技法をめぐって展開されたようにも思える。なるほど、「庭」が「庭」である以上、人為的な「境界」によって一定の範囲に区切られ、閉ざされているのは当然のことのように思えるかもしれない。しかしここで考えられるべき「境界」とは、単に空間を仕切るだけのものではなく、むしろわれわれの表象の中で「人為」と「自然」、「内部」と「外部」といった領域を区切る分節化の謂である。「セントラル・パーク」という〈自然〉の中で、一九世紀のマンハッタンを舞台に展開されるのが、まさにそうした表象の内部を走り、「自然」なるものを囲い込む境界線の問題にほかならない。そして、そこから明らかになるのが、セントラル・パークの企画者にして、「景観建築士」を自任するオームステッドが、一八世紀ピクチャレスク美学に着想を汲みながら実現していった、そのあまりにも精妙な「閉ざす」技法である。

自然をいかにも「自然らしい」公園として表象の内部で飼いならし、それと同時に人間のもつ「自然(本性)」をも馴致していくことを目指したオームステッドは、自然を「絵になる《ピクチャレス》」風景へと編成《アレンジ》するピクチャレスク美学に格好の模範を見出した。しかしながら細谷氏の分析は、一八世紀英国を席巻した美学の歴史的影響力を実証的に検証することを第一の目的としているわけではない。敢えて言うなら、むしろ直接的な影響関係はここではなんら本質的な事柄ではないのだ。ピクチャレスク美学が、世界を表象によって再編されたテクストとして観賞する解釈装置であったと同様に、それを受容したオームステッド自身もまた、当のピクチャレスク美学をテクストとして受け取り、それを再び彼自身のテクストとして実現していく。プライスやギルピンが用いた語彙までがオームステッドに感染していく様子が伺えるように、その影響関係は現実の影響関係というよりは、むしろ卓れてテクスト上の関係である。事柄はテクストの上でのみ淡々と生起する。そのようにして、読まれたテクストに従って、オームステッドは彼自身のテクストを稠密に編み込んでいくが、その新たなテクストこそが、まさしく「セントラル・パーク」にほかならない。ピクチャレスク美学がオームステッドに影響を与えたのではなく、むしろオームステッドがピクチャレスク美学を呼び寄せ、セントラル・パークというテクストの中でそれを「引用」しているのである。細谷氏によって巧みに分析されるのは、テクストがテクストによって幾重にも塗りこめられていく、こうした息詰まるような間テクスト性と、その重層性である。そこでは、すべてを表象の中に切り取り、テクストの内部に配置していく視線の政治学が問われなければならない。テクストという表象空間を「閉ざし」「境界づける」その視線のありようが、ここでの最大の問題である。

表象空間を囲い込むこのような身振り《ハビトゥス》は、オームステッドが範と仰いだピクチャレスク美学の代表者ギルピンにおいてもすでに印象的な仕方で現れている。ギルピンもまた、一つの美学理論を提唱するだけでなく、自らピクチャレスク・トラヴェルを具体的に推奨するために、英国各地の風景の手彩色銅版画を挿し絵として入れたガイドブックをいくつも著している。驚くべきことに、それらの図版はことごとく、あたかも庭園を囲う塀のように、ゆるやかな卵形の曲線で縁取られ、「絵になる《ピクチャレスク》」風景を切り取っているのである。「縁取り《フレーミング》」という視線の呪縛に捕えられ、そこでの風景は儚げにセピア色に染め上げられ、夢という表象の一齣と化したかの

図１　ギルピンによるティターン僧院の描写
隋円形の縁取りもセピア色の手彩色が「絵のような」雰囲気を醸し出している

図２　美的効果の一部として捉えられた隠修士の生活

ようだ（図1）。そこにあるのは、「自然らしい」自然として夢想された、それ自体としてはどこにも存在しない風景である。論考「セントラル・パークという〈自然〉」において語られる括弧つきの「自然」とは、まさにこうした「どこにもない場所《ユートピア》」として構想された「イデオロギー装置」にほかならない。

「自然よりも自然らしい」自然を人為的に設計する、そうしたオームステッドの理念においては、「人工」と「自然」の境界が崩れ去るだけでなく、その両者が互いに反転し合うような奇妙な事態が現れる。より正確には、かつて「自然」と「人工」の区別として考えられていた事柄は、オームステッドの繰り広げるさらに高次の人工の中にすっかり併呑されてしまうと言うべきだろう。オームステッドが作り出すのは、人の手の加わっていない無垢な自然そのものでもなければ、純然たる人工物でもない。むしろ「景観建築士」オームステッドは、「自然らしさ」という自らのイメージに即して「自然」を改良することによって、表象という高次の人工の内部で、人工と自然の境界そのものを新たに創出し、その両者のあいだに理想の美的な関係を打ちたてようとするのである。セントラル・パークの中では、人工物の遺骸である「廃墟」さえも情緒を醸し出すものとして配置され、自然の中の「荒々しさ」さえも風景に野趣を添えるものとして、美的「効果」の一部に回収されるのである。それはあたかも一八世紀のピクチャレスク庭園（英国式庭園）において、襤褸をまとった浮浪者が修道者に見立てられて、風景の一部としてパートタイムで雇われたという事実をなぞっているかのようだ（図2）。オームステッドの視線は、自然と人工の境界を自在に操る地点に立ち、一切を美的・政治的イデオロギーの下に収斂させていくのである。

こうした分析から見えてくるのは、すべてを表象の下に回収していく「閉ざす」論理が、同時にそこに収まりきらないものを弾き出す排除の論理として機能するという事実である。オームステッドが懸念した「野蛮な」労働者階級や、他民族・他人種の人々といった、理想的な秩序を脅かしかねないものは、「目障りなもの」として一蹴され、果ては抑圧される。しかしながら、ここで実行される排除の論理とは、自らの理想の領域の外部を作り出してしまうことではない。労働者たちは、何もセントラル・パークから追いやられ、入場を禁止されたわけではないのである。むしろ彼らは、オームステッドの思い描いた「民主主義的な〈公園〉という美しい一幅の絵」の中に点景のように配置されることで、セントラル・パークの一部として囲い込まれるのだ。多少の不協和があることによって全体の調和がいっそう際立つように、彼らは意図された異物として、計算づくの上で「効果」の一部として許容される。細谷氏がいみじくも「一元的な多様性」と表現しているように、それは外見上いかに多様であっても、詰まるところは「一元的」で均質な表象空間であった。むしろその「一元性」は、自らの内に異質性を囲い込むことによってますます強固になり、いかなる外部の存立をも許さない盤石の閉域を確立するのである。

ここで思い出されるのが、一八世紀においてピクチャレスクと対になって一世を風靡したもうひとつの美学のことである。いわゆる「崇高」(sublime)の美学がそれである。峨々たる山並み、峻険な断崖、荒れ狂う波濤といった、現実には恐怖を駆り立てる風景が、この時代には「絵になる《ピクチャレスク》」風景と並ぶ重要な要素とみなされていた(図3)。ソシュール(言語学者ソシュールの祖父)を嚆矢とするアルプスへの登山熱なども、そのような美的感性のひとつの表れであった(図4)。醜悪なもの、おぞましいもの、恐怖を催すものを好んで取り上げるこの崇高の美学は、目に心地よいピクチャレスク美学の対極に位置しているように思えるかもしれない。しかしながら、たとえわれわれの日常的な感覚を脅かすような荒々しい自然が主題となるにしても、「崇高」もまた「美学」の枠の中で扱われる美的カテゴリーであることに相違はない。

図3　18世紀には、峻険な山を登る戦慄とその美的効果が好んで描かれる
（カスパー・ヴォルフ［Casper Wolf，1735-1783］による

図４　アルプスの壮大さと人間の卑小さとの対比（ミュレンバハの滝景観図［カスパー・ヴォルフ］）

平穏な表象を打ち破るような陶酔や眩暈が惹き起こされるにしても、そうした崇高美は、ある種の異質性を取り込むことでよりいっそう強力になった表象の力を証し立てるものなのである。ゴシック・ロマンの流行などを通して、やがてはロマン派に結実する一連の崇高美の系譜は、畏怖すべきものであるがゆえに癒しを与える「自然」という、現代の環境論にも流れ込む自然観を醸造しているものなのかもしれない。オームステッドをめぐる議論から見えてくるのは、このような「崇高」の美学と同様に、ある種の異質性を取り込みながらますます力を増していく囲い込みの論理《ロジック》である。他者をも自己の一部に改編し、醜をも美の一要素に変えてしまう表象の均質な一元性が、ここに見事に示されていると言えるだろう。

＊＊＊＊＊

論考「セントラル・パークという〈自然〉」は、ピクチャレスク美学の間テクスト的な効果をとことん追いつめ、異質性を周到に同質化していく機構《からくり》をテクストとして巧みに提示している。そうなるとここで、テクスト化の閉ざす技法を論じた「セントラル・パークという〈自然〉」というこのテクストそのものは、果たしてテクストの内部にあるのか、外部にあるのか、という疑問が浮かんでくるかもしれない。しかし、論考そのものがやはりテクストである以上、そこでの分析もやはり表象の閉域に囚われたものではないのかという、この問題の立て方はおそらくあまり意味がない。むしろここでは、「限界づける」という行為の内に潜む微妙な区別を察知することの方が重要だろう。オームステッドが具現した「限界づける」行為は、境界内部を囲い込み、閉域を作り出すという「効果」を圧倒的な力で示していた。これに対して、論考「セントラル・パークという〈自然〉」は、オームステッドの「限界づけ」の行為に沿って、それを忠実になぞることによって、いわば「限界づけ」そのものを「限界づけ」ようとしているのである。もちろん、それによって限界の外部が語られるわけではないが、限界づけを実演《パフォーマンス》として体現することで、限界づけそのもののありようが、その内部から浮かび上がってくる。それは、限界の外部を直接に問い、語ることではない。限界の外に立つことでも、内部に閉じ籠ることでもなく、むしろ限界という現象が生起するその縁の上で問いを発しつづけることが問題となっているのだ。ここで、「限界づける《クリネイン》」(κρίνειν)というギリシア語が、カントの意味での「批判」(Kritik)の原型となっていることを思い起こすのも無駄ではないだろう。限界づけることは、閉域を囲い込みながら、その囲い込みの所作《ジェスチャー》そのものによって、当の閉域そのものを相対化し、閉ざす動作に対する「批判」となるのだ。本稿の冒頭に引用した「雅歌」の一節を踏まえるなら、「我が庭を吹き抜ける」風は、「南」からでも「北」からでもなく、限界を形作るその境界線上から吹きつけるのである。

［参考文献］

Andrews, M. *The Search for the Picturesque*, Tiptree, Essex : Scolar Press 1989.

Barrel, J., *The dark side of the landscape. The rural poor in English painting* 1730-1840, New York : Cambridge U. Pr. 1980.

Bermingham, A., *Landscape and Ideology. The English Rustic Tradition*, 1740-1860, Berkeley/Los Angeles, California : U. of California Pr. 1986.

Bolla, P. de, *The Discourse of the Sublime. History, Aesthetics & the Subject*, Oxford/New York : Blackwell 1989.

Coffin, D. R., *The English Garden. Meditation and Memorial*, Princeton, New Jersey : Princeton U. Pr. 1994.

Ferguson, Fr., *Solitude and the Sublime. Romanticism and the Aesthetics of Individuation*, New York : Routledge 1992.

Gilpin, W., *Three Essays : on picturesque beauty ; on picturesque travel; and on sketching landscape*, London

1792.
Hacker, Chr., *The Wildness Pleases*, London/Canberra : Croom Helm 1983.
Hussey, Chr., *The Picturesque. Studies in a point of view*, new edition, London : Frank Cass & Co. Ltd. 1983.
Hortorum Libri. A Selection on Garden Art, Hünersdorff, London.
Pries, Chr, *Das Erhabene. Zwischen Grenzerfahrung und Grössenwahn*, Weinheim : Acta humaniora 1989.
Shepard, P., *Man in Landscape. A historic view of the esthetics of nature*, New York : Alfred Knopf 1967.
『is』vol. 26「特集：庭園」ポーラ文化研究所、一九八四年一〇月。
安西信一『イギリス風景式庭園の美学――〈開かれた庭〉のパラドックス』東京大学出版会、二〇〇〇年。
川崎寿彦『庭のイングランド――風景の記号学と英国近代史』名古屋大学出版会、一九八三年。
ドゥギー他編『崇高とは何か』法政大学出版局、一九九九年。

〈環楽器〉探求

音楽教育から「環境」を考える視点

阪井　恵

I　はじめに　音楽教育から考える「環境」

日本の環境教育は、環境問題が地球規模の複雑な問題群であることが明らかになるに従い、その研究と実践の進展が、重要かつ緊急の課題として認識されている。[1] 現在、各学校の裁量のもとに実施されている「総合的な学習の時間」には、環境の問題を視野に収めたテーマが多く取り上げられるようになってきた。[2] 昨今は、現に日常生活における安全や健康状態が脅かされている実感が一般化しているので、これは当然の成り行きであり、むしろ遅きに失したと言うべきだろう。教師も、子どもたちと過ごす日常において、環境問題に積極的にかかわる姿勢を強めずにはいられない状況である。

私の専門とする音楽教育の領域においても、環境問題を取り扱う、あるいは子どもや音楽活動をとらえる視野に「環境」の問題を内包するような実践が、一九九〇年代以降散見される。「音楽」の定義は一筋縄ではいかないにせよ、「音」を素材とする何物かであるという点に異議

1▼ 一九九〇年に日本環境教育学会が設立され、環境教育の理論構築と実践研究が本格化し始めた。

2▼ 現在施行されている『学習指導要領』（一九九八年告示）において、文部省（現在は文部科学省）は、「総合的な学習の時間」の内容として、国際理解、情報、環境、福祉、健康の五項目を例示した。ここに「環境」が入ったことも、現場に多大な影響を及ぼしている。

を唱える人はまずいない。その意味では、音楽に携わる人こそ、「音」の環境問題には最も敏感でありそうに思われる。ところが実際は、二〇世紀の先進諸国で騒音問題が深刻化した後も、音の環境問題は、一般的には音響学者や音響工学者の領分と考えられてきた。芸術家を自認する音楽家は、物理的にも心理的にも一種の特権的な空間で仕事をする傾向が強く、音の環境問題への関心は低かったのである。[3] 一九七〇年代に、ようやく音楽や音楽教育の専門家による音の環境問題への関心が顕在化し、真摯な問題提起がなされ始めた。そこから「環境教育としての音楽教育」という発想と、それに基づく先駆的・実験的な試みが生まれ、日本の音楽教育にも影響を与えている。

「サウンドスケープ soundscape」という言葉をご存じだろうか。これは、カナダの作曲家マリー・シェーファー（R. Murray Schafer 一九三三-）[4]が、英語の landscape（風景、景観などの意）を言い換えて造った単語で、「音の（面からとらえた）風景」の意味である。この造語を定着させたシェーファーは、自分自身が騒音問題に悩まされた経験や、一九六〇年代の北米で隆盛したエコロジー運動の影響から、音楽家の視点で音の環境問題への取り組みを開始した人である。その背景には、西洋近代の芸術音楽概念の行き詰まり、非西洋音楽の発見や非近代音楽の再発見など、この時代の相互に関連した諸問題があった。シェーファーも、たとえばジョン・ケージ（John Cage 一九一二-一九九二）[5]のラディカルな実践や言説などから影響を受けていることは確実である。シェーファーの活動は多岐にわたる。現代人の耳をコンサートホール以外の外の世界に対しても開かせる意図のもとに、山野をステージとして演奏する曲[6]を書いたり、カナダやヨーロッパの都市や村のサウンドスケープ調査を行ったり[7]、サウンドスケープはそれを受容する人の意識と深く結びついていることを指摘したりした。[8] 教育活動にも積極

3▼ 十七世紀から十九世紀の西欧では楽音と非楽音を峻別し、音楽は楽音で構築されるということが当然視された。二〇世紀に関してはこれに対するアンチテーゼとして、イタリアのルッソロに始まる騒音主義、フランスのシェフェールらのミュージック・コンクレート、打楽器への熱い注目などが特記できるが、そのほとんどは、まだコンサートホールのための音楽の域を越えず、日常世界の非楽音は芸術家の一瞥にも値しないという思考法は根強かった。

4▼ マリーと発音するファーストネームから誤解のあるところだが、男性である。伝統的な西洋音楽の教育を受けたが、文学、哲学、美術などを独力で学び、トロント大学でマーシャル・マクルーハンのゼミにも出ていたという。

5▼ アメリカの作曲家。一九五〇年代「偶然性音楽」の創始者として西欧芸術音楽の世界に　衝撃を与えた。音符の書かれていない《四分三十三秒》（一九五二）

的に関与している。日本の学校ではそのままは受け入れがたいとの批判もあるが[9]、自ら学校で授業を行い、耳ばかりでなく五感を開くための教育啓蒙を意図した、数冊の書物をも著している[10]。「サウンドスケープ」の思想は、今や音響学・音響工学、音楽の領域だけでなく、人間の社会と文化の問題をめぐって、その理論構築と実践双方に対し、リゾーム[11]として影響を広げていると言うことができる。

日本の音楽教育の専門家で、早くからシェーファーに注目し、その影響を受けながら実践していたのが星野圭朗（一九三二-一九九六）[12]である。星野はドイツの作曲家・音楽教育家カール・オルフ（Carl Orff 一八九五-一九八二）[13]の思想と実践の日本における伝道者でもあり、小学校教諭として、子どもたちが音楽を「創って表現する」活動を導く、先駆的な実践を切り拓いた。学校の音楽授業といえば、教師の指示に従って合唱や合奏をしたり、十八-十九世紀西欧の有名作曲家の作品を聴いたりする活動だけが一般的だった一九七〇年代のことである。星野の実践はその著書『創って表現する音楽学習　音の環境教育の視点から』（音楽之友社、一九九三）にまとめられているが、星野がシェーファーやオルフの思想の影響を受けながら、教師として「自分の教室の子どもを生かす」ことに腐心した様子が、その具体的で生き生きとした記述から読み取れる。

星野はこの著書において、「環境教育としての音楽教育」を実践するにあたっての基本的な考えかたとして、次の七項目を挙げている。（カッコ内は阪井が補った文言）

① 音現実の認識（をすること）
② 音源の究明（をすること）
③ 音の好悪（について感じ考えること）
④ 聴覚の空間性（を意識すること）

は、「作品」概念や音楽の素材としての「音」についてのラディカルな問題提起であった。

6▼
《野生の湖のための音楽》（一九八〇）、《星の王女》（一九八一）などの作品がある。

7▼
カナダ西岸のヴァンクーヴァー、フランス南部の漁村レスコニルなどの調査を行っている。

8▼
サウンドスケープの思想とその変遷については、シェーファー（一九八六）に詳しい。日本においては鳥越けい子氏が、シェーファーとサウンドスケープの思想の代表的な紹介者および研究者である。鳥越けい子（一九九一）には、シェーファーの活動が簡明に整理されている。

9▼
たとえば山本文茂は、シェーファーの『教室の犀』（→参考文献）を、「行政的整合性に欠ける」と指摘している。（日本学校音楽実践学会第七回大会資料、二〇〇二年八月）

10▼
日本語で読めるものとしては、『教室の犀』（一九七五）、『サウ

⑤ 音はデザインできる（と知ること）

⑥ 音環境の創造（に取り組むこと）

⑦ 詩、物語、演劇、即興的オペレッタ等の環境音の製作（をすること）

星野の独創的な実践は今後多面的に評価されてしかるべきだが、特に「環境」を意識した実践の系譜においては、これが日本におけるほとんど唯一のモデルである。現在あるすべての実践事例は、結局この七項目のいくつかにあてはまると言って過言ではない。

たとえば、「私たちのまち『高田馬場』音と耳と心」と題した、東京都新宿区立小学校の実践例[14]がある。ここでは子どもたちが街にサウンドスケープ調査に出かけ、音地図を作成している。快適な音／不快な音はあるか、それらの音にはどのような歴史性があるか、同じ神田川沿いでも場所によってサウンドスケープが異なる背景は何か、どのようなサウンドスケープが望ましいのか、今後残していきたい音はあるか、といった問題を、地域住民の協力も得てまとめた。結果的に、地域の人々の関係性の中で成立する、共同体の文化としての音の意味に子どもたちが気づいていき、また地域の大人に対しても「音」を間口とした環境認識という方法論を提示することになった。この実践も、遡れば星野が提示した項目をなぞっているわけだが、新たなモデルとして機能し、現在はこのようなタイプの実践が、「環境教育としての音楽教育」の主流となりつつある。

一方私は本稿において、音楽教育から「環境」を考える、やや異なった視点を提示したいのである。それは、以下に述べていくように、私が参与している現場の教育実践から導かれている。音楽教師の多くは、星野モデル的な活動の計画によって、「環境」の問題を教育に組み入れるだろう。しかし私には、星野自身は深く洞察していたにもかかわらず、十分に論じる時間

ンド・エデュケーション』（一九八二－一九八三頃の草稿）、『音さがしの本』（一九九六、今田匡彦との共著）の三部（→参考文献）だが、他にも一九六〇年代から教育のための著作がある。

11▼ フランス語で地下茎を意味するrhizome。地中で多方向に伸びる地下茎を、思想上のイメージにした用語として用いられる。

12▼ 中学校・小学校の音楽の教諭を経て、東京学芸大学、広島大学で教鞭を取り、一九八六年から山形大学教授を務めた。

13▼ ドイツ、ミュンヘンに生まれ、代表作として音楽・言葉・舞踊の一体化を志向したカンタータ《カルミナ・ブラーナ》（一九三七）がある。音楽教育家としても重要な人物。言葉・動き・音楽による即興表現を重視し、アンサンブルのための楽譜集の出版や、「オルフ楽器」と総称される、独特な楽器の開発などを行った。一九六二年、NHKの招聘によって来日し、日本の音楽教育関係者に多大な影響を与

を持たなかった点があるように思える。星野モデル的な活動を組織するときに、むしろ重要なのはその点への省察だと考えている。それは次のようなことだ。

「自分たちを取り囲む周りの世界」という「環境」の一般的な定義のもとに、「環境保全」や「環境改善」を考えるのは、言わばマクロな切り口である。しかし私たち一人一人は、その「取り囲む周りの世界」をそもそもどう認識しているのだろうか。人間はそれぞれ、生まれてから自分と周りの世界の関係をさまざまに構築し、構築し直し続けながら育ち、生きていくものである。周りの世界の事象に意味を見出したり、意味を付与したり、それを修正したりし続けていく。そのプロセスは、ミクロな切り口から見ればドラマティックなものであり、特に子どもにおいてはそれが際立っている。そのようなプロセスを導くことのほうが、むしろ音楽の教師としての本領だろう。

ここで紹介する仲間たちも私自身も、音を媒介として子どもの育ちに関わるという、もともとミクロで個人的な経験と関係の深い仕事をしてきた。だからミクロな切り口から、人間が自分を「取り囲む周りの世界」と関わるありように関心を持っている。ここで論じる素材は、「音」を扱うことで子どもが自分の世界を構築するという、きわめて限定されたトピックである。しかしこのミクロな切り口からのアプローチは、決してマクロな切り口からのアプローチと無関係なのではなく、しっかりと連携すべきものだと考えている。

えた。星野は一九六九年に、ザルツブルグのオルフ研究所を短期間だが訪問している。

14▼
戸塚第二小学校において一九九九年から実施された。音楽専科の飯島満子教諭が、日本学校音楽教育実践学会大会において、二〇〇一年、二〇〇二年に報告を行っている。

II 〈環楽器〉探求

1 「ヨイサの会」と〈環楽器〉

「ヨイサの会」というのは、横川さん[15]／池田さん[16]／斉藤さん[17]／佐藤さん[18]という、名前にヨ／イ／サがつく、小学校の音楽専科の先生たちが結成した研究グループの名称で、〈環楽器〉は、「ヨイサの会」による造語である。私は縁あって、五年余り前から「ヨイサの会」のメンバーの授業と研究会に頻繁に参与している。四人ともこの道二〇年前後のベテランで、半端でないやり方で音楽教育に取り組んできた。私にも、文字通り降るように質問を浴びせるので、私はしばしば立ち往生している。たとえば、『学習指導要領』の内容を始めとするトップダウンの指示の矛盾や曖昧さを厳しく指摘する。「教科目標として、豊かな情操を養う、とあるが、どういう状態のときに情操が養われたと言えるのか。」「音楽美とは何を指しているのか。」「なんでこの教材をこの学年でやらなければいけないのか。」「移動ドと固定ドの混在[19]はいたずらに混乱を招くだけではないか。」など。また、音楽の教育をめぐる本質的な問いについて、賢しらに折り合ってしまわず、何度でも考え直し続ける。「芸術の定義は何か。」「義務教育で音楽をやるのは何のためか。」「一人ひとりが学ぶのと集団で学ぶのとでは、何が違ってくるのか。」といった具合だ。

四人はそれぞれ、得意分野も子どもたちと付き合うスタイルも違い、個性的である。しかし十年くらい前から、バックボーンとなる考え方とそれを実践する方法を、この研究会を討論の

15▼ 横川雅之氏。現在は中野区立野方小学校教諭。

16▼ 池田邦太郎氏。現在は奥多摩町立古里小学校教諭。

17▼ 斉藤明子氏。現在は国分寺市立第八小学校教諭。

18▼ 佐藤南氏。現在は青梅市立第七小学校教諭。

19▼ 音楽の伝達や教育にかかわり、音にシラブル（たとえばドレミ…やハニホ…がそれに当たる）を対応させて用いるやり方を、「唱法」という。移動ド、固定ドは西洋音楽における唱法の区別。学校教育における用い方については論争がある。

場として練り上げてきた。その熱意と行動力と人柄は、これまで「ヨイサの会」の研究会に多様な分野の専門家たちを呼び寄せている。作曲家、建築家、エコロジスト、社会学者、音響学者などを始め、既存の分野にはめることのできない人もいる。[20] そうした人々との討論はさらに「ヨイサの会」の実践を深める契機となっている。

この四人が、学校で子どもたちと活動するに際して特別に徹底して行っており、「ヨイサの会」の実践の根底部分をなしているのは、「音を聴くことの重視」である。このことは具体的には、四人の実践における〈環楽器〉の使用と深く関連している。〈環楽器〉の環は「環境」の環。一種の語呂合わせ感覚で生まれた造語なのだが、実はそうとばかりは言えない。これが本稿の主題である。

〈環楽器〉とは何か。「ヨイサの会」が〈環楽器〉という言葉を使うようになったのは五年前、池田さんが、「全日本音楽教育研究会」[21]の全国大会で、研究授業を行う機会を得たときだった。「〈環楽器〉を使って音を楽しもう」と題したその研究授業[22]の指導案に、池田さんは次のように書いている。

[題材[23]設定の趣旨]

身近な環境にある机・鉛筆・紙・石等の様々なものをたたいたり擦ったりする時に出る音の中から、子どもたちが選んだり工夫したりしてつくり出したお気に入りの音を、互いに聴き合う活動を授業で行っている。その音源が〈環楽器〉である。〈環楽器〉はいわゆる「楽器」としての形態や音階を持たないが、音を出す側・聴く側相互の子どもたちの心の中にはさまざまなイメージが広がっている。このような音源で音楽をつくり表現すること

20▼ 作曲家の三善晃氏、野村誠氏、建築家の池田武邦氏、エコロジストで作家でもあるC.W.ニコル氏、社会学者の山岸健氏、山岸美穂氏（故人）、音響学者の平松幸三氏、音楽学者の鳥越けい子氏などが、「ヨイサの会」の活動に多大な関心を払っている。

21▼ 日本における学校音楽教育関係者の最大組織。小学校・中学校・高校・大学の四部会に分かれて、毎年研究交流を盛んに行っている。

22▼ この研究授業の詳細については、阪井恵「音楽の授業づくり過程にみる教師の『音楽的な学力』観」（二〇〇〇年、明星大学教育学研究紀要第十五号）を参照されたい。

23▼ 音楽科において、授業の数時間を使って行う学習活動のまとまりを示す用語。一般的には「単元」と言ってもよい。

は、子どもたちが音や音楽について改めて考え、音楽する上で最も大切なものは何かを感じ取ることに適していると考え、本題材を設定した。

池田さんは、小学生時代から、渋谷にある東京都児童館の工作コーナーに通ってさまざまの素材を扱い、ものを拵えるのが楽しみだったという。保育者向けのテキスト『音のでるもの作ってあそぼう』（音楽之友社、一九八五）を執筆したり、NHK教育テレビ番組[24]で音遊びの裏方として働いたりした経験もあり[25]、いわば手作り楽器の大家なのである。池田さんのこの才能は「ヨイサの会」の求心力のひとつであるが、手作り楽器イコール〈環楽器〉なのではない。

物理的存在としての〈環楽器〉には

① すべての身近なもの

② 「ヨイサの会」がメンバーどうしや子どもたちに触発されながら、創意工夫してつくったもの

③ 子どもたちが、先生である「ヨイサの会」のメンバーや友だちに触発されながら、創意工夫してつくったもの

の三種類が含まれている。機能面からみた〈環楽器〉は、要するに「音を出し／音を聴いて遊ぶ」ための道具で、それは結果的に「すべての身近なもの」から「かなり精巧な手作り楽器」にまで広がっていると言える。これを子どもたちとの活動にどう生かすかについて、「ヨイサの会」のメンバーはこれまでそれぞれに実践をかさね、討論で揉んできた。池田さんの指導案では「いわゆる楽器としての形態や音階を持たない音源」、即ちモノであるように読めるが、〈環楽器〉の定義は、人とそれら物理的存在としてのモノとの関係性を抜きに考えることはできないのである。〈環楽器〉がもともとあるのではなく、〈環楽器〉というアイディアを持ち、

24▼ 番組名は「ワンツー・どん」。放映は一九八八年から一九九五年。

25▼ 池田氏の恩師、国立音楽大学の繁下和雄教授は、紙や竹を素材にした楽器製作や、音楽に関わる音の物理学について、研究が多数ある。これらの活動は繁下教授の指導下での経験だそうである。

〈環楽器〉を発見したり作り出したり、それを持ち寄って音楽活動をするプロセスが、「ヨイサの会」の〈環楽器〉を用いた授業である。そのプロセスを含めて初めて〈環楽器〉という概念が成立するのである。

2 〈環楽器〉探求の実際

「ヨイサの会」のメンバーそれぞれの授業[26]では、日常的に〈環楽器〉が機能している。〈環楽器〉によるジャムセッションや音楽作品づくりなどの展開があるのだが、本稿では〈環楽器〉を用いた活動のうち、〈環楽器〉探求という部分に限定して論述する。これは他に先立つ基本の活動である。いくつか典型的な事例を挙げてみよう。

屋上での昼寝

池田さんがもう何年も前からやってきた「屋上で昼寝をする」という試みがある。授業中、子どもたちと学校の屋上に上がり、そこでしばし昼寝の真似事をするのである。七五センチ×一五〇センチに切った一人用のビニールシートと、教室で座布団にしている防災頭巾を持って屋上へ。五分間だけ昼寝をしようね、静かにして横になってみようね、と誘う。池田さんのクラスでこの時間を共にすると、五分の間に本当にうとうと寝てしまう子がいる。「静かにして目を閉じてごらん。どんな気分？　何が聴こえるかな。でもね、寝ていいんだよ。」これが池田さんの決まり文句である。「寝ていい」ということは、暗に「別に何が聴こえたとか、どんな気分だったとか、特に報告はいらないよ」ということなのだ。

シートに横になり、リラックスする。目を閉じ、深呼吸をする。ラバーを貼った屋上の地面

26▼ 公立学校の教員は、皆同じようなスクールカレンダーのもとに勤務しているため、「ヨイサの会」のメンバーどうしも、互いの通常授業に参加したり参観したりすることは不可能である。授業は完全に別個に行っている。

は少し冷たい。ここでは自分を中心に大きな〈環楽器〉が広がっている。自分も〈環楽器〉の一部なのだ。その体験をあえて書いてみればこんな感じだろうか。

だんだん身体の力が抜けるような気がする。屋上の地面は思ったより硬くない。呼吸に合わせて胸があがったり下がったりする。屋上の手すりの金物の匂い。風が少し強い日だ。シートが冷たい、でもお日様が暖かい。わきの下の辺りで、ぶっぶっと脈が感じられる。お腹の中で腸が動いた。あっきぶーとカラスが啼いた。あっふーと啼く声はずっと遠い。あのケンケン……という音は何かな。工事か。あ、駅に電車が着いたらしい。またケンケンケン……あれは、どこかで鉄の足場を組んでいるのかもしれない。なんてきれいな音だろう。たくさんの音たちがいるのだな。遠くにも近くにも、上のほうからも足元のほうからも、右のほうからも左のほうからもやって来る。

音を聴く時間

授業では随時「音の紹介コーナー」という時間を設けていて、先生も子どもたちも自分の好きな音、発見した音、つくった音などを持参し、互いに聴かせあう。たとえば、こんなものが出てくる。

紹介者「目をつぶってこの音を聴いてください。」

・トラノオ[27]を節ごとにちぎりマッチ棒大にしたもの。これはてのひらで揉むとこんな音が出ます。
・卵の殻をかわかして、粉々に。二〇個分集めてビニール袋に入れて擦ります。
・消しゴムのカスをたくさん集めて貯めました。塩のビンに入れて振るとこんな音です。
・夏休みに沖縄に行って、海でこれを拾いました。サンゴです。こんなふうにぶら下げま

27▼ 実際は、トクサ（砥草）という常緑シダ植物。節の部分の色が異なり、トラの尾のような模様が入っているかに見えるので、子どもたちがこう呼んでいる。

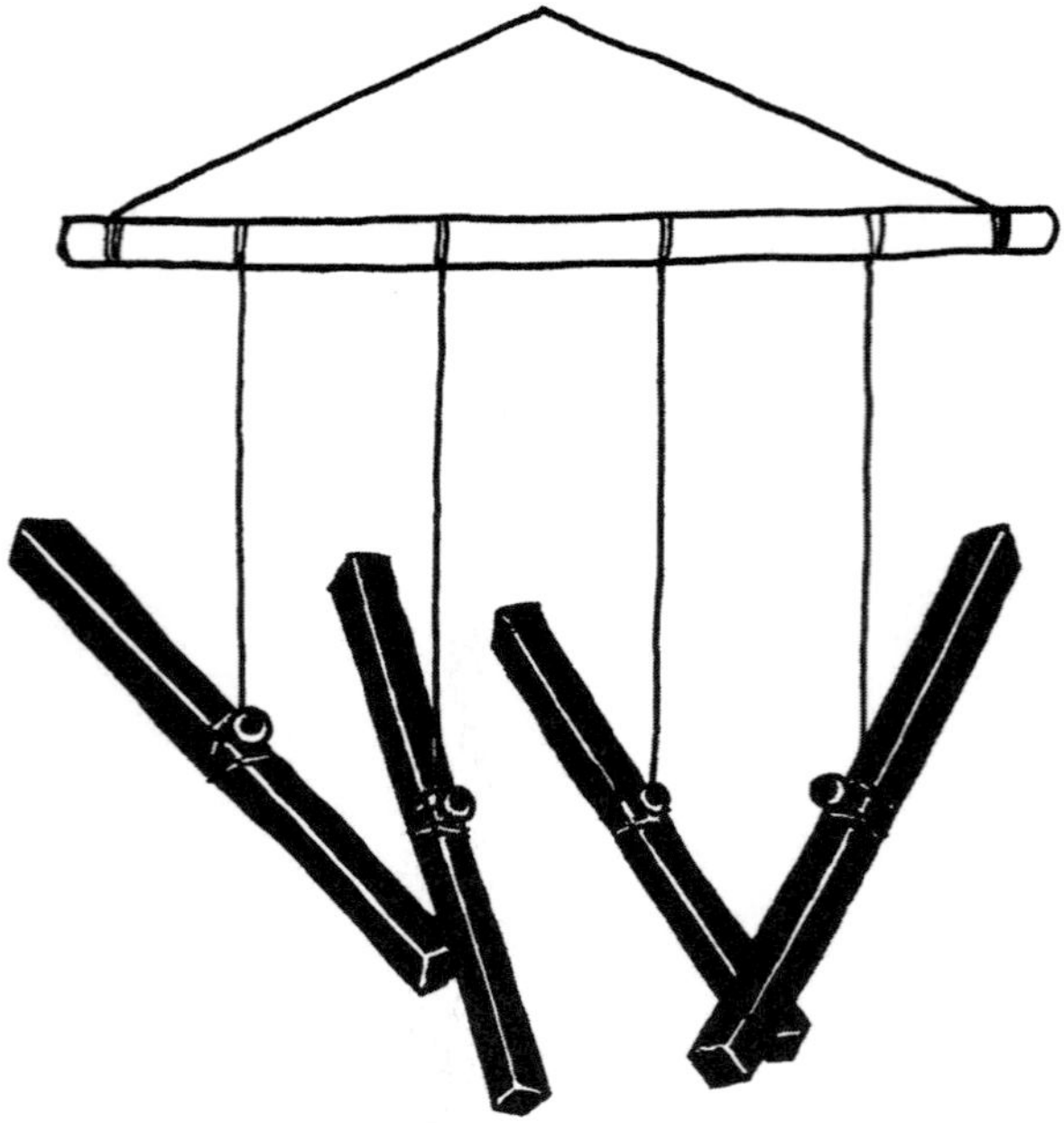

図１　習字用文鎮をぶら下げてつくった音具

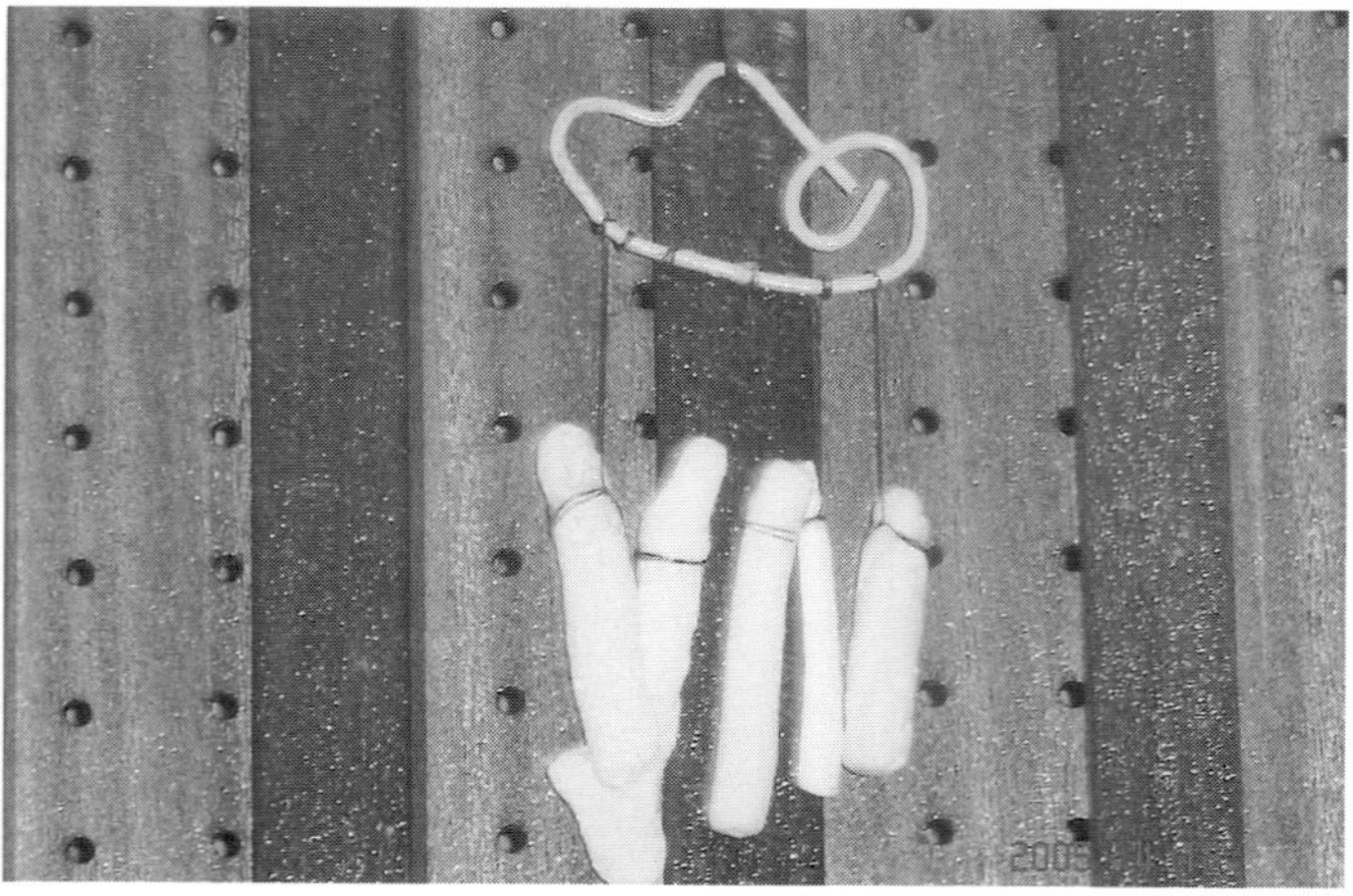

写真１　サンゴをぶら下げてつくった音具

した。（写真1）

・習字のときの、おもしです。重いけど、二つぶら下げてぶつけると、すごくきれいな音がします。（図1）

「音の紹介コーナー」では、通常は子どもたちが何か持ってくる。しかしある日見た斉藤さんのクラス（四年生）では、こんなことがあった。

あつし君による「音の紹介」：

僕のいいと思う音を紹介します。僕のうちのかべが、良い音です。よっかかって耳をつけるの。そんで、つめでしょりって引っかくとね、いい音がする。（斉藤先生コメント：へぇ〜、そうなの。あつし君、ためしてみてくれたんだね。いい音ってどんな音だった？）うんとね、なんか懐かしい音。（わあ！懐かしい音、なのね？　その音、みんなに聴かせたいね。）うん、でも僕の家だから。（ここで他の子どもたちから声：それね、教室のドアでやっても面白いよ。階段の手すりでオレやったよ。）

また、しばしば「音を聴く時間」が設けられる。このときは、係りの子どもが三人くらい、そっと歩き回りながら、他の人たちの耳元にさまざまな音を聞かせて歩く。聴く子どもたちはみな目をつぶり、思い思いに肘をついて伏せたりしている。ビー玉と水のはいったガラスビン、日本酒一升瓶のふたを集めたもの（写真2）、ミュージカルホース[28]を頭上で回す、クシを黒板やポリバケツの底にあてて引っかく[29]、空き缶のプルタブを集めてリノリウムの床に撒く、ステンレスボールに水を少し入れマレットで底を打つ、赤ちゃん用のラトルを回す、セミ[30]を振り回す（図2）、ラムネ菓子のブニュブニュ容器[31]を振る、マリン缶（これについては後述）、ぽむぽむ[32]、スプリング缶カラによる宇宙の音[33]（図3）、など。「ヨイサの会」の先生と付き合って

28▼ 洗濯機、掃除機などのホースのように輪状に溝が入っているホース。振り回すと発音し、その速度により音の高さも変わる。

29▼ 共鳴箱をつけると、素材を問わず響きが大きくなるが、黒板の裏側は空洞であるらしく、黒板は共鳴箱として驚くほど強力である。

30▼ 民芸品として、よく昆虫のセミを模したデザインで売られている。

31▼ ラムネ菓子などを少量入れて販売されている音具。振ると、弁が開閉して、ブニュブニュというユーモラスな音が出る。

32▼ 素材はファックス用紙の芯、内径一センチ三ミリ〜二センチ程度の塩化ビニール管など。長さの違う二本をずらしてガムテープでとめる。手のひらで管の端を打つとポムポムという音がする。

33▼ 「アナポラス」という名前で、民族楽器として出回っているも

写真2　一升瓶のふたをぶら下げてつくった音具

図2　セミを振り回す

図3　スプリング付き缶カラで遊ぶ

いる子どもたちは、音出しの担当になると、互いに以心伝心、上手に合わせたり譲り合ったりして音を出す。むやみに自分の持っているもので音を出し続けたりはしない。

そして、「ヨイサの会」の先生たちが毎回強調して言うことがある。「音を聴く時には、これらの音の音源についてはあまり考えないほうがいいですよ。し〜んとしてみましょう。この音を聴いて気持ちが良いですか？　どの音が気に入りましたか？　好きな音はどれですか？　他のことを頭から追い出して音を聴いてね。あなたは今、音を楽しんでいますか？」また「今日、一番気に入った音はどれですか？」といった問いかけも多い。今日は、どの音にしますか？　その音を持ち寄って、みんなでアンサンブル[34]をしよう、というふうに、授業は〈環楽器〉探求から〈環楽器〉による合奏や音のゲームに発展するのである。

異界の音？

〈環楽器〉探求では、こんなこともやる。サランラップの芯など、直径が三-四センチ程度の筒状のものをたくさん集めておき、ひとり二本ずつ持つ。低学年のクラスは「さて何をするものでしょう？」という問いかけに騒然となる。まず覗き見。チャンバラ。これは「ヨイサの会」の先生たちのクラスだからだろう、ひとしきりの騒ぎの後に必ず両耳に筒をあてがう子が現れる。（図4-①）「わあ。みよおーーーーっとする！」といった子がいた。その状態で目を閉じてみると、視界ならぬ聴界にはどういうことが起こるだろうか。聴界は別世界のものにかわる。プールの中で潜水するときの音だ、と多くの子どもたちが言う、くぐもった聴界が展開する。初めてやった時、私の場合はこんな感じであった。

ごごごご、ばりばり、んごっんごっ、というような体内音、髪の毛が生きて動いているかのような、しかし生き物らしくない硬質な音などが聞こえる。この硬質な音は私の髪の毛

のと全く同じである。

34▼ アンサンブル（ensemble）は フランス語で、もとは、全体、集合、統一、調和などの意。クラシック音楽をする人の間では、複数名（比較的少人数というニュアンス）による演奏のことを指す。「ヨイサの会」のメンバーが「アンサンブル」というときも、せいぜい五-六名までのグループによる、自分たちでつくった音楽の演奏を指すことが多い。全員のアンサンブルということも、もちろんある。

が硬いからだろうか。隣にいるワコちゃんは、たった今生まれたばかりのように額にうぶ毛が張り付いているけれど、ワコちゃんの聴いている音は、私のとは随分違うのかもしれない。

この日斉藤さんは、自分でも筒音を聞きながら、「ねえ、私の筒の先に、手のひらをあてたりはずしたりしてみてよ。」と言っていた。そして、子どもたちにそうさせておいて、「うひゃ〜すごい、すごおい。音が変わる！」と騒ぐ。子どもたちはもちろんわいわい言いながら、友だちと組んでいろいろ試す。二人組みで一本の筒の端と端にそれぞれ片耳をあてがい、新たな聴界の可能性を探る子たちもいた。

筒を使わずに、手のひらだけで両方の（あるいは片方の）耳をふさぎ、手軽に異界の音世界を体験することもある。両手のひらで両耳にフタをすると、いつもと違う聴界が開ける。手のひらをひらりっとすばやく離すと、ひゅわっという音がするし、何回も続けてあてたり離したりを繰り返すと、いっそう独特の聴界が展開する。ようへい君は「オレの息すげえ！」と叫んでいた。潜水士になったように、吸う息吐く息が上半身に響く体験である。（図4-②）

音を楽しむだけでなく

「音の紹介コーナー」は定着していて、誰かが見つけた音は共有財産になっていくのだが、さらに「ヨイサの会」で洗練された「形」を与えられたものもある。たとえば授業中、文字を書いている鉛筆を手放すと、木製の机の上に転がった鉛筆は硬質な音を立てる。鉛筆が複数になり、タイミングをずらすとちょっとした音遊びになる。鉛筆の長さによって、音の高さも少しずつ違う。これに着目した「ヨイサの会」は、学校にたまっている落し物のチビ鉛筆を、何十本も糸でつなぎ暖簾のようなものをこしらえた。（図5）鉛筆は多彩で見た目に美しく、ゆ

図 4—①

図 4—②

図5　鉛筆のノレン

写真3　キララ

れるとぶつかり合ってチリチリピシピシとした音を立てる。見た人は誰もが歓声を上げる〈環楽器〉だ。

「キララ」と呼ぶことになった〈環楽器〉も、始めは包装紙の芯になっている紙筒にビーズやガチャック[35]の弾を入れ、左右に傾けて中身が滑り動く音を聴くだけのものだったが、民族楽器などを参考に工夫を重ねて改良していった。節を抜き、一〇〇本もの釘を打ち込んだ竹筒の中を、ガチャックの弾やビーズやボタンが流れ落ちていく音は、よほどこの種の実験を繰り返した人でなければ、水の音かと聴き紛う。外側も彩色して、工作品としても見ごたえがある。(写真3)

「マリン缶」という名前の〈環楽器〉は、オリジナルのアイディアは次のようである。(図6-①～④)原理は、砂時計と全く同じで、砂が水になり、その水が流れ落ちる音を楽しむ道具、と考えればよい。材料としては、同じ直径の飲料スチール缶を二本用意する。プルタブを取り除き、片方に水を入れ、もう片方を上にかぶせるように置く。このとき穴と穴の位置を合わせるようにし、二本の缶をビニールテープでぴったりとめる。材料の缶のへりにゆがみがなければ、通常水漏れは起こらない。水を上から下へ、流れ切ったらひっくり返してまた上から下へ、流れ落ちるようにさせ、その音を聴くというものである。これは簡単に作れるので、子どもたちはよく作っている。しかしそうこうするうちに、やはり外観を彩色したりさまざまの素材で装飾したりするほうがよい、というアイディアが生まれてきた。今では、周りを粘土でかたどったさまざまの形のマリン缶も出現している。[36]

〈環楽器〉は当初は音を楽しむことだけが主眼であったが、子どもたちと音を探し、試行錯誤を重ねる年月のうちに、音を楽しむだけではなく、自分で工夫して外観も飾ったり彩ったりして、オリジナリティのあるものをつくるほうが良い、という方向性が出てきたわけである。

35▼
近年、ホッチキスに代わる紙どめとして販売されている。紙に傷をつけない利点がある。

36▼
池田さんは、二つのスチール缶によるもの以外に、アルミ缶を五～六段重ねに用い、水が落ち切るまでの時間を長くしたマリン缶も試作している。

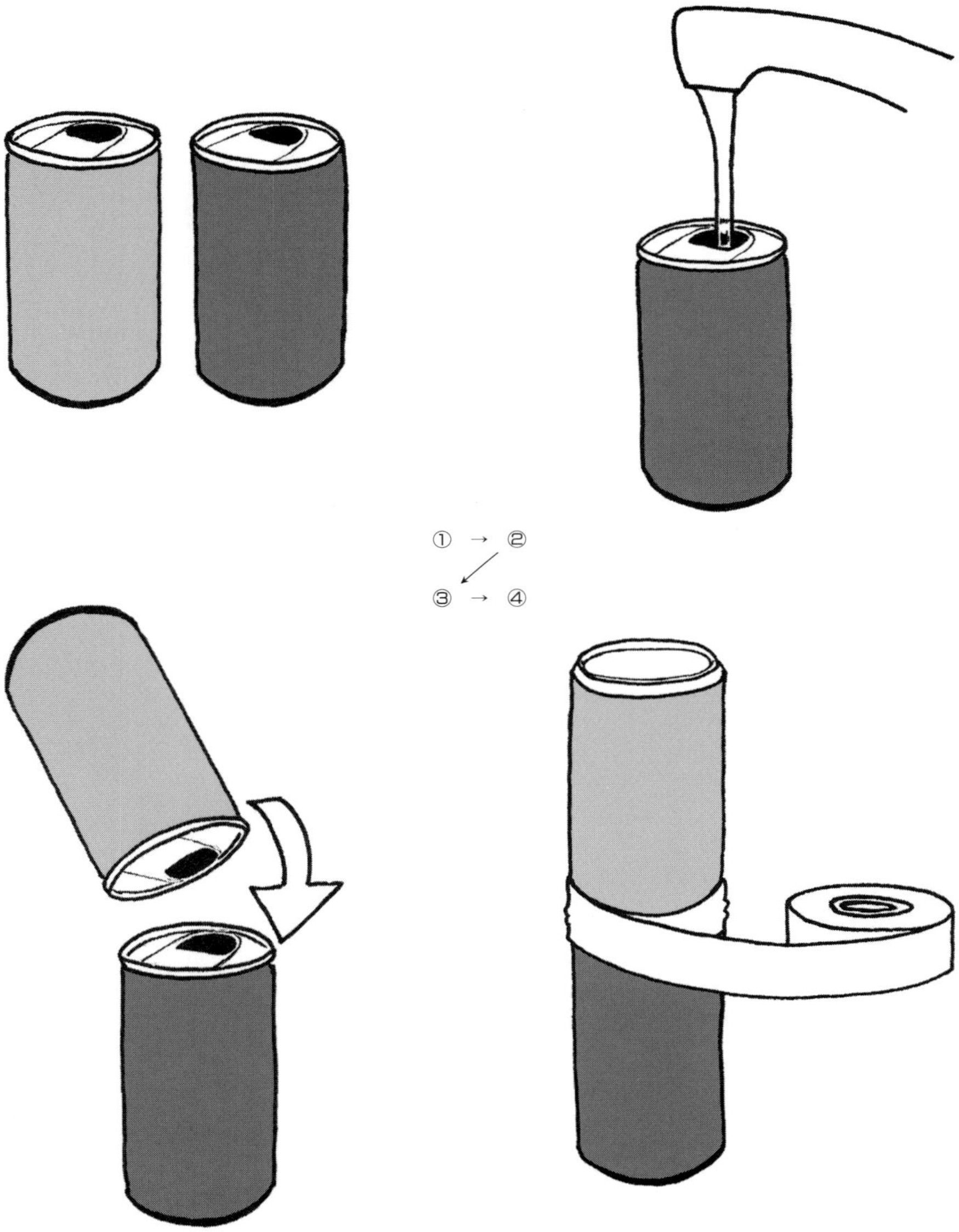

図6　マリン缶の作り方

これも音を楽しむこと?

上述のマリン缶は、中身が水と知らない人には、判断不能の不思議な音を立てるものと受け取られることも多い。子どもたちとマリン缶で遊ぶうち、「ヨイサの会」の誰の現場からか、「冷たくて癒される」「頭に置くと振動で気分が良くなる」などの、音より感触を楽しむ遊び方も生まれてきた。さとみちゃんが真面目に私に話してきたのだが、仕事から疲れて帰るお父さんにきれいに作ったマリン缶を贈ったら、肩こりと頭痛に効く、と喜ばれたそうだ。実はマリン缶には、私自身の体験したエピソードもある。定期的に通って、保育に参与している幼稚園[37]で、子どもたちとマリン缶を作ってみた。できあがったマリン缶で遊んでいた年長の女の子が「これって、あたし、オネショしそう!」と言う。保育者も子どもたちも爆笑してしまったのだが、すかさず年配の保育者が「ほんとねえ。あのね、オシッコが出ない、出ない、って困ってる病気の人やお年寄りがいるのよ。プレゼントするといいわねえ。」このやり取りは、とても自然だったので私は感銘を受けた。マリン缶はなかなか素晴らしい〈環楽器〉なのである。(写真4)

また、次のように、「有るか無きかの音」が話題になることが頻繁に起こっている。

ゆきちゃんによる「音の紹介」:

これをつくりました。聴いてください。(と言って持ってきたのは、ストローでできたパンパイプである。ピンクのストローでできており、シールとリボンで華やかに飾ってある。ゆきちゃんはパンパイプを左右に動かしながら吹くが、発音のための仕掛けは何もないので、しーしーしーという微かな音がするのみである。しかし、ストローの長さによって、しーしーと

37▼
世田谷区三宿にある「あそびの会」。異年齢集団で保育をする小規模な保育グループである。ここで紹介するエピソードの保育者は「かずこさん」といい、若い母親みんなが頼りにしている。

写真4　マリン缶（子どもの作品）

いう音にも音程はつく。）斉藤さんコメント：きれいな楽器ですね～。みんな、ゆきちゃんの演奏、聴こえましたか？　子どもたち：うん聴こえた！（誰かから：ウソだよ、聞こえねーよ。）聴こえたよ！　ちゃんと音が変わるよ。斉藤さん：そうだね。変わったよね。小さい小さい音だけど。子どもたち：もう一度聴く！　ゆきちゃん、やって。（もう一度聴いて。）あっホントだ。音変わった！

そして、ついに「音は出ないけれど音」という事例も出てきている。はるかさんのつくってきた「雨の音」という〈環楽器〉では、果物などを包む厚手のふかふかした白い紙を、雲の形に切り抜いてある。そこに幾筋かの細いブルーの毛糸が貼り付けてある。毛糸のもう一方の端には地面であるというボール紙が付いている。雲を持ち上げ、ブルーの毛糸が下に向かって垂れ下がる、そのときが「雨の音」だと言うのである。

Ⅲ　〈環楽器〉探求の意味を考える

〈環楽器〉を用いた活動のうち、ここでは〈環楽器〉探求の部分についてのみ述べてきた。〈環楽器〉を用いた授業は、実際にはここから発展する。前述したように、探求して気に入った音を持ち寄り、グループで創作活動をしたり、リズムパタンを重ね合わせるゲームをしたり、歌に伴奏音を入れたり、物語や詩に音をつけたり、音楽授業の内容に即して、いろいろに応用されるのである。アンサンブルをするということだ。ここからは、「音を介して人と関わる」やり方が問題になってくる。その中に音楽の生まれる瞬間が、多様に立ち現れる。「音楽の授業」にとっては、もっとも重く扱わなければならない部分である。だが本稿はそこへは立ち入らず、一人ひとりにとっての〈環楽器〉探求の部分を問題にする。

さて、ここで記したような部分について表層的に理解するだけなら、「身近なものから出るさまざまの音に気づく」「身近なもので音を出して遊んでみる」「身の回りの音に耳を開く／さらに進めて五感を開く」ための活動をしているということになる。現に今、多くの学校の音楽科カリキュラムの中で、「周囲の音に耳を開こう」、「身近なものから出る音を楽しもう」などの題材が見られる。それがいわゆる環境教育寄りに展開すれば、前述の新宿区立小学校の「わたしたちのまち『高田馬場』音と耳と心」のようになる。音楽教育寄りに展開すれば文学作品や演劇に音を付けてみる活動や、純粋に「響きをつくる」といった創作活動などが行われる。このような活動は「ヨイサの会」も行っているし、前述した星野が挙げた七項目は、その両方に広がっているわけだ。そのような実践のノウハウは書物や研修会を通じて伝播していき、個々の現場において少しずつ表面の装いを変えて行われている。そして、環境教育を目玉としてうたっている学校においては、音楽科も環境教育に何がしか貢献度があるのだというアピール戦略としても使われている。

しかし問題にすべきは、子どもたちに何を育てたいか／このような活動をともにすることにどういう意味があるのかを、子どもの経験というミクロなレベルで問う深さである。それを突き詰めている実践がどれだけあるだろうか。

屋上で横になり目を閉じて過ごしたり、サランラップの芯でまず遊んだりして過ごす経験がもたらすものを、子どもたちは十分に記述したり説明したりはできない。私たちもまた、このことによって具体的に何が得られるか、子どもたちや自分の何がどう変化したか、説明することはできない。(リラックスし、笑いのある場を設定することが、音楽をするには必要なのだ、と対外的には説明したりもするのだが。)「ヨイサの会」の先生たちは、子どもにほとんど感想も説明も求めない。ただ、場所を変え材料を変え、繰り返しそのような時間を設けているだけである。無論、子どもたちを「音」を介した活動を通じて育てていくという、見通しは持っているのであるが。

また壁に耳をあてて、引っかく音やたたく音を聴いている子、マリン缶を頭や首筋にあてて何回もひっくり返している子、手のひらを耳にあててパタパタやっている子、この子たちは何をしているのだろう。この子たちが経験しているのは、〈環楽器〉の振動にじかに触れている本人にしか知覚できない聴覚・触覚世界である。ここでひとりひとりの聴界に立ち現れるものは、音であるかどうかさえ、定かでない。

しかし、たとえば聴覚障害を持ちながらも独自の「音」あるいは歌や響きを楽しみ、表現の手段としている人々がいる。耳の不自由な森壮也さん[38]は、自分には聴者とは異なった音世界があって、それは聴者から見ればひとつの不全性ということだろうが、自分はそれを異形性というふうに読み替える仕事をするのだと語っている[39]。また、聴覚障害児のための音楽教育活動をしている作曲家の佐藤慶子さんは、その著書[40]の中で、教え子たちが「まつ毛で音を受け止めて」アンサンブルをすることができたり、お母さんのおならを床伝導で(?)ちゃんと聴き取っていたりするというエピソードを紹介している。このことは、まさに聴覚を始めとする感覚が、自然に与えられるものではなく、私たち一人ひとりがつかみ取るものだということを考えさせる。

「ヨイサの会」の人たちは、音源を考えるよりも「とにかく聴いて。」「この音は気に入りま

38▼ 早稲田大学手話サークルでの活動を契機に、研究職の傍ら、聴覚障害児のための音楽ワークショップのスタッフとして活動している。森壮也(一九八九→参考文献)の中で、ヴァイオリンやトランペットの演奏を楽しんだ体験や、音楽の聴き方を聴者の友人との交流で学んだ体験を述べている。

39▼ 同文献二〇四頁。

40▼ 佐藤慶子(二〇〇二)→参考文献

したか?」「気に入る音はどれですか?」「面白い音はどれですか?」「あなたはどれが好きですか?」と、これは執拗とも言えるほど問いかける。「ヨイサの会」が大切だと考え、あえて時間を費やしているこのような経験は、いわゆる鑑賞活動でも表現活動でもない。何かをただ自分の中に取り込む(impress)のでもなく、自分の中から外へ表す(express)のでもない。徹底的に自分を中心として、自分自身の感覚を確認しながら外界と関係を構築していくプロセスではないだろうか。

このプロセスを考えるとき、かつて自然科学に「環境」をとらえる新しい視点を投じたと言われる、ユクスキュル(Jakob von Uexküll)[41]の「ウムヴェルト Umwelt」という概念は参考になる。ユクスキュルは一九三〇年代の著作[42]において、さまざまの生物が認識する世界像を具体的に論じ、人間と事物の間の関係をつなぐ空間や時間が、他の生物と事物の関係をつなぐ空間や時間と、同じだと考えることは誤りだと指摘した[43]。それぞれの生物、その個々の主体には、「ウムゲーブンク Umgebung(語義的には、周りに与えられているもの)」すなわち客観的な環境があるのではなく、その個々の主体が、知覚に基づいて自分にとって意味のあるものを認識し、その意味によって構築している世界「ウムヴェルト Umwelt(語義的には、周りの世界)」があるのみだ、と言ったのである。生物学の、しかもダニやハエやイヌといった動物を具体例に挙げてユクスキュルが提示した概念を、ここで、人間の個人について使用するのは問題があるかもしれない。しかし、一人ひとりの人間が、自分を「取り囲む周りの世界」をどのように認識しているのだろうか、というミクロな切り口から考えてみるとき、「ウムヴェルト」という概念は有効であるように思う。

下等な生物の主体にとっては、意味のあるものとは、もっぱら生存と繁殖に必要なものであ

41▼ドイツの生物学者。

42▼ユクスキュル/クリサート(一九七三、および二〇〇五→参考文献)。訳者の日高敏隆氏は、日高(二〇〇三→参考文献)ではUmweltを「環世界」という訳語で紹介し、二〇〇五年の新しい全訳版においても、この訳語を用いている。

43▼ユクスキュル/クリサート同書二七頁。

るにすぎない。しかし人間の場合、自分にとって意味のあるものとは、生存戦略として必要な事象から、複雑な、想像的・創造的関与を経て成り立っている抽象的な事象にまでわたる。この想像的・創造的意味の働きがきわめて大きい位置を占めているのが人間の「ウムヴェルト」であろう。本稿で問題にしている「音」の知覚を例にとれば、人間はその可聴音域の範囲で、生存や安全と関わるシグナルとして音を意味づけたり、生理的な快/不快といった意味づけを見出したりするが、またその上に、想像的・創造的な能力を関与させる。その結果、時間的空間的に離れているものや、現前しないものと結びつけて意味づけを行うことさえ、普通に行っている。たとえば歌舞伎上演の場では、観客が太鼓ひとつの音によって、しんしんと降る雪を、寄せては返す波を、異界の者の登場を、しっかりと感得する、というように。人間のこのような能力を前提として成立している事例は、枚挙に暇がない。

〈環楽器〉の探求は、子どもたち一人ひとりが、「ウムヴェルト」を生き生きと更新していく経験と、その自発的な習慣化を志向する活動だと言えよう。〈環楽器〉探求の経験は、子どもたちが自分を「取り囲む周りの世界」に対して、想像的・創造的に関与し続ける場を提供している。また授業でそれを行うことは、互いの「ウムヴェルト」構築の仕方に触れ、それによって自らの「ウムヴェルト」を豊かにする契機ともなっている。「し〜んとしてみましょう。聴いて。この音を聴いて気持ちが良いですか? どの音が気に入りましたか? 好きな音はどれですか? 他のことを頭から追い出して音を聴いてね。あなたは今、音を楽しんでいますか?」という執拗な問いかけは、一人ひとりの子どもたちに多様な意味づけ、すなわち「ウムヴェルト」構築と更新の、契機と力を与えたいという願いでもある。[44]

「ヨイサの会」のメンバーが組織の一員として仕事をしている学校という世界では、今この

44▼ ここで述べたユクスキュルと「ウムヴェルト」の概念については、生物学者の日高敏隆(→参考文献)、および建築家の瀬尾文彰(→参考文献)の論考から多くの示唆を得た。

ようなことを行っていくのはなかなかに困難である。音楽科でも授業は定式化され、その中では成果の見える学習活動が奨励される。その結果、音や音楽の体験に関することも、言語や記号を介在させて、見える形に表して処理される傾向にある。「箏の音の高さの揺れがききとれた」「ピアノがタカタカ・タカタカと動くこの繰り返し—楽譜で見るとこの部分になります—が、水の輪が広がっていく様子を表すようだ」など。このような言語や記号は、それが指示している事象をめぐって、自らの「ウムヴェルト」をまだ十分に構築していないうちにただ外部から与えられると、むしろマイナスに働く。想像的・創造的な力を弱めてしまう、否、そのような力の芽を摘んでしまうからだ。そして、これを強調したいのだが、想像的・創造的に自らの「ウムヴェルト」を構築するためには、実際には相応の時間と、心身による試行錯誤がどうしても必要である。しかし残念ながら、学校に流れている時間は、こうした心身の試行錯誤になじまないのが実情である。

本稿は、〈環楽器〉探求という活動について、「音」を核としながら、自分と「取り囲む周りの世界」の関係を創造的に構築する試みという視点から論述してきた。これは、音楽教育から「環境」を考える視点としては、「音の環境問題」のようなマクロな切り口に対して、ミクロな個人的な切り口である。しかし、たとえば前述した「私たちの町『高田馬場』音と耳と心」の実践例を考えてみよう。これが真に有意義なものでありうるとすれば、それは最終的にはこの実践に関わった人が、自分と、町の音環境すなわち「取り囲む周りの世界」との関係をしっかりと構築し、またそれをたえず更新するというプロセスを、確かに踏んで生きているかどうかという問題にかかってくるのではないだろうか。つまりマクロな切り口からのアプローチも、実はミクロな個人的な切り口からのアプローチと呼応しあってこそ、生かされるのではないだろうか。両者は連携するべきもの、と先に述べたが、それはこのような意味である。そして私は、子どもと共に歩む大人が、ここで述べたようなミクロな切り口から取り組める仕事は多く、またその方法を真摯に深める必要があると考えている。

（イラスト　佐原苑子）

［参考文献］

池田邦太郎（編著）『音のでるもの作ってあそぼう』音楽之友社、一九八五年。

岩宮眞一郎『音の生態学　音と人間のかかわり』コロナ社、二〇〇〇年。

大橋力『音と文明　音の環境学ことはじめ』岩波書店、二〇〇三年。

岡本夏木『子どもとことば』岩波新書、一九八二年。

岡本夏木『ことばと発達』岩波新書、一九八五年。

カーソン『センス・オブ・ワンダー』上遠恵子訳、新潮社、一九九六年。

桂直美／豊村雅義／飯島満子「音楽活動を含む『総合的な学習の時間』の展開」、『学校音楽教育研究 2003 vol.7』、日本学校音楽教育実践学会編、二〇〇三年、八-一三頁。

グリフィス『現代音楽小史　ドビュッシーからブーレーズまで』石田一志訳、音楽之友社、一九八四年。

阪井恵「音楽の授業づくり過程にみる教師の『音楽的な学力』観」、『教育学研究紀要第一五号』、明星大学教育学研究室編、二〇〇〇年。

佐藤慶子『五感の音楽』ヤマハミュージックメディア、二〇〇二年。

佐藤学／今井康雄（編著）『子どもたちの想像力を育む』東京大学出版会、二〇〇三年。

シェーファー『教室の犀』高橋悠治訳、全音楽譜出版社、一九八〇年。

シェーファー『世界の調律』鳥越けい子他訳、平凡社、一九八六年。

シェーファー『サウンド・エデュケーション』鳥越けい子／若尾裕／今田匡彦訳、春秋社、一九九二年。

シェーファー／今田匡彦『音さがしの本　リトル・サウンド・エデュケーション』春秋社、一九九六年。

繁下和雄『実験音楽室　音・楽器の仕組みを楽しく学ぶ総合学習』音楽之友社、二〇〇二年。

瀬尾文彰「環境的な〈もの〉」、小川博司／庄野泰子／田中直子／鳥越けい子編著『波の記譜法』、時事通信社、一九八六年、一七五-一九三頁。

関根秀樹『新版　民族楽器をつくる』創和出版、二〇〇三年。

長木誠司監修『作曲の20世紀』音楽之友社、一九九二年。

テイラー『音の不思議を探る』佐竹淳／林大訳、大月書店、一九九八年。

鳥越けい子『サウンドスケープ　その思想と実践』鹿島出版社、一九九七年。

鳥越けい子「『サウンドスケープ』の思想をめぐって」、藤井知昭責任編集『現代と音楽』、東京書籍、一九九一年、一二九-一七四頁。

長谷川有機子『心の耳を育てる』音楽之友社、一九九八年。

ハント『音の科学文化史　ピュタゴラスからニュートンまで』平松幸三訳、一九八四年。

日高敏隆『動物と人間の世界認識』筑摩書房、二〇〇三年。

星野圭朗『創って表現する音楽学習　音の環境教育の視点から』音楽之友社、一九九三年。

牧康夫『人間探求の心理学』アカデミア出版会、一九八二年。

メーカ『失聴　豊かな世界の発見』鴻巣友希子訳、晶文社、一九九八年。

森荘也「聴こえない世界からの音楽考」、山田宗睦編著『耳は何のためにあるか』、風人社、一九八九年、一八四-二〇七頁。

文部省『小学校学習指導要領』および『中学校学習指導要領』平成一〇年。

山田陽一編『自然の音・文化の音　環境との響きあい』昭和堂、二〇〇〇年。

やまだようこ『ことばの前のことば』新曜社、一九八七年。

山本文茂「心の表現に迫る学習方略の展望」、日本学校音楽教育実践学会第七回大会パネラー発表資料、二〇〇二年。

ユクスキュル／クリサート『生物から見た世界』日高敏隆／野田保之訳、思索社、一九七三年。

ユクスキュル／クリサート『生物から見た世界』日高敏隆／野田節子訳、岩波文庫、二〇〇五年。

ヨイサの会『「音」を「楽」しむ『音楽』の旅』音楽之友社、二〇〇一年。

ワロン『身体・自我・社会　子どものうけとる世界と子どもの働きかける世界』浜田寿美男訳編、ミネルヴァ書房、一九八三年。

ダイアローグ

閉じることによって開かれるもの

「聴く」ことの次元

林伸一郎

「わあ。みよおーーーっとする！」「うひゃ～」「オレの息すげぇ～！」「あたし、オネショしそう！」「あっホントだ」、阪井が報告する「〈環楽器〉探求」の現場にあふれる無邪気な声だ。

これらの声はどれも「音を聴く」という経験を通して出てきた歓声である。しかも「音を聴く」時、「目を閉じてごらん」、「目をつぶってこの音を聴いてください」といった指示がその経験を際立たせている。私たちは目をつぶらなくても、音を聴くことはできるし、実際、聴いているのだから、わざわざこのように指示する必要もないようにも考えられる。この「音を聴く」経験の際立たせ方は一体、何を意味しているのだろうか。

そもそも「音を聴く」という時の音はどこにあるのだろう。何か形あるものならここにある、と指示することができるのに、音に関してはそれは不可能だ。あえて言うなら、音は到るところにある。音は遍在する。だから音は、何かを見るという経験の仕方では経験できないもののようだ。音を聴くということは対象としての音、対象として「ここにあるこの音」という風に、特定される音を聴くということではないのだろう。それはまた「聴く」というあり方が「見る」というあり方とは違うことを意味しているのではないか。それでも音を聴くという時、私たちはある音という特定される対象があって、それを聴くのだ、というように理解しがちである。思考の習慣はあまりにも根深いというべきか。それもそのはずで、よく知られていることだけれども、既に二〇〇〇年以上前にプラトンは人間を、洞窟の中、その奥に向けて並べられ、奥の壁に映る影を見て、それを実在だと思いこんでいるような存在として、つまり「見る」ものとして形象化していた。[1] この習慣はそれだけの歴史を持っているとも言えるだろう。

　このような、自己から見るという見方、いつも物を対象的に見るという経験の場は、哲学者の西谷啓治によると、我々の日常的な生活の根底にある場であって、この自己と事物との本質的な離隔の場こそ意識の場であると言う。[2] どうも私たちの日常的な経験は「見る」という態勢を基本的な態勢としているようだ。そうであるなら、「目を閉じて、つぶって」という指示はそのような態勢を一時棚上げにすることを意図している、と考えることはできないか。そのようにして生徒たちは見る者から聴く者に変わるのである。

　さて「見る」という態勢での経験をひとたび括弧に入れて、つまり「目を閉じて」「音を聴く」時、何が経験されるのだろう。そこで経験されるのは、阪井の言葉を借りると、「別世界」「異界」の音世界、聴界である。それは「ぶっぶっ」という脈動だったり、「ごごごご、ばりばり、んっごっんごっ」という体内音、また「吸う息吐く息が上半身に」響く音だったりする。また「遠くにも近くにも、上のほうからも下のほうからも、右のほうからも左のほうからもやって来る」音でもある。目をつぶった状態で経験されるこれらの音の出来事は、響き、あるいは共鳴として、聴いている者自身の内的空間を開き、また、「遠く、近く、上、足元、右、左」といった自分の周囲に、いわば外的空間を開いていく、動的な出来事である、と言うことができよう。J-L. ナンシーというフランスの哲学者は「聴くこと」を主題とする著書の中で、音

1▼
プラトン、『国家』、第七巻冒頭参照。

2▼
西谷啓治、『宗教とは何か―宗教論集I』、創文社、一九七九年、一三頁。

の現在は「空間内を広がるというより、自らのものである空間［つまり音の共鳴空間］を開く」出来事だと言っている。[3]

この音の出来事は同時に聴くことでもあろう。聴く者は音の出現とともに聴く者となる。その点で「聴く」経験は「見る」経験と異なっていると言うことができよう。つまり、見る対象は、目を開けばそこにある、つまり見る前に既に見るものの自由になるものとしてそこにあるのに対して、音の現前は聴く前にあるのでなく、到来する。だから聴くということは、聴く者と音との間に対象関係が成立する前に、音の出来事と同時に開かれる経験なのだ。そこでナンシーは「聴くこと」を、音が開いていく空間に入ることだと考え、しかも「それによって同時に私が侵入されるような空間性の中に入ることだ」と言う。そしてそれを次のように説明するのである。「なぜならその空間性は私の周囲に開かれるのと同じように私の中に開かれるからであり、私へと開かれると同様に私から開かれるからであり、この空間性が外へと私を開くと同様に私の中で私を開くからである。[4]」

要するに聴くということは、ナンシーによれば、音が開く音響空間の中に入ることであるが、それは同時に音響空間が自分の中にも開かれること、したがって自分も共鳴することなのである。つまり聴くとは外と内とにおける、外から内への、内から外への、音の共鳴という出来事である。こうして聴くことにおいては、自己と世界、内と外が音の出来事によって開かれるそれぞれの音空間として分割されると同時に、それらがまた互いに共鳴しあってもいる。聴く経験とはこのような何重もの響き合い、共鳴の経験であると言えようか。ナンシーは、聴くということを以上のように理解して、視覚的なものをミメーシス的（模倣・再現の次元）と特徴づける一方で、音響的なものの特徴をメテクシス的（参与、分割＝分有、あるいは感染の次元）と規定している。[5]音響の場をこのように規定することは、例えばコンサートの場におい

[3] Jean-Luc Nancy, *A l'écoute*, Galilée, 2002, p. 32.

[4] Ibid., p. 33.

[5] Ibid., p. 27.

て、聴衆が音を、音楽を聴きながら、次第に手拍子をたたき、足で拍子をとり、そのうちに自然と立ち上がり、踊り出し、歌い出すようになる、そのような経験をよく説明しているように思われる。コンサートはコンチェルトを意味する言葉でもあるが、聴衆は、響きという次元において、協奏している・響き合っているとともに、concertare（争う）という語源が示すように、響き返しているようでもある。

私にとって阪井論文の中で最も印象的な記述の一つは、聴覚障害を負った子供たちが、「お母さんのおならの音を床伝導で（？）ちゃんと聴き取って」いるという報告であるが、「聴く」ということを以上のようにメテクシス的次元での出来事として考えると、この子はまさにおならを「聴いている」と言うことができるだろう。おならの響きは、その子の内に共鳴空間を開き、こうしてこの子はそれを分け持つ。この子はそのような仕方で母親から別れながら、その響きを発信した同じ母親とこの響きによって繋がっている。そこにおいて母と子とは響きによって内と外として分割されながらも、その同じ響きによって接触し、感染しあっている。つまり分割＝分有されている（partager）のである。

この分割＝分有の響きは音の高低・強弱・長短といった要素とは別の、しかしそれがなければそれらの要素も存在しないようなもの、つまり音色として体感される。ヴィトゲンシュタインは音と区別される音色を私的経験の、したがって伝達できない経験の特権的イメージとした。[6] 先ほどの例で考えると、音色はその子の伝達不可能な私的経験として、聴くことの内で響いている。この音色はこの子自身の分割の響きである。また同時に音色が共鳴である以上、それは伝播してきたものであり、そのようなものとしておならの発信者である母親の響きであり、その音色は母親の分有としての響きでもある。だからこそナンシーは、共鳴すること、響きとなること、つまり聴くことにおいては、自己と世界、自己と他者とは「まったくの一、複

6▼
L. Wittgenstein, "Notes sur l'expérience privée et les *sense data*" dans *Philosophica II*, TER, 1999, p. 7 et 15, mentionnés par J-L Nancy, op. cit., p. 78, n. 1.

ダイアローグ

数形の一」だと言う。[7]

以上のように見てくると、「聴く」という経験は、「見る」という経験と対照的に捉えることができそうである。「見る」という経験においては見るものとその対象が見る経験以前に別々のものとしてある、と想定されている。だからそれは「離隔の場」にあると言われた。それに対して、「聴く」という経験においては聴くことが音の出現と同時的に、その音の共鳴として成立する。ナンシーの言うメテクシス的次元で成立する「聴く」という経験においては、自と他、自分と世界とが別なものでありながら、響き合っているのであって、響きにおいて一であり、音の共鳴である音色として自己とともに他者や世界が体感されるのだ、と言えようか。まさに「自分も〈環楽器〉の一部」なのである。

阪井論文においては〈環楽器〉の探求における豊かな音体験のさまざまな具体例が紹介され、その体験の教育的意義について考察されている。そのような体験をさせることで子どもたちに何を育てるのか、それが考察の対象である。〈環楽器〉の探求という作業は、「聴いた音」を執拗に意識化させることで、周囲の世界、周囲の人々と創造的・想像的に、したがってさまざまな仕方で関わっていくことを可能にしている。子どもたちは、そのようにして、周囲の世界に働きかけ、新しい音を発見し、好きな音を再現し、さらに周囲の人々とその音を響かせあう。このような創造的・想像的な周囲の世界との関わりを可能にすることこそが音楽教育としての〈環楽器〉探求の意味であると考えられている。

したがって、「音を聴く」経験自体の解明は阪井論文の問題ではない。しかしながら、環境との関わり方の創造性・想像性は、あるいは身の周りの世界と関わろうとするその能動性は、また〈環楽器〉を用いる授業での子どもたちの無邪気な歓声は、音の出現と共に、そのつど開

[7] Ibid., p. 79.

かれる、この新しい次元の新鮮な経験―私たちの日常の経験の仕方では隠されてしまっている次元、その経験の仕方を一端棚上げすることで際立ってくる次元の経験―、そのリアルな体感から息吹を得ていると考えることはできないだろうか。また私たちは「見る」という仕方で世界へ関わらざるを得ないのだとしても、もし聴くことが、ナンシーが考えているように、内と外、私たちと私たちを取り巻く世界との「分割と分有、区別と参与、切断と感染」[8]のリアルな経験であって、その経験をふまえて世界と関わることが可能であるなら、私たちを取り巻く世界はまた別の様相を呈し、それとの関わり方は自ずと変質してくるのではないか。「聴く」ことが開くもう一つの次元が、経験にそのような深みを与えるのであれば、「聴く」ということを問うこともあながち無意味ではないように思われるのである。

8▼
Ibid., p. 33.

「暗い森」、または理性の系譜学

ヴィーコの「森」をめぐって

村井則夫

1 象徴としての森

誤謬としての森、自然としての森

「人生の途半ば、正しい道を踏み外し、私は暗い森の中にいた[1]」。『神曲』がこの有名な詩句で幕を開け、地獄から始まり煉獄における浄化を経て、天国における救済を記述していくように、ダンテにとって森とは、罪と過ち、正統的教義からの逸脱、神からの離反を意味していた。騎士道文学の常套表現どおり[2]、ダンテが迷いこんだ「暗い森」(selva oscura) は、健全な判断力を奪い、方向感覚を狂わせ、魂を翻弄する迷誤を象徴するものである（図1）。不安と動揺、闇と狂気への恐怖、放縦と無秩序への怖れが、ダンテの暗い森には深々と浸透しているかのようだ。『神曲』に心酔し、自ら画筆を揮って挿絵を描いたブレイクは、全面を青の色調で覆うことによって、この森に漂う沈鬱な空気を表現している（図2）。この挿絵を描いたブ

1▼ Dante Alighieri, *Commedia Divina*, Inferno 1〔ダンテ『神曲』（集英社）〕

2▼ E.R. Curtius, Europäische Literatur und lateinisches Mittelalter, Bern/München 1948, S. 366.〔クルツィウス『ヨーロッパ文学とラテン中世』（みすず書房）〕

図1　ギュスターヴ・ドレ（Gustave Doré 1832-1883）による『神曲』の挿絵

図2　ウィリアム・ブレイク（William Blake 1757-1827）による『神曲』の挿絵．
未完成ではあるが、全体が水彩で青色に着色されている．

レイク自身も、『無垢の歌・経験の歌』(Songs of Innocence and Experience)の中で、「愚かさは終わりなき迷路、もつれた根がその道を悩ます」と歌ったとき、そこでは絡み合う根が正しい道を覆い隠し、迷いと混乱を生む誤謬の森が思い描かれている。[3] いずれにせよ、ダンテの場合でもブレイクの場合でも、森とは、闇に閉ざされ、進むべき道を見失わせる迷いと混乱、誤謬と過誤の象徴なのである。理性の光の届かない森は、知的な理解を阻むと同時に、行為の正しさを歪め、道を踏み迷わせるものとして理解されている。

鬱蒼と茂る森が人間の魂を翻弄し、「自然の光」(lumen naturale)と呼ばれる理性の照射を受けつけない闇である限り、それは理性にとっての脅威として、理性に拮抗し、その能力の前に立ちはだかる。しかし、そのような理性にとって異質な領域である「森」は、もっぱら理性の働きを脅かすだけのものではない。なぜなら、森の中でも理性はなおも、完全に停止するわけでなく、繁茂する樹々のあいだから差し込むわずかな光を頼りに、手探りでその歩みを続けるものだからである。だからこそ、迷いこんだ森の中でダンテは、ベアトリーチェから遣わされた導師ウェルギリウスに出会い、彼の導きによって世界の全圏域をめぐる旅を始めることができたのである。確かに理性にとって、森は自らの手にあまる恐るべき領域ではあるが、理性はその森の中でけっして消滅することはなく、「迷い」というかたちであるにしても、なおも存続し自らの仄かな光を燈し続ける。その意味で、森は理性にとって異他的でありながらも、理性が歩み続け、自らの道を見出すための「場」でもある。そのため、森は理性が全面的に統御しうるものではなく、むしろ理性を含め、およそ存在する限りのありとあらゆるものを支える「自然」の象徴であるとも言えるだろう。森は誤謬と混乱の寓意である限りは、理性に敵対する非理性を意味するが、理性自身が存在する場としては、理性をも含みこむ包括的な次元を暗示する。つまり、この「森」という形象の内に姿を表しているのは、理性と非理性という仕

3 W. Blake, The Voice of the Ancient Bard, in: *Songs of Innocence and Experience*〔『ブレイク全著作』梅津濟美訳(名古屋大学出版会)〕

方で単純に割り切ることのできない問題なのである。

自ら生成し変転するものとみなされた古代ギリシア的な「自然《ピュシス》」理解の内にはすでに、このように理性と非理性、人為と自然といった二項対立には収まらない独自の理解が展開されていた。その典型的なものが、プラトンの『ティマイオス』で言及される謎めいた「場《コーラ》」（χώρα）であろう。この「場」は、「〈あるもの〉と〈生成〉にならぶ第三の種族」[4]と呼ばれ、「存在」と「生成」の中間という位置づけを与えられており、それが「理性の対象」と言えるかどうかという点に関しても、きわめて曖昧な記述がなされている。まさにデリダが語るように、「プラトンが場《コーラ》の名で指し示しているものは、……〈哲学者たちの無-矛盾の論理〉を、すなわち、〈二項的な然りか否か〉の論理を挑発しているように[5]」思えるのである。まさしくここでは、矛盾律ばかりか排中律をも裏切るような何らかの第三のものが示唆されている。プラトンの「場」は、すでにアナクシマンドロスが「万物の根源《アルケー》」を「未規定のもの《ト・アペイロン》」と名指したことをも髣髴とさせながら、二項対立によって処理不可能でありながら、「根源」と呼ばれるような原理的次元を示唆しているのである。

そしてこうした次元において、われわれはいわば順路を一巡して、再び「森」の形象に出会うことになる。なぜなら、プラトンの「場《コーラ》」は、やがてアリストテレスの明晰な論理によって整理され、理性原理としての「形相」に対して、物質的原理としての「質料」という仕方で論じられるに至るが、この物質原理が、「ヒュレー」という語によって、つまりギリシア語でほかならぬ「森」を意味する名詞によって名指されたからである。個々の事物が成立する以前の原初的な混沌がなぜ「森」と呼ばれなければならなかったのか、その間の事情はかならずしも明らかではない。[6]しかし、両者の言語上での繋がりは疑う余地がない。そのために、のちのカルキディウス（Calcidius 四〇〇年頃）による『ティマイオス註解』（Commentarius in

4 Platon, *Timaius*, 49 A.〔プラトン『ティマイオス』（岩波書店）〕

5 J. Derrida, *Khôra*, 1993.〔デリダ『コーラ』（未來社）〕

6 物質を表すラテン語materiaに関しても同様のことが言える。そのために、materiaを語源とする英語のmatterにも、古くは「森」ないし「木」を意味する以下のような用例がある。Nowe matere is to falle. For pale, or hegge, or hous, or shippe. (c1420 Pallad. on Husb. ii. 437), cf. art. 'materia', in: *Oxford English Dictionary*.

Timaeum) でも、「ヒュレー」に相当する訳語として、ラテン語で「森」を表す silva の語が用いられているのである。

自然思想が大規模に繰り広げられた一二世紀のシャルトル学派においては、このカルキディウスによる註解の伝統に従いながら、ベルナルドゥス・シルウェストリス（Bernardus Silvestris 一一〇〇頃―六〇年頃）がその『宇宙誌』（Cosmographia）の中で、ギリシア語「ヒュレー」とラテン語「シルウァ」の語を交互に用いて、宇宙の生成を叙述している。ここでは、世界創成の場面において、原初的な混沌としての物質的原理たる「ヒュレー」および「シルウァ」が明確に語られている。

「シルウァはなお頑迷で、形なき混沌にして争いに満ちた集合であり、色なき実体の面持ちをした不調和の塊である。……では、なにゆえに内在する軋轢と、鎖に結ばれた諸事物間の闘争とが、作用因が永遠の昔に確立したものを困難な試練に遭わせるのだろうか。この塊が、自らに相反して流出しつづけ、まだ分断されていない諸要素がやみくもに運ばれ、塊は無分別な振動に分断されているこの折りに。万物の誕生に先立ち、万物の産みの母であるシルウァが、もし光を奪われたままでただ闇のみに紛れ、その完成とはほど遠いままであるとしたら。……」。

「ヒュレーは自然の最も古い自己顕示であり、尽きることのない生成の胎、諸形態の最初の措定、諸物体の質料、実体の基礎である。彼女の包容力は、いかなる限界にも境界にも限られることがなく、全被造物が要求するままに、最初からこのような大きな拡がりに向けて拡がっている」[7]。

7▼ Bernardus Silvestris, *Cosmographia*, I, 1 ; I, 2, (4).〔ベルナルドゥス・シルヴェストリス『コスモグラフィア（宇宙形状誌）』、『中世思想原典集成』第九巻「シャルトル学派」、平凡社〕

質料としての「ヒュレー」および「シルウァ」は、いまだ事物がその形状を取る以前の未分化の状態であり、「頑迷」で理性による把握を拒む混沌である。理性は限定する能力である以上、それ自身として限界をもたないヒュレーを理解することはできないのである。その一方で、「ヒュレー」および「シルウァ」は、「万物の産みの母」であり、「母胎」でもある。ここにおいてヒュレーないしシルウァとしての「森」は、理性の能力が弾き返される壁であり、理解可能性の境界でありながら、同時に万物の起源でもある。

デカルトの森、ヴィーコの森

理性を迷わせる誤謬としての森、そして存在論的な物質原理としての「森〔ヒュレー、シルウァ〕」という二つの象徴には、いずれにしても理性にとって異他的な領域が示されているようである。「森」においては、物質的原理としての「自然」と、その理解不可能性とが絡み合い、その余韻がダンテにも、ブレイクにも響きつづけていると言えるだろう。

古代・中世の学問の伝統が徐々に力を失う一方で、いまだ新たな知の枠組み《パラダイム》が確立されていない近代初頭の動揺の中にあって、デカルト（René Descartes 一五九六―一六五〇年）にとっても「森」とは、先行きの見えない混迷を象徴していた。そこで、新たな学問の理念を樹立しようとする『方法序説』において、デカルトは理性が迷いこんだ闇である「森」から抜け出すための印象的な比喩を語っている。

「いつも同じ方角に向かってできるだけ真っ直ぐに歩き、その方角を最初に決めたのがまったくの偶然であったとしても、理由なしにその方向を変えてはならない。というのは、このやり方に従えば、望むところへ正確には行き着かなくても、とにかく最後にはどこかへ行き着くだろうし、そのほうが森の中にいるよりはましであろうから」[8]。

「ひたすら真っ直ぐ進むべし」というこの公準は、理性が自らの迷妄を克服するための処方箋でもある。理性の洞察力の及ばない闇として思い描かれた「森」は、混乱と誤謬の領域であり、確実な知を獲得するためには、可能な限り早く抜け出さなければならない迷宮であった。ひたすら学知の進歩を求めて邁進し、直線的な進歩を目指したデカルトは、森の暗闇を抜けて、近代的学問を確立すべく、旧弊な伝統が繁茂する領域の中で、確実な「道」を切り拓かねばならなかった。「方法《メトドス》」(methodos) という語が「道に沿って《メタ・ホドス》」(meta hodos) を語源とすることを考えれば[9]、デカルトにとっては、森の中で自らの活路を見出すことが、そのまま「方法」の確立を意味していたとも言えるだろう。そして、そのような方法によって支えられた合理的思考にとって、自然としての森は理性に敵対するものとして、制圧の対象とみなされる。森は、すべてを生み出す万物の原理としての身分を奪われ、原理としての地位を自律的な意識に明け渡す。その意味でも、『方法序説』に織り込まれたこの一挿話は、近代思想の成立にとってきわめて示唆に富むものである。

一度決めた方向をひたすら真っ直ぐに歩み続けることで迷いの森を抜け出ようというその姿勢は、論理的で一貫した思考の運用を「方法」として築き上げた功績をもって、近代的思考の偶像に祭り上げられたデカルトにふさわしい態度である。しかしながら、一見するときわめて合理的に思えるこの方策も、迷宮に迷いこんだわれわれを救い出すには、かならずしも充分な手だてとは言えないのではないだろうか。なぜなら、見通しの効かない森や、逆に何の目印もない開けた場所を歩くとき、人間は左右のどちらかに重心がかかり、自分では真っ直ぐに歩いているつもりで、現実には大きな弧を描くかたちで同じ場所を果てしなく回り続けることにな

8 R. Descartes, *Discours de la méthode*, III.〔デカルト『方法序説』(岩波文庫)〕

9 加藤信朗「ホドスとメトドス——哲学の道について」、同『哲学の道』(創文社) 所収。

るからである。[10]「リング・ワンダリング」と呼ばれる現象である。特定の目的のみを目指して直線的に突き進む思考が、デカルトに象徴される近代的思考の特徴であるとしたら、このリング・ワンダリングは、それと気づかず堂々巡りに陥る近代的思考の裏面とも言えるものだろう。合理的な近代的思考が行き着く自家撞着がここに暗示されているかのようである。近代的思考もまた、あまりにも洗練されすぎた合理性ゆえに、ある種の閉塞状況を生み出し、自家中毒を起こしつつあるように思えるからである。近代が選び取った「真っ直ぐな道」は、直線に突き進むことで、「リング・ワンダリング」さながらにかえって自らを閉域の内に封じ込め、新たな迷妄としての近代の「森」に足を取られ始めているようにも思える。二〇世以降、アドルノとホルクハイマーの『啓蒙の弁証法』[11]を始めとして、随所でそうした反省が行われるなか、例えば文学の中でも、デカルトの「方法」をこの「リング・ワンダリング」によって揶揄する印象的な一節が記される。ベケット（Samuel Beckett 一九〇六-八九年）の『モロイ』のあるくだりである。

> 「森の中ではまっすぐ歩いているつもりでも、実際には丸い円を描いているものだという話にぶつかった。そこでおれは懸命に円を描くように歩いてみた。そうすれば真っ直ぐに進めると思ったんだ。……この歩き方で、たとえ真っ直ぐに進んでいないにしろ、少なくとも円を描くことはないし、それだけでもたいしたことだからな[12]」。

近代がひたすら直線的な進歩を目指して突き進んできたことを思うと、モロイの言い分はそうした近代の単線的な論理を痛烈に皮肉り、「方法《メトドス》」的な合理性とは異なった「道《ホドス》」を模索し、むしろ道ならぬ道を積極的に歩もうとしているかに思える。直線に進もうとする意志が

10▼ 柳田国男『山の人生』（ちくま学芸文庫）、藤森栄一『かもしかみち』（学生社）

11▼ Th. W. Adorno, M. Horkheimer, *Dialektik der Aufklärung*, 1947.〔アドルノ／ホルクハイマー『啓蒙の弁証法』（岩波書店）

12▼ S. Bekett, *Molloy*, 1955.〔ベケット『モロイ』（白水社）〕

堂々巡りを惹き起こしてしまうのならば、その逆手をとって、意図的に円環を描くことで逆に円環から抜け出ようというのが、モロイの着想であった。自家撞着を避けるために、本来なら循環を惹き起こしかねない円環の経路をあえて取ってみせることで、ベケットのモロイは近代的思考の裏をかこうとしているようだ。

近代的思考に収まりきらない、もう一つの道を考えようとする本論の試みは、ベケットの名前を仲立ちにして、もう一つの名前を引き寄せることになる。若きベケットが、ジョイスの『進行中の作品』(のちの『フィネガンズ・ウェイク』)を擁護するためにダンテとともに取り上げた風変わりな思想家ヴィーコである。ベケットはその論考「ダンテ――ブルーノ、ヴィーコ――ジョイス」(Dante ... Bruno. Vico ... Joyce) の冒頭で、ヴィーコを次のように描いている。

「彼〔ヴィーコ〕は、哲学的抽象と経験的例証とのあいだの完全な一致を執拗に主張し、それによって双方の概念の絶対性を失効させ、現実をその三次元的限界から不当に引っ張りあげ、時間の外にあるものを時間の中に引きおろした[13]」。

ここで言及されているナポリの修辞学教師ヴィーコ (Giambattista Vico 1668-1744) こそ、デカルトに一世紀遅れ、一八世紀という啓蒙主義の真っ只中にありながら、当の啓蒙主義的近代の祖であるデカルトに正面から対抗しようとした人物である。そのために、デカルトによって敷かれた近代的思考の陰にかくれ、学派を形成するどころか、思想史の中でも長いあいだ孤立した存在であった。近代的思考の綻びがさまざまな局面で顕著になった二〇世紀後半になって、ヴィーコ生誕三〇〇年記念の国際シンポジウム「ジャンバッティスタ・ヴィーコ」[14](一九六八年)が、ようやく現代におけるヴィーコ復権の口火を切ったというのもまた実に示唆的な

13▼ S. Bekett, Dante ... Bruno. Vico ... Joyce, 1929.〔ベケット『ジョイス論/プルースト論』(白水社)〕

14▼ G. Tagliacozzo, H. V. White, *Giambattista Vico, An international Symposium*, 1969.

事実である。ベケットがヴィーコの思考の特徴を、「〔二項的な〕双方の概念の絶対性を失効」させるところに見ているように、ヴィーコが試みたのは、論理と経験、意識と自然、魂と物質など、デカルトが拠って立っていたさまざまな二項対立を揺さぶり、一面的な合理性に解消しえない多義的で豊かな思考を再興することであった。それのみならずヴィーコは、直線的な進歩を思い描いた啓蒙主義の時代の只中にありながら、反時代的な思考を徹底させ、「永遠の理念史」(storia ideale eterna) という仕方で時間の循環を主張している。ヴィーコがその著作『新しい学』で描こうとしたのは、反復し循環する人類の歴史の諸類型であった。「あらゆる民族の歴史は、勃興、発展、停滞、衰退、終焉しながら、この理念史の上を走りすぎていく[15]」。その際に、人類の理性の起源として象徴的に語られるのが、ほかならぬ原初の「森」である。「人間文明の順序は次のように進む。まず最初に森、次に小屋、それから部落、続いて都市、最後に学院[16]」。この定式に見られるように、ヴィーコにとって「森」とは起源の形象であり、文明や都市生活を生み出し育む母胎であった。『新しい学』においてヴィーコは、原初の森の中で芽生える「野生の思考」(pensée sauvage) から始まって、人類の文明化と衰退の経緯を、循環というイメージの下で叙述しようとしている。『新しい学』は、「諸民族が再起するとき、文明現象が反復される[17]」という法則の下で、直線的な「進行」(corsi) ではなく、「反復」(ricorsi) を記述するのである。その意味でヴィーコは、ベケットのモロイ同様に、森の中でひたすら真っ直ぐに進むのではなく、むしろあえて円環の経路を取ることで、近代の思考には欠落している独自の領域を開こうとしているかのようだ。それはおそらく、直線と円環、人間と自然、文明と野生といった単純な二項対立を突き崩し、近代的な合理性に対して反省を強いるようなものとなるだろう。

15▼ G. Vico, *Scienza Nuova*, 394.〔ヴィーコ『新しい学』(中央公論社)〕

16▼ G. Vico, *Scienza Nuova*, 239.

17▼ G. Vico, *Scienza Nuova*, 1046.

2 近代の中の異空間——デカルトの批判者としてのヴィーコ

デカルトの影響力が浸透し、数学と論理学を模範とする近代的学問が軌道に乗った一八世紀に、ヴィーコは決然とデカルト批判を開始する。すでに一七世紀の半ばには、ロンドンでロイヤル・ソサエティが設立されていたが、それに範を取ったイタリアのアカデミー「探究者学術協会《アカデミア・デリ・インヴェスティガンティ》」(Accademia degli Investiganti)がナポリで積極的な活動を行っていた時代のことである。サレルノにほど近いチレント半島のヴァットッラという僻地で勉学を積んだのち、ナポリに戻ったヴィーコは、デカルト派の牙城とも言えるこのナポリで、デカルト批判に着手する。「ナポリに戻ったヴィーコは、自分の生まれた祖国にありながらまるで異邦人であった。そこでは、デカルトの自然学が教養ある人々のあいだで絶大な人気を誇っていた」[18]。こうした環境に身を置いていた以上、当然のことながら、ヴィーコのデカルト批判は、単なる無理解にもとづくものでも、デカルト哲学の射程を見誤ったがゆえになされたものでもない。その批判の矢は、デカルトによって築かれた近代的思考に対して、ある種の確信をもって放たれたのである。

近代化されたナポリで、漫然たる違和感を抱え、「異邦人」たることを自覚したヴィーコは、その違和感をむしろ積極的に捉え直し、自ら独自の思考を展開することになる。「ヴィーコは、自分がその言葉にかけて誓うべき師をもたなかったことを幸いに思い、まるで服装の流行のように二、三年ごとに読書趣味の変わる都会ではなく、あの森の中で、もっぱら自分の天分だけを頼りに、なんらの党派的感情を抱くことなく修学の大半を終えることができたことに感謝した」[19]。反デカルトの狼煙をあげるための感性を磨いた研鑽の場として、ここでヴァットッラの

18▼ G. Vico, *Vita di Giambattista Vico scritta da sé medesimo*, III,〔ヴィーコ『ヴィーコ自叙伝』(法政大学出版局)〕

19▼ G. Vico, III,(強調筆者)

「森」が名指されているのは象徴的である。この「森」はあたかも、近代という均質空間の中で、その合理性の内に収まり切らず、捻じれと反転を生み出す「多元空間《ヘテロトピア》」の別名であるかのようなのである。

その「森」において鍛えた独自の感性にもとづいて、ヴィーコはデカルト派の思考を「クリティカ〔批判的学問〕」と一括したうえで、その批判を繰り広げる。「クリティカ」とは、「その第一真理をあらゆる虚偽からだけでなく、虚偽の嫌疑からも浄化するために、あらゆる二次的真理や、真らしいものをも、虚偽と同様に、知性から追放することを命じる」[20]ものと規定される。容易に推測できるように、これはまさしくデカルトが認識の理想として掲げた「明晰・判明」な知、およびその理想を実現するための手続きである「方法的懐疑」を示唆するものにほかならない。デカルトは確実な真理を獲得するために、真理に対する最も厳密な基準を設定し、疑わしい知識を排除するだけでなく、およそ疑うことのできるすべての知識を斥けるという「方法的懐疑」を遂行し、それでも最終的に残るもののみに真理の位置づけを与えた。クリティカ、すなわち批判的態度と呼ばれる所以である。それに対して、ヴィーコは自らの立場を「修辞学」に由来する「トピカ」と呼び、この「クリティカ」との相違を明確にしている。「修辞学」とは、雄弁と演説の技術論であり、聴衆に対する説得の技倆を鍛える分野として、古代・中世を通じて七自由学芸の中でも傑出した地位を与えられていた学問である。その修辞学の一部門である「トピカ」は、論点《トポス》の「発見」(inventio)の技術であり、魅力的な主題を選び出し、才気煥発な議論を展開する「才知」(ingenium)の訓練を意味している。

弁論における説得のためには、単なる論理的な正しさではなく、聴き手の心を摑むための魅力的な論の展開が不可欠であるが、「トピカ」とは、そうした論旨の展開のために適切な論題を見出し、演説の全体を効果的に組み立てることを目指す技法であった。このような場面で必

20▼
G. Vico, *De nostri temporis studiorum rationis* 3.〔ヴィーコ『学問の方法』(岩波書店)〕

要とされる能力は、「クリティカ」がもつ批判的で明晰な認識ではない。主題や論点の選択というものは原理的には無数にありえるのであり、そのどれもが論理的には同等である。そこで決定的な意味をもつのは、聴衆の嗜好や時代の状況を鋭敏に感じ取り、それに即した議論を展開するための嗅覚、言い換えればある種の「良識」（sensus communis；common sense 共通感覚）である。そのために「トピカ」が目指す「共通感覚」は、「クリティカ」が理想とする明晰・判明な認識からはほど遠いが、その場を共有する人々が共通して抱く感覚という意味で、「真らしさ」（verisimilitudo 蓋然性）と呼ばれる。デカルト的な「クリティカ」が目指した純粋な認識が、社会的通念や時代環境に左右されない形式的で普遍的な真理であるのに対して、ヴィーコのトピカは、社会的・文化的に共有される慣習的な知を基盤とするのである。逆に言えば、デカルト的な知はあまりに純粋で形式的であるがゆえに、現実の複雑性や状況の機微に対応しきれない。トピカこそが、現実に対する堅実な見識に支えられ、臨機応変な対応を可能にする豊かな知を提供するものなのである。それは同時に、文化と歴史の中に現れる人間の現実的活動に対する豊かな理解をも示している。ヴィーコにおいて、クリティカに対するトピカの優位は、まさにこの点に求められている。

クリティカに対するトピカの優位というヴィーコの確信は、さらにデカルトの最も原理的な洞察をも揺るがすものであった。方法的懐疑の果てに見出された「われ思う、ゆえにわれあり」というデカルトの根本原理に対して、ヴィーコは、デカルト的な「われ」の単独性と形式性を突き、その公共性と内容的な豊かさに対して疑問を投げかける。「考えていることの確実性は、意識のそれであって、知識のそれではない」[21]。ここでヴィーコは、普遍的ではあるが形式的な「意識」と、具体的な内容を担う「知識」とを区別し、デカルト的な「意識」は形式的な確実性を意味するだけであり、「知識」にとって不可欠な内容が欠けている点を批判してい

21▼ G. Vico, *De antiquissima Italorum sapientia et linguae latinae originibus eruenda*, 2.〔ヴィーコ『イタリア人の太古の知恵』〕

るのである。意識が自己意識である限り、自己を意識しているその関係は意識にとって確実であるとするデカルトの論理に対して、ヴィーコにとって、そうした確実性は「知識」と呼べるだけの内容をなんらもたない空疎な確実性にすぎない。デカルトが「方法」の名で到達した「われ思う」という場所は、明晰・判明の基準によって雑多な内容から浄められているがゆえに純粋ではあるが、その反面で、一切の具体的内実をもたないきわめて抽象的で形式的なものであった。ヴィーコのトピカはこれとは逆に、むしろ「方法的懐疑」によって捨て去られる内容を救い出し、論理性とは異なった基準によってそれを再評価することを目指している。先に触れた『方法序説』における森の比喩を想起するなら、デカルトのクリティカは、森という繁雑な領域を逸早く抜け出し、純粋な思考の領域に辿りつこうとするのに対して、ヴィーコのトピカは、むしろその森の中に踏みとどまり、その道なき道を手探りで歩みながら、当の森の詳細な「地誌《トポグラフィー》」を描こうとするものだとも言えるだろう。

ヴィーコがデカルトに対して下す最終的な裁定は辛辣なものである。「ルネ・デカルトは、ただ自分の哲学と自分の数学の地位を高め、神と人間の学識に関わる他のすべての研究の地位を低めるために、自分の研究の方法について巧妙なフィクションを作り上げた」[22]。デカルトはその『方法序説』において自らの半生を語りながら、「ルネ・デカルト」という個人名を徐々に匿名的で形式的な「自我」にまで純化していったが、そうした過程に潜む「フィクション」を、ヴィーコは鋭敏に探り当てているらしい。ヴィーコの修辞学的感性は、デカルトの中に潜む超越論的自我のナルシシズムを察知し、その自我の純粋性と抽象性を、その自我が誕生した雑多な領域に今一度差し戻し、その発生を語る「場所《トポス》（＝主題）」を探り出そうとしているようだ。その場所こそが、人類の起源として語られる「森」であった。そしておそらくそれは、それ自身の内に複数の次元を抱え込む錯綜した空間、すなわち「多元空間《ヘテロトピア》」でもあるだろう。

22▼ G. Vico, *Vita* 51.

3 森の論理

「森の森」、あるいは画文融合《エクフラシス》としての『新しい学』

『新しい学』（Scienza Nuova）という輝かしい名前を冠せられたヴィーコの主著は、近代的な「新しさ」に慣れたわれわれを当惑させかねないほどに、雑然として、古色蒼然たる印象を与える。その著作に触れた者は異口同音にその「難解さ」を語るのであり、「晦渋」という語は、ヴィーコを語る際の「常套句《クリーシェ》」となっているかの観がある。しかしながら、ヴィーコにとってもともと「新しさ」とは、効率や簡便さ、ましてや流行の最先端であることを意味していない。古代人と近代人の優劣を論じる一八世紀の新旧論争をめぐって書かれた初期の著作『イタリア人の最古の智恵』においても、ヴィーコが試みたのは、旧いものと新しいものの優劣を決することではなく、むしろ旧いものと新しいもののそれぞれの意味と価値とを、その原理にもとづいて正確に見究めることであった。ここには単純な進歩史観も衰退史観も存在せず、むしろ文明の形態学ないし類型学とも言えるような視点が顕著に示されている。『新しい学』はその着想をさらに人類史全体に押し広げ、太古の人類からヴィーコの生きる現代にまで、生成消滅を繰り返した文明のありさまを系譜学的に叙述しようとするのである。

さまざまな動機が複雑に絡み合い、因果の連鎖が入り組んだ人類史のありさまを反映するかのように、『新しい学』もまた、論理的に整序された整然たる体系とはおよそ異質な、横溢する過剰な世界を展開している。この著作において修辞学者ヴィーコは、ラテン語・ギリシア語の古典語についての学識を自在に駆使しながら、人類史に関する知識の蓄積を大規模に再構成し、経験と思弁の両面にまたがって、バロック的な論理の離れ技を演じていく。一七二五年に初版、一七三〇年に第二版が公刊された後も、ヴィーコはさらに加筆を続け、歿後の一七四四年に第三版が出版されている。加筆に加筆を重ねたその最終形態では、『新しい学』の本文は一一一二の断章からなり、そのそれぞれが複雑な相互参照の関係にあるために、その全貌を理解するはきわめて困難である。そのために現行の刊本（ニコリーニ編、一九五三年版）では、その相互参照のために夥しい補註が付されている。読者はその指示に従い、本文を順序通り読み進めながら、同時に頁の先を繰り、後戻りをし、その指示された場所からさらに別の参照頁を辿るということになる。あたかもその著作自体が一個の森であるかのように、読者はヴィーコが編み込んだ稠密な文明史の網の目を手繰り、クロス・レファレンスという「アリアドネの糸」に縋りながら、その濃密な森を彷徨《さまよ》うことを強いられる。ここで、「森」（silva）という語が、ヴィーコの時代にあっては「博物誌」を意味していたという事実を想い起こしてもよいだろう。[23] ヴィーコが敬意を払っていたベーコン（Francis Bacon 一五六一−一六二六年）が、自らの自然誌の著作を『森の森』（Silva silvarum）と名づけたことを思い合わせるなら、『新しい学』とは、名実ともにまさしく文明史の「森の森」と呼ばれるにふさわしいものだろう。[24]

その構成自体がバロック的な装いをもっている『新しい学』の中で、さらに読者の目を引くのがその巻頭に付された寓意扉絵である（図3）。著作全体の目的や理念を表す寓意図像が巻頭に置かれるという慣習は、古代・中世には伝統的に見られるものである。観念を図像で表すという「図像法《イコノロギア》」、あるいは寓意画にその謎解きの詞書を付した「エンブレム」の伝統は、アルチャーティ（Andrea Alciati 一四九二−一五五〇年）の『寓意集《エンブレマータ》』（Emblemata）やリパ（Cesare Ripa; Caesarius 一五六〇頃−一六二三年頃）の『イコノロギア』（Iconologia）といった古典によって集大成され、観念を図像化する技法と同時に、それを解読する解釈学としても確

23▼ 後にヘルダー（Johann Gottfried Herder 一七四四−一八〇三年）も『批判の森』（Kritische Wälder）という著作をまとめるが、ここでの「森」も集成ないし大全の意味である。

24▼ 『新しい学』の複雑な論理を図式化し、相互参照のありようを図示すると、その形状はおそらく南方熊楠の「南方曼荼羅」さながらとなるだろう。論理の錯綜ぶりと博物学的感性という点で、上村忠男もヴィーコと南方熊楠の類似を指摘している。上村忠男『バロック人ヴィーコ』みすず書房、参照。

図3　ヴィーコ『新しい学』寓意扉絵

固たる地位を占めている。図像と言語という二つのメディアを交流させ、無時間的な絵画と時系列に沿って展開される言語表現とを交錯させるこの技法は、修辞学のうえで「画文融合《エクフラシス》」と呼ばれるものである。とりわけ一六・一七世紀のマニエリスムおよびバロックの時代には、複雑な技巧を縦横に駆使し、絵画の中に光彩陸離たる才知を惜しげもなく注ぎ込んだ当時の芸術的風潮に即して、その芸術技法も多様化し、エンブレムや寓意画も最盛期を迎える。すでにそうした絶頂期をすぎた一八世紀の人であるヴィーコは、遅れてきたバロック人としてなおもそうした「画文融合《エクフラシス》」の伝統を引き継ぎ、自らの著作に寓意扉絵「ディピントゥーラ」を掲げ、著作の冒頭で多くの頁を割いてその寓意画を解説している。[25] 一八世紀という啓蒙主義的理性の時代にあって、あえて前時代的な寓意画を用い続けるという点からも、ヴィーコの反近代的姿勢を読み取ることができる。それというのも、想像力に訴えるこのような技法、および修辞学的な表現方法は、近代の始めにあって、誰あろうデカルトが拒絶したものにほかならないからである。概念規定の正確さと論理的推論の的確さのみを重視するデカルトにとって、曖昧模糊として多義的な解釈を許してしまう「画文融合《エクフラシス》」、あるいは確たる方法論を欠いた寓意画などは、学問の伝達手段としてはとうてい許容できるものではなかった。[26] こうした点からも、「新しい学」の伝達手段として、言語と図像とが交叉し合う独特の表現を選び取ったとき、ヴィーコが想定した仮想敵は明らかであろう。

寓意扉絵「ディピントゥーラ」

言語と図像という相容れない領域を越境しながら、ヴィーコが寓意扉絵に描き込もうとしたのが、人類史の類型学、ないしは理性の発生史の諸段階である。その図像においては、宇宙を象徴する天球の上に、女性によって擬人化された形而上学が立ち、天上から降り注ぐ叡知の光

25▼ Cf. A. Fletcher, *Colors of the Mind. Conjectures on Thinking in Literature*, Harvard University Press 1991.〔フレッチャー『思考の図像学——文学・表象・イメージ』(法政大学出版局)〕

26▼ 一八世紀にあって寓意扉絵を断固として拒絶したのが、啓蒙思想と近代哲学の代表者カント(Immanuel Kant 一七二四-一八〇四年)であった。

をその胸に受け、地上の「知」へと変換する「新しい学」の寓意が中心を占めている。その世俗の知を代表する最初の象徴的人物として画面左に立つのが、詩人ホメロスである。これは、人類の太古の智恵が、論理的・学問的形態のものではなく、むしろ詩的・象徴的物語であったことを暗示する。つまりは「学」の詩的起源である。こうした知の光に照らされた画面の下半分では、人類史の段階が同じくそれぞれの寓意によって表現されている。「太古」の時代を象徴する右端の「背景の深く黒い闇」から始まり、宗教的心性を表す「森の中に置かれた骨壷」、耕作の寓意である「鋤」、航海と交通を暗示する「舵」が並び、さらにその前景にも、「鋤」の近くに置かれた文字盤が、土地と密接な関係にある土俗言語を表すなど、この一枚の図像の中に多様な寓意が所狭しと並べられている。そうすることでヴィーコは、『新しい学』で述べられる文明の系譜学をあらかじめ形象化し、未開時代・宗教・農耕・交易といった段階とともに、イメージとして読者の脳裏に刻みつけようとするのである。そのためにこの扉絵は、イメージとともに知識内容を定着させる一種の「記憶術」(ars memoriae) の実践という意味合いをも担わされている。

一枚の扉絵の中に、人類史の諸段階を画する寓意を盛り込んだヴィーコは、さらにその解説の中でも独自の語源学を駆使することで、一つ一つの単語をイメージ化し、連想の輪を拡げるという試みを行っている。例えば鋤と都市とを結びつけている以下のような解説である。

「鋤は歯の先端だけを覗かせ、湾曲部は隠れている。この湾曲木片はラテン語で urbs と呼ばれるが、その古語は〈湾曲〉を意味する urbum であった。このが urbs と呼ばれるのは、〈都市〉urbs はすべて最初耕された土地に作られ、長年のあいだ、神への怖れを抱きながら宗教的森の中に引き籠り身を隠していた家族が擡頭してきたことを意味する」[27]。

27▼ G. Vico, *Scienza Nuova*, 16.

ここでは、都市を意味するurbsの語源として、鋤の湾曲urbumを呼び出し、その両者の関連によって都市の起源と農耕とが繋ぎ合わされている。この一例に見られるように、ヴィーコにとって語源学とは、一つの言語の中に圧縮されたイメージを解き放ち、元の語とは異なった文脈の内へ送り込む変換器の役割を果たしているのである。もちろんこれは、都市と農耕との繋がりを客観的に論証するものでも証明するものでもない。言語という媒体を通じて、両者が象徴的に切り結ぶ風景こそがヴィーコの方法論にとっては肝心なのであろう。それは端的に言って、一つの表現形態を別種の連想系へと越境させる「画文融合《エクフラシス》」の方法論であるとも言えようか。ヴィーコの知性はあくまでも、デカルト的な合理性という同一の平面にとどまることなく、限りなく逸脱と拡散を続けていく。

原初の森

確実性や歴史的実証とは別の次元で、修辞学的想像力によって諸領域を軽々と横断し、文明史の連鎖を幻視していくヴィーコの「画文融合《エクフラシス》」の精神は、人類史のはるか起源に「森」の形象を望見する。「鋤」に関する引用文で触れられた「宗教的森」である。これに関して、ヴィーコはさらに次のように解説を続ける。

「この宗教的森は古代異教徒のいずれにも見られるもので、この万民の共通観念にならって、ラテン人はluci〔神苑〕と呼んだが、これは即ち〈森の中に囲まれた焼き払われた土地〉のことである」。

宗教と森との密接な繋がりが語られる場所である。さらにこの宗教的森の起源は、寓意扉絵の中での「骨壷」の解説において、同じく語源学を通じて示されている。

「人間文明の第二は埋葬である。それゆえラテン語では、〈人間性〉humanitas はまさしく〈埋葬すること〉humando に由来するのである。埋葬は少し離れて森の中に置かれた骨壷によって表されており、人類がまだ夏には果実を、冬には樫の実を食べて暮らしていた時代から埋葬が行われていたことを示している[28]」。

森と文明との境界に、この埋葬が行われる宗教的森が位置している。埋葬という行為は、人間が獣として自らの生存を維持するために、己れの欲望のみに従っていた森での生活から、死者の魂という非物質的で不可視のものへと目を向け、それを埋葬という空間的・物質的表現へと転換する行いと理解されている。それによって人間は、まさしく「埋葬する者」としての「人間」となるのである。それは、獣の有する単純な自己同一性を抜け出し、宗教的行為によって生と死のあいだの不安定な領域を往き来する者としての人間が誕生する瞬間でもある。つまりヴィーコにとって、最初の埋葬が行われる「森」とは、人間が自己自身を発見する場所であると同時に、人間の自己同一性が死という否定に晒される非在の空間でもあった。サイードが適切に語っているように、「〈埋葬すること〉とは、ヴィーコの意味では、差異を産むということである。そして差異を産むことは、デリダが主張しているように、存在を〈遅延させる〉こと、時間化し、不在を導入することである[29]」。人間とは、同一性と非同一性のあいだの住人なのであり、その揺らぎの場所が、ヴィーコによって「森」として形象化されているのである。

起源をめぐる『新しい学』の遡行の過程は、さらに遡って人間の「理性」と「言語」そのも

28▼ G. Vico, *Scienza Nuova*, 12.

29▼ E. Said, *Beginnings. Intention & Method*, New York: Columbia University Press 1975, p.373〔『始まりの現象』(法政大学出版局)〕

の発生にまで至る。生い茂る森の中で獣さながらの生活を送っていた原始の人類にとって、最初に知性の光が芽生える瞬間を、『新しい学』は次のように記述している。それは原始の森の闇を貫き、雷光が走り、雷鳴が轟いた瞬間である。

「天空にこれほど強烈な印象を与えるものが現れたのはこれが始めてであった。きわめて獰猛な野獣が巣窟を作るように、山上の森を彷徨っていた最も頑強な巨人たちの幾人かが、この光景に驚愕し、原因もわからぬままに目をあげて、天を凝視した。……その結果は、天を生命のある巨大な物体と考え、その姿を想像して、主神ゼウスと名づけた」[30]。

これは神話の誕生であると同時に、「空」という「無」の発見でもあった。森という存在の濃密な空間から、存在の欠如でありながら、崇高な畏敬を掻き立てる「天空」が見出されることで、原初の人類は、神の観念を抱き、「原因」という抽象的な思考に目覚める。さらには、人間の力を超えた現象を惹き起こした原因である神に、ある詩的・象徴的な名前を与えることで、言語的な能力が発生するものと考えられているのである。ここでも「森」は、存在と非存在を仲立ちし、人類を単一な存在から逸脱させることによって、同一性と非同一性の揺らぎとしての知性を発生させる場として機能している。

このように、人間の理性と文明にとって森が果たす役割を、ヴィーコは再び言語的な手段によっても確認している。「ラテン語にあっては、ラテン語全体を構成する語彙の大半が、森林もしくは田園の生活に起源をもっている」と前置きしたうえで、「樫の実の集積」ilex が、文明の進展とともに、「豆の集積」leumina となり、さらに文明生活の規則の集積としての「法」lex、さらに言語の集積としての「集める・読む」legere へと転じる過程を示している[31]。ここ

30▼ G. Vico, *Scienza Nuova*, 377.

31▼ G. Vico, *Scienza Nuova*, 240.

には、「まず最初に森、次に小屋、それから部落、続いて都市、最後に学院」と素描された人類史の経過が、森から法的規範、さらに言語による高度な知的活動の段階として語源論を通じて語られている。ヴィーコの語る人類の文明はあくまでも森に根ざし、さらには語源論というかたちで言語との密接な関係の中で展開されているのである。

結語

ヴィーコの『新しい学』は、「観念の順序は事物の順序に倣って、その後から進むものである」[32]という原則にしたがって、人類の文明の起源からその発展過程を再構成するものであった。それは、デカルトが取った「方法」とは一線を画し、個的な意識の反省によっては捉えることのできない次元を垣間見ようとするものである。修辞学的・言語的知識を手引きとしたその「了解の文献学の最初の著作」[33]は、多元的な領域を相次いで横断しながら、「画文融合《エクフラシス》」の感性にもとづく図像学的思考を縦横に駆使しながら、近代的理性とは異なった論理を展開していく。その際に、ヴィーコが用いる「森」の形象は、文明の起源であり、なおかつ、文明の一サイクルが終わったときには、われわれが再び帰り着く場所でもある。そこでは、人間の知性の「始まり」が、デカルトとはまた違った意味で問われている。デカルトにおいて理性の起源は、抽象的で論理的な意識の自己把握の構造に求められ、それに応じて、近代的学問の起源もまた、超越論的な一回性の内に見出される。それに対して、ヴィーコにとっての始まりとは、言語によって織り成された文化によって絶えず媒介され続けることである。「ヴィーコは、始まりというものをある活動として、すなわち、具体的現実に対する揺るがぬ義務と、それぞれが同等の力をもつ部分に対する共感的想像力とをもちつづけることを筆者に要求する活動とし

32▼ G. Vico, *Scienza Nuova*, 238.

33▼ E. Auerbach, *Philologie der Weltliteratur*, Klostermann: Frankfurt a. M. 1965.〔アウエルバッハ『世界文学の文献学』（みすず書房）〕

て認識している近代の思想家の原型なのである」[34]。こうしたことを踏まえるなら、ヴィーコが人類史の起源と考えた「森」は、文明の進展にともなって不要になるものではなく、むしろわれわれの歴史の根底に常に働いているものなのである。その限り、ヴィーコにとっての「森」とは、デカルトにとって物質的世界がそうであったような、人間にとって外的で異質の自然ではない。むしろヴィーコの森は、人間と自然とが絡み合い、単純な二分法を許さない境界線上に位置しているとも言えるだろう。そのために、ヴィーコにとって文明の進展とは、単に人間の技術的水準の向上ではなく、むしろ人間と森との関わりそのものが辿る変遷過程を意味していた。これは文明の進化の過程というよりは、文明の系譜学であり、理性と理性の異他性とのあいだ、同一性と非同一性とのあいだで繰り広げられるドラマであった。

34 E. Said, *Beginnings*, p. 349.

[文献表]

(邦訳のあるもののは、翻訳書のみを挙げる)

アウエルバッハ「ヴィーコとヘルダー」、『世界文学の文献学』高木昌史他訳、みすず書房、一九九八年、所収。

――「ジャンバッティスタ・ヴィーコと文献学の理念」、同書所収。

――「ヴィーコと民族精神」、同書所収。

――「G・B・ヴィーコの『新しい学』解明のための言語上の寄与」、同書所収。

アドルノ/ホルクハイマー『啓蒙の弁証法』徳永恂訳、岩波書店、一九九〇年。

上村忠男『ヴィーコの懐疑』、みすず書房、一九八八年。

――『バロック人ヴィーコ』、みすず書房、一九九八年。

クルツィウス『ヨーロッパ文学とラテン中世』南大路振一・岸本通夫・中村善也訳、みすず書房、一九七一年。

ヴィーコ『新しい学』清水順一訳、中央公論社、一九七五年。

ヴィーコ『学問の方法』上村忠男・佐々木力訳、岩波書店、一九八七年。

ヴィーコ『イタリア人太古の知恵』上村忠男訳、法政大学出版局、一九八八年。

ヴィーコ『ヴィーコ自叙伝』福鎌忠恕訳、法政大学出版局、一九九〇年。

「ヴィーコを読む」、『思想』第七五二号、岩波書店、一九八七年二月。
デリダ『コーラ』守中高明訳、未來社、二〇〇三年。
バーク『ヴィーコ入門』岩倉具忠・岩倉祥子訳、名古屋大学出版会、一九九二年。
ハリソン『森の記憶――ヨーロッパ文明の影』金光利訳、工作舎、一九九六年。
ベケット『ジョイス論/プルースト論』高橋康也訳、白水社、一九九六年。
ベケット『モロイ』安堂信也訳、白水社、一九九五年。

Apel, K.-O., *Die Idee der Sprache in der Tradition des Humanismus von Dante bis Vico*, Bonn: Bourvier Verlag 1963.

Cassiatore, G., *Metaphysik, Poesie und Geschichte. Über die Philosophie von Giambattista Vico*, Berlin: Akademie Verlag 2002

Fellmann, F., *Das Vico-Axiom: Der Mensch macht die Geschichte*, Freiburg/München: Karl Alber Verlag 1976.

Grassi, E., *Macht des Bildes. Ohnmacht der rationalen Sprache*, München: Wilhelm Fink Verlag 1979.

——, *Rhetoric as Philosophy. The Humanist Tradtion*, University Park/London: The Pennsylvania State University Press 1980.

——, *Heidegger and the Question of Renaissance Humanism. Four Studies*, Binghamton, New York: Center for Medieval and Early Renaissance Studies 1983.

——, *Vico and Humanism. Essays on Vico, Heidegger, and Rhetoric*, New York/Bern/Frankfurt a.M./Paris 1990.

Lilla, M., *G. B. Vico. The Making of an Anti-Modern*, Cambridge, Massachusetts/London: Harvard University Press 1993.

Mazzotta, G., *The New Map of the World. The Poetic Philosophy of Giambattista Vico*, Princeton, New Jersey: Princeton University Press 1999.

Mooney, M., *Vico in the Tradition of Rhetoric*, Princeton, New Jersey: Princeton University Press 1985.

Pompa, L., *Vico. A Study of the 'New Science'*, Cambridge/New York/Port Chester/Melbourne/Sydney: Cambride University Press ²1990.

Said, E., *Beginnings. Intention & Method*, New York: Columbia University Press 1975.

Tagliacozzo, et al., *Giambattista Vico, An international Symposium*, Baltimore: John Hopkins Press 1969.

Tagliacozzo, et al., *Giambattista Vico's Science of Humanity*, Baltimore: John Hopkins Press 1973.

Tagliacozzo, et al., *Vico and Contemporary Thought*, Baltimore : John Hopkins Press 1980.

Trabant, J., *Neue Wissenschaft von alten Zeichen : Vicos Semantologie*, Frankfurt a. M. : Suhrkamp 1994.

Verene, D. Ph., *Vico's Science of Imagination*, Ithaca/London : Cornell University Press 1981.

Viechtbauer, H., *Transzendentale Einsicht und Theorie der Geschichte*, München : Wilhelm Fink Verlag 1977.

White, H., "The Deep Structure of the New Science", in : id., *Tropics of Discourse. Esays in Cultural Criticism*, Baltimore/London : The Johns Hopkins University Press 1978, pp. 197-217.

———, "What Is Living and What Is Dead in Croce' s Criticism of Vico", in : *ibid.*, pp. 218-229.

ダイアローグ

森を行く者よ、松明をともせ

近代、「光の射さぬ森」の歩き方

◉千野拓政

前作「抹消された夢――デカルトと『始まり』の現象――」(『接続2004』)で、村井則夫はデカルトの夢解釈をとおして、「近代的思考」が立ち上がる瞬間を素描することを試みた。今号の「『暗い森』、あるいは理性の系譜学」で試みられるのは、「森」とヴィーコを手がかりに、デカルトの近代的思考が切り捨ててしまったものの実相を明らかにしようとする企てである。

こうした試みが、哲学や思想史の分野でどのような意味を持つのか、わたしは知らない。ただ、文学の側から見る時、それは二つの興味深い問題に光を当てている。「内部観測」と、「近代文化」が誕生して以来の「真理」の姿である。

1 「内部観測」

村井の試みには一つの方法的な特徴がある。それは、現場に立ち会うようにして問題を見つめる視座だ。いわゆる「内部観測」である。

思想の変遷を考えるとき、わたしたちは今日の高みから、距離をおいて（言い換えれば外部から）歴史的に眺めることが多い。その場合、往々にしてデカルトは普遍数学に基づき近代思想を作り上げた創始者として、ヴィーコはその最初にして最大の反逆者として祖述される。だが、そうした見方から導き出される結論は、わたしたちが今なおデカルトの呪縛の中で生きている、ということに過ぎない。それは次のような理由からだ。

その祖述の中で、デカルトが作り上げた思考方法は、普遍数学に基づいた、具体的な場面に囚われない学問（＝クリティカ）であるが故に、形式論理として具体的に説明される。そして、わたしたちは、日常的に用いている合理的な思考方法として、それを理解する。

それに対して、ヴィーコの思考方法は、修辞学に基づいた、その場の議論に即して展開される学問（＝トピカ）であるが故に、具体的な体系が明示されない。実際、ヴィーコが「批判（クリティカ）が人間精神を精確にするのに対して、トピカは利発にする能力だ」（『新しい学』）と述べるとき、ヴィーコのそれは、思考方法というより、わたしたちが日々の問題を解決する上での、世知、人生の智慧、といったものと大きく変わらないように見える。

つまり、思想史の中で、直接ヴィーコの哲学を体系的に語ることは難しいのだ。デカルトへの反措定として語られることによって、ようやくその輪郭が現れてくると言ってもよい。それは、わたしたちが、今なおデカルトの土俵に立ってヴィーコを見ている、ということにほかならない。

村井の方法は、そうした外部からの見方の対極にある。例えば「抹消された夢」で、村井はデカルトがその思考方法を生成しつつあった現場に立ち会おうとする。言い換えれば、内部から観測しようとする。そのことが、デカルトが夢の解釈に迷いながら、曖昧なものを切り捨てて、近代的思考を立ち上げていった過程を浮かびあがらせる。わたしは、何よりもその姿勢に重要な意味があると思う。

なぜなら、自分で自分の進む道を手探りするとき、わたしたちが外部から傍観者がするように判断することはあり得ないからだ。わたしたちが生きるということは、一瞬一瞬の内部観測の連続にほかならない。だからこそ、村井の視座は、門外漢のわたしにも、より遠くへ思考を伸ばしてゆく喚起力を持つのだと思う。

では、一八世紀の初頭、デカルト的思考華やかなりしナポリで、ヴィーコが直面した問題とは何だったのか。その中から、彼はどんな形で、自分の思考を立ち上げていったのか。残念ながら、村井の『『暗い森』、あるいは理性の系譜学』で、それが十分に明らかにされているわけではない。だが、村井の文章とともに、『世界の名著続6　ヴィーコ』に収められた『新しい学』や清水幾多郎の解説を参照することによって、わたしたちはその大筋を摑むことができる。

ヴィーコはナポリの王立大学で一六〇九年から一七〇六年までの間に七回の演説を行っている。清水幾太郎によれば、第六回までの演説は、「数学的な推論のデカルト的な、ポール・ロワイヤル的な厳密性」を称揚するものだったという。だが、一七〇六年の第七回演説でヴィーコはデカルトに反旗を翻し、物理学（すなわち自然の探求）における幾何学的方法（すなわちデカルトの方法）を批判した。

わたしたちが幾何学の命題を証明できますのは、わたしたちがこれらの命題を作っているからであります。仮にわたしたちが物理学の命題の証明を与えることができるといたしますなら、わたしたちがそれを無から作ることができるということになるでありましょう。

つまり、わたしたちが幾何学においてすべてを解き明かし、真理を知ることができるとしたら、それはわたしたちが幾何学を作ったからだというのだ。Verum-factum（真なるものは、作られたものである）。言い換えれば、幾何学的方法で物理学が解き明かされるためには、神ではなく、人間が自然を作っていなければならない、ということになる。だから、ヴィーコにとって物理学は、「わたしたちの思い上がりを抑えるために……研究を進めなければならない」（第七回演説）ものにほかならない。

こうした考え方は、当然のことながら蓋然性（いろいろの点から見て、そうなることが十分に予測できること）への信頼を導く。デカルトはそれを疑うことから始めよ、と説いた。信じていいのは、論理的に積み上げることができるものだけなのだ。だがヴィーコは「自然および人生は不確実性に満ちております」（第七回演説）という。この世界は、わたしたちが完全に解き明かせるものではない。だから、諸々の状況から真だと思われるなら、それは真だと信じてもかまわない、という。それはまさに、わたしたちが現実の生活で行っていることだ。

言うならば、デカルトが厳密さを追求するため、記号と記号の関係を扱う数学に頼って、ともすれば「リアリティ（＝現実）からはなれた極端に近い透明な世界」（清水幾太郎）を形作ったのに対し、ヴィーコは半透明ながらも、リアリティと密着した世界を築こうとしたのである。

したがって、ヴィーコはレトリックを擁護する。「トピカ」を主張するのはそのためである。ヴィーコは『新しい学』で、「人間精神に、批判（クリティカ）よりもまず先にトピカが生まれるのは、事象はまず認識され、しかる後に判断されるようにという、人間文明に与えたもうた神の摂理のすぐれた助言によるものである」と述べている。

清水幾多郎によれば、こうしたトピカは、「古来、……トポス（場所）の技術であり、レトリックの中心にあったものである。「場所」というのは、そこに論点が隠れている場所のことで、或る問題を論じる場合、それを根本原理からの演繹で説明することが出来ない時は、説明に役立つと思われる幾つかの論点を右のトポスに探すのが好都合」なのだという。

実際にわたしたちが思考するのは現実の問題であって、根本原理ではない。だからヴィーコは現実に起こっていることにこだわる。それは、『新しい学』が哲学書であるにもかかわらず、論理の精密な展開ではなく、ほとんど知恵の歴史ともいうべきものの説明に終始していることに現れている。しかもその歴史は、今日のわたしたちが知る歴史とはほど遠い、奇妙なものだ。

例えばヴィーコは、「世界は過去に三つの時代、即ち、神々の時代、英雄の時代、人間の時代を経て」きており、その中の「世界洪水に始まり、ヘブライ人からカルデア人、スキュタイ人、フェニキア人、ギリシア人、ローマ人を経て第二カルタゴ戦争に至るまで」を述べる、という。(『新しい学』)

村井が示してくれた「まず最初に森、次に小屋、それから部落、続いて都市、最後に学院」という過程はこうした歴史の記述の積み重ねの中から導き出されたものだ。そうした過程を導き出すことができるのは、「こうして、人間は、自ら完全に理解することの出来る形態と数との世界を自ら作り出した」(『新しい学』)とヴィーゴが述べているように、これが、自然ではなく、人間の作った社会についての考察だからである。

こうしてヴィーコのいた時代に寄り添ってみると、ヴィーコが目指していたのは、現実から遊離した形式論理から、現実の中で役に立つ思考としての哲学を取り戻し、体系化することだったことが見えてくる。それは、「暗い森」をさまよう現代のわたしたちにも依拠することが可能な哲学の復権、ということにほかならない。

2 「近代文化」と「真理」

先のようなヴィーコの思考は、今日の文化について考えるときにも、貴重な示唆を与えてくれる。文化の面から近代を考えるとき、フーコーのいう「一九世紀の切断」の意味は大きい。この時期以降の文化を「近代文化」と呼ぶならば、近代の「文化」とそれ以前の「文化」は決定的に異なっている。もちろんその変化は、さまざまな領域の、さまざまな層にまたがる複雑なものだ。わたしにその全般について語る力はない。ここで取り上げることができるのは、たかだか「文学」に関する変化の、いくつかの側面に過ぎない。では、「文学」から見た「近代」の変化とはどのようなものか。

一言でいえば、近代以前の物語や詩の特徴は、「語りの場」が存在することにあった。物語は語り部が語り、その場にいるみんなでそれを聞くものだった。詩は誰かの後について、もしくはみんなで一緒に歌うものだった。重要なのは、書き記されたテクストにも、その構造が保存されていることだ。だから、当時の読者は昔話や、講談をやっている現場を追体験するようにして、作品を読むことができた。

だが、近代以降の小説や詩は違う。これは基本的に独り、密室で、黙読するものだ。こうした読書行為の変化が、読者が作品に求めるものを変えた。その変化を伊藤整は次のように述べている。

作者は密室で一人でそれを作り演じ、読者は密室で一人でそれを味わう。……その条件において初めて……読む方も、他人の秘密なひとりごとを聞き、他人の隠したがる行為や考えを知るという戦慄を味わうようになった。……それは時としては神に訴える人間の切ない声であり、また時としては、情慾的な好奇心を満足させる打ち明け話でもある。（伊藤整『小説の方法』改訂版、新潮社、一九五七年）。

だが、作品の登場人物の心を覗いたとしても、それはあくまで架空の人物で、読者自身とは結びつかない。そこで、近代の文学は次のような方法を考え出した。

……近代の読者は、作中人物の内面をのぞき込み、その世界を自分の内面と重ね合わせることを望むようになったのだ。そのことは、「近代文学」に次のような叙述の方法を要求することになった。現実の個々の人物は、きわめて偶然的な存在であって人間一般というものを荷うことはできない。だから架空の人物を作り上げることによってその人間一般を荷わせる。（杉山康彦『ことばの藝術』、大修館書店、一九七六年）

いわゆる「典型」である。こうして、読者は文学作品が自分の内面とつながっていると信じ、作品をとおして人間やこの世の真実をかいま見ることを期待するようになった。これが近代文学、言い換えればわたしたちが「文学」と呼んでいるものの特徴である。

こうした近代文学の誕生の背景には、文学が描こう、あるいは模倣しようとしてきた「真理」の変化があった。アウエルバッハは『ミメーシス』（篠田一士、川村二郎訳、筑摩書房、一九六七年）で、古典古代末期や中世のキリスト教的な作品を例に、この時期の文学の特徴を次のように述べている。

地上に生起する事象が、今、ここにおけるその具体的な現実性にもかかわらず、同時に神の摂理をも意味し、それを予告するか、あるいは反復によってその内実を保証する……

アウエルバッハは、こうした特徴を「比喩形象的」(figural)と呼んだ。言い換えれば、「真理」は神に属していたが、その神とともにわたしたちの身辺にあったのだ。

だが、その後「真理」はわたしたちの世界から遠ざかってゆく。ミメーシス(模倣)という観点から見れば、一七世紀、一八世紀の思想はその過渡期だったと言ってもよい。この時期の「真理」の認識のあり方を象徴しているのは、カメラ・オブスキュラ、すなわち暗箱に小さな穴を開けてレンズを入れ、そこを通ってきた光を箱の内面に投影する針穴写真機(ピンホールカメラ)である。

例えば、ジョン・ロックは『人間悟性論』(一六九〇年)で次のように述べている。

悟性というものは、外界にある事物の可視的な似姿=像や、外にあるものに関する何らかの観念を入れるために、ごく小さな穴を除いて完全に光から閉ざされた小室と、さして違わない……

つまり、ロックにとって「真理」とは穴をとおして暗室に差し込む一条の光のようなものなのだ。光源は遠くてどこにあるか分からない。わたしたちは穴をとおしてその光源を遙かにたどるほかはない。実はデカルトも『屈折光学』(一六三七年、『方法叙説および三試論』の一つ)で、カメラ・オブスキュラの小さな穴に入れたレンズを人間の眼球に例えている。すなわち、それが人間が世界を観察し理解するためのたった一つの開口部(=起点)なのだ。

付け加えれば、単子（モナド）を主張したライプニッツも同じである。人間はモナドからしか世界を見ることができない。ライプニッツはそれを円錐の頂点から覗く姿になぞらえて、「円錐状に広がる光線の束とのこの関係こそが、単子（モナド）のもつ知覚を神の視点から分かつものだ」（『モナドロジー』一七一四年）と述べた。

こうしてみると、デカルトからライプニッツに至る思想家に共通していることが一つある。それは、どんなに遠くても普遍的な「真理」は存在すると思われていたし、追い求めてゆけばいつかはそこにたどり着けると信じられていた、ということだ。当時の啓蒙思想とは、そうして神のみわざにたどり着く道の模索にほかならない。一七、一八世紀とは、まだそういう時代だった。

だが、一九世紀になると、大きな転機がやってくる。カントが「物自体」に触れることはけっしてできないと述べたことが端緒だったかもしれない。「啓蒙とは何か」（一七八四年）でカントは、「啓蒙とは、人間が自分の未成年状態から抜け出ることである」と述べた。啓蒙はすでに神への長い道のりではなく、自己の内面の向上へと変貌を遂げたのだ。ゲーテの思考はその変貌をもっとはっきり伝えている。『色彩論』（一八一〇年）で、残像現象を取り上げたゲーテは、カメラ・オブスキュラの開口部を閉じても像は見える、「それは今や眼に帰属しているイメージから生じるのである」と主張した。つまり、われわれが見ることができるのは事物そのものではなく、眼球に投影されたその像でしかない、というのだ。そして同じ頃、ショーペンハウエルが『意志と表象としての世界』（一八一九〜四四年）で、次のような決定的判断を下している。「表象とは何か？　それは動物の脳内で生起する非常に複雑な生理学的出来事であり、その結果というのが、他ならぬその脳内に生じる像あるいは心像の意識なのだ」。このときから「真理」はけっして触れることのできないもの、人間が自らイメージとして作り上げるしかないものになった。

それ以来、「真理」のイメージを形作るために、人は神以外に新たな参照系を探さねばならなくなった。先に見たような「近代文学」をめぐる変化は、この時期に生じたものだ。こうして見つけ出された内在的な参照系が人の精神であり、外在的なそれが現実の生活だった。そのうち、内在的な参照系に依拠したのがロマンティシズム、外在的なそれに依拠したのがリアリズムだと言ってよい。近代の「文学」が誕生した瞬間である。

その後、一九世紀末から二〇世紀初頭にかけて、もう一度屈折が訪れる。モダニズムをはじめとする、現代文化が登場した時期である。

一九世紀に誕生した「文学」には一つの特徴があった。それは、けっして人間が触れることのできないものになったとしても、普遍的な普通の「真理」が措定できると信じられた、ということだ。だから、人間が自分で「真理」のイメージを作り出すようになっても、文学作品には人や社会の真実が宿る、虚構を描いてもそこには現実以上の真実が宿りうる、と信じることができた。だが、それが成り立たなくなる瞬間がやってきた。

二〇世紀以降の文学や芸術を考えるとき、人間が共通にその存在を信じられる「真理」という光源はもはや存在しない。そこにあるのは制作者（作家）が自らのイメージに基づいて作品を作り、それがマス・メディアを通じて不特定多数の受容者（読者・観衆・聴衆）に受け取られる、という生産から消費に到る流れである。それは、受容者（読者・観衆・聴衆）の反応によって再生産されることをも含んだ、一つの環流する体系としての文学・芸術の姿である。

その流れに着目する限り、マルクス主義の文学・芸術も、ファシズムの文学・芸術も、モダニズムも、それぞれの理想とするイメージが作品化され、マス・メディアを通じて不特定多数の受容者に届けられるという点に変わりはない。個々の作者や作品が反映する理想の質や内容の善し悪しは、そこではもはや問題にならない。それが人と共有できるかどうかということ自体、何の保証もない。つまり、今や文学・芸術の森は、一筋の真理の光も射すことがない暗闇に戻ったのだ。

「ミメーシス」に注目して見た、二〇世紀に到るまでの、文学・芸術の流れは以上のようなものだ。こうしてみるとき、反旗を翻したとはいえ、ヴィーコはやはり近代ではなく、デカルトと同じ一七、一八世紀の側にいる。

なぜなら、ヴィーコは「はるか古の原始古代を蔽っているあの濃い夜の暗闇のなかには、消えることのない永遠の光が輝いている。それは何人たりとも疑うことのできない真理の光である」（『新しい学』）と述べているからだ。ヴィーコは、明らかに普遍的な真理の存在を信じていた。村井が解説した『新しい学』の扉図（二二九ページ）にあるように、それは遠い彼方から射す光かもしれない。だが、女性の姿をした「形而上学」に反射した光は、「文学」の象徴である詩人ホメロスを照射している。つまり、文学を通じて光を逆にたどれば真理を遡及できるということだ。森から小屋へ、そして部落、都市、学院へと人間の歴史が進んだように、知をとぎすませてゆけば、いつの日か真理に到達できる可能性は残されている。

だが、その先にヴィーコの逆転が待っている。学院へ進んだ人間は、再び森へと戻ってしまうというのだ。現実にこだわるヴィーコは、人間の暮す世界がなかなか光の射さぬ「暗い森」であることを見据えていた。そして、二一世紀を迎えた今、わたしたちが歩いているのは、そのようなけっして真理の光が射すことのない森にほかならない。デカルトがいうように、まっすぐ進めば森を抜けられる保証はない。そもそも光のないところで、自分の歩みがまっすぐなのかどうか、確かめる術があるはずはないのだ。足下を照らせる火があるとすれば、それは原理ではなく、その場の状況に応じて一瞬一瞬の判断を積み重ねる思考、いわばトピカでしかないだろう。そして、その火すら自分でともすほかないのだ。そう考えれば、ヴィーコの思想は一八世紀の彼方から、わたしたちに送られた松明なのかもしれない。

この火を手に、果たしてわたしたちは森は抜けられるのだろうか。導いてくれる者はどこにもいない。わたしたちを待っているのは、さらに深く暗い森かもしれない。魯迅が喝破したように、希望はあくまでも虚妄に過ぎないのだ。だが、魯迅は続けてこう言っている。絶望もまた、希望と同様、虚妄に過ぎない、と。ならば、わたしたちに残された道は一つしかない。一瞬一瞬の判断を研ぎすませながら、歩き続けることだ。今いる場所にとどまっていても、けっして森から抜けられはしない。さあ、また闇の奥へと歩みを進めよう。森を行く者よ、松明をともせ！

Ⅱ

交差点

Cross Road

台湾人女性の「内地留学」

洪　郁如

1　はじめに——日本「内地」に向かう女学生たち

「私達が乗る富士丸は新しい船で一万トンもある。とても豪華な汽船でした。私達はもちろん三等客です。…船が基隆港を離れて間もなく、船が大揺れになりました。…基隆沖に荒波があって、ここを通る時はいつもそうなのです。三日目の朝、船は下関に着き、隣の日本家族は下船しました。船は再び動き出し瀬戸内海に入りました。九州と本州、四国の三島の中間の内海で、たくさんの小島が海に点在する、それは美しい風景でした。地理の時間に習った日本の名勝瀬戸内海をこの目で見ることができた感動で、いつまでも甲板から離れられませんでした。翌朝、船は神戸に入りました。[1]」

一九四〇年三月、淡水高等女学校を卒業したばかりの呉月娥は、同級生の劉徳音、鄭雲と三人で台湾を発ち、日本内地に向かった。彼女たちの目的は内地留学であった。東京に到着後、

1▼
呉月娥『ある台湾人女性の自分史』芙蓉書房出版、一九九九年、四六−四七頁。

東洋女子歯科専門学校時代の呉月娥（呉月娥『ある台湾人女性の自分史』芙蓉書房，1999年より）

呉と劉は東洋女子歯科専門学校に、鄭は昭和女子薬学専門学校にそれぞれ入学した。同年、彼女らと同様に日本内地に滞在中の台湾人女子留学生は約七三六人にのぼった。

【表1】に示されるように、内地に渡った後の入学先は、小学校から高等教育まで幅広い分布を示している。女子留学生の多くは、中等教育に相当する高等女学校と高等教育である専門学校を目指した。【図1】から高等女学校と専門学校を比較してみれば、専門学校に留学する人数は、比較的に早い一九三〇年前後から増加しはじめ、一九四一年には三五二人となっている。これに対し、高等女学校への留学生数は一九三六年頃からようやく増加し始め、一九四一年には二六七人となっている。また、裁縫学校、音楽学校を含む特種学校への留学も三〇年代末から急増した。

若い台湾人女学生らが日本留学を目指したのは何故か。この問題に答えるために、本論文は、女子留学生を送り出した土台について検討していきたい。第一部分では女子留学生が生み出された植民支配下の制度的要素を中心に考察し、第二部分では女子留学生を送り出す台湾人社会の要因に重点を置きたい。

2 植民地女子教育の限定性

台湾人女学生を日本内地留学へと導いた根幹には、植民地教育政策とそれを支える植民統治の基本的発想の問題が絡んでいる。台湾における日本の植民教育政策の展開は、統治サイド内部の「同化」重視と「植民地主義」という二つの路線の折衷の産物であったとされている。それはまず、教育による文化統合機能に着眼する路線であり、日本語教育を重視し、新たな宗主国である日本への忠誠心の育成を強調する。他方で、植民地経営の利益の観点から、教育コス

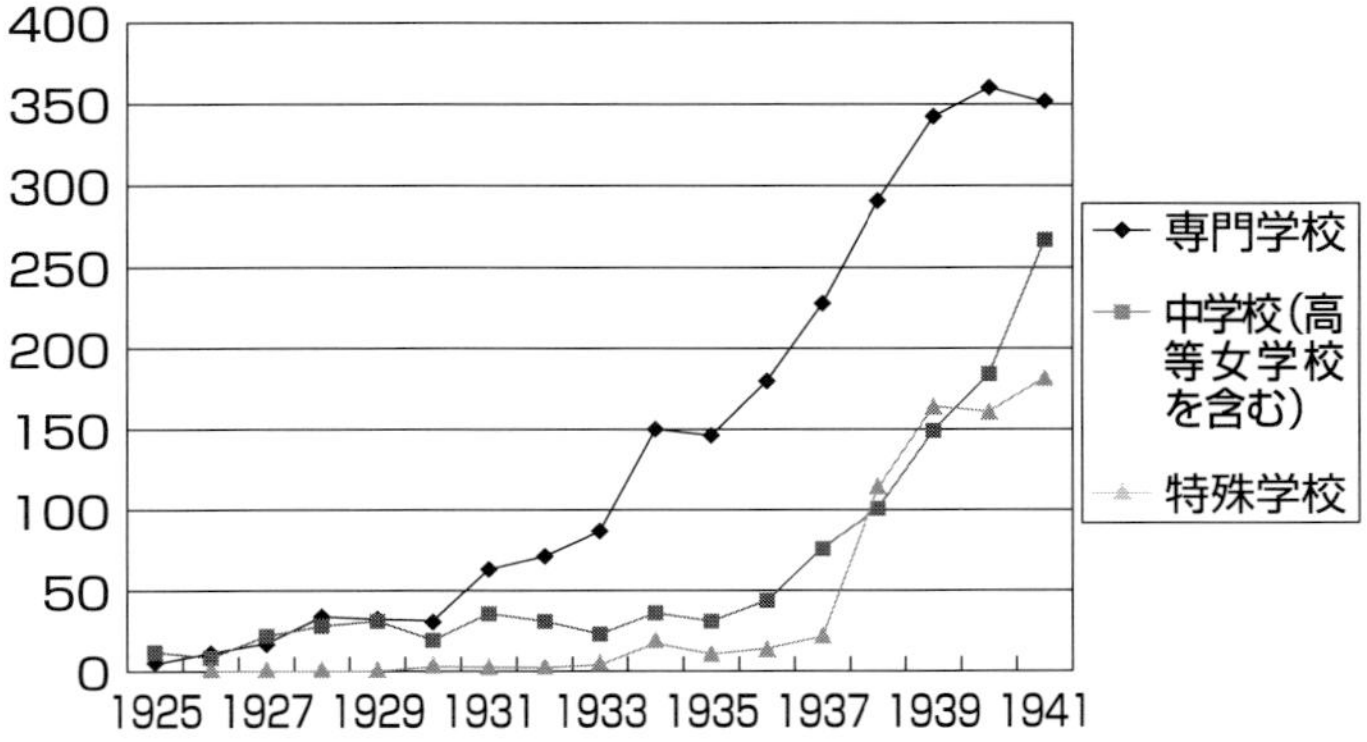

図1　台湾人女子留学者数の推移

表1　留学先学校種別女子留学者数

	小学校	高等女学校	職業学校	専門学校	大学	特種学校	その他
1925	2	12	1	6	6		1
1926	1	9		11	11	1	4
1927	2	22		18	2	1	2
1928	2	28		34		1	1
1929	1	31		33		1	3
1930	3	19		31	31	5	10
1931	4	37		64		5	5
1932	5	31	2	73		3	6
1933	4	23		87		5	6
1934		37		152		20	
1935		31		146	12	12	2
1936		43		181	3	15	
1937		76		229	2	23	
1938		101	24	291	1	115	
1939		148	16	343		164	
1940		185	20	360	10	161	
1941		267	31	352		182	

※特種学校は音楽学校、英語学校、裁縫学校、神学校などを指す。
出所：游鑑明『日据時期台湾的女子教育』国立台湾師範大学歴史学研究所碩士論文、1987年、附表五-15を一部修正

トを最低限に抑えようとする「植民地主義」の路線も存在していた。五〇年間の島内社会・国際情勢の変化にともない、植民地経営は二つの路線の間を揺れ動いていた。[2]

台湾人男子を対象とした植民地教育にあっても、経済的利益と政権の安定の見地から初等教育と実業教育以外が重視されていなかったとすれば、台湾人女子の教育はいったいどのような位置付けの下におかれていたのか。教育関係者を中心とする「同化」重視者は、植民地統治の観点から台湾人女性を通じての影響力を重くみたが、台湾人女子教育への投資は「植民地主義」に基づく経営方針と政策的コストの観点から終始、抑制されていた。

そこで女子教育が敢えて導入されたことの狙いは二つであった。一つは、台湾人女児の就学により、彼女らに男子と同じく忠誠心を植え付けるなどの同化教育を施し、「国民教育」の普及を徹底すると同時に、纏足などの在来の習俗を根絶することである。もう一つは、こうした教育を受けた後に、彼女らが家庭内でもつ妻または母としての役割から、植民地教育の主たる対象であった台湾人男子に影響力を及ぼすことであった。すなわち、男子のみに教育を与えても、彼等の母、妻である台湾人女性たちが家庭においてそれに無理解な態度を持っていたなら、彼女ら自身が阻害要因となるため、結局のところ、台湾人男子に対する教育の効果はこれらの「文明の破壊者」[3]によって損なわれてしまうだろうというのである。

台湾人の内地留学は、以上のような日本の植民教育政策に規定されたものと考えられる。すなわち大きな前提として、在台日本人を対象とする学校に比較し、台湾人を対象とする教育の内容・設備・定員などがごく限定的であるという植民地教育の不平等性が存在したのである。さらに時代が下るにつれ、限られた教育資源をめぐる台湾人社会内部の競争はいっそう激化していった。以下、留学を必要にした教育制度上の特徴について三点に分けてみていきたい。

2▼ 明治日本の台湾における植民地教育政策の形成については、駒込武『植民地帝国日本の文化統合』（岩波書店、一九九六年）と小熊英二『〈日本人〉の境界』（新曜社、一九九八年）を参照。

3▼ 一九〇八年一月、二月に『台湾教育界雑誌』七〇、七一号に連載された高木平一郎「本島女児の教育に就いて」は、この種の言論のもっとも代表的なものであった。高木は台湾領有直後から女子教育に携わってきた女子教育界のベテランであり、第三高等女学校の主任兼国語科教諭、新竹庁でも小・公学校校長などを務めた。

教育資源の格差

第一に、在台の日本人子弟の学校教育とは別系統の教育制度が、初等教育の段階から差別を内包した形で実施されていた。台湾人子弟を収容する公学校は、日本人の小学校と比べ、教育内容と学校設備において劣位におかれていた。教科書について言えば、前者は台湾総督府により編纂された難易度のより低いものが支給されたのに対し、後者では日本国内で使われているのと同じ教材が使用されていた。教育内容の格差のため、小学校卒業生の進学率は公学校卒業生よりも遥かに高いという現象がもたらされた[4]。

日本語が「国語」と定義されていた植民地時代には、台湾人子弟にとって母語ではない言語が立身出世のための大前提となった。そのため、上層のエリート家庭、とくに公職に就いている一部の官吏や日本語常用家庭が、日本人有力者との人脈を積極的に利用し、子女を公学校ではなく、日本人子弟が中心である小学校に入学させようとした。そのなかには、幼い娘を直接、日本内地に送り、初等教育から日本人と同じ教育を受けさせる家庭もあった。【表1】を用いて小学校への留学人数を見れば、データの得られた一九二三―一九三三年においては毎年五人を超えない程度であった。この数字には表れていないが、聞き取り調査や回想録を概観すれば、総督府の統計年度以外にも内地に移住している両親や家族に伴われて入学・編入する者や、内地育ちでそのまま小学校に入学した台湾人児童も相当数、存在していたことが知られる[5]。

教育内容・資源の格差は、高等女学校にも存在していた。戦前の高女の台湾人女子教育では、内地または日本人対象の場合に比べて国語、国民精神教育の重視が際だっていた。設備の面では、一九一〇年代後半までに設置された高等女学校は、基本的に在台日本人女学生のため

4▼
鍾清漢『日本植民地下における台湾教育史』多賀出版、一九九三年、一〇八―一一三頁。

5▼
たとえば、高俊明牧師は一九三九年、公学校五年の頃に従兄弟二人とともに、内地の小学校に転入した（高俊明・高李麗珍口述、胡慧玲記録『十字架之路』望春風文化、二〇〇一年、六六―七八頁）。

のものであった。一九一九年に第一次台湾教育令が発布されたあと、台湾人のための高等女学校がようやく整備され始めたが、修業年限は三年で日本人対象のものより一年ないし二年短縮されていることなど、日本人対象の教育内容に比較すれば簡略なものだった点が指摘できる。一九二二年の第二次台湾教育令により、公学校と小学校の入学基準は国語常用の有無によって判定されるように改正され、中等教育以上においては台湾人、日本人の区別なく共学制を用いることとなり、女子の中等教育機関に関しては一律に四年制の高等女学校となった。しかし支配者側が自画自賛していたこの政策は、現実には台湾人女学生の枠を増加させることなく、逆に在台日本人女学生により侵食されてしまう事態をもたらした。従来、台湾人の在籍を想定していた一部の高等女学校でも日本人女学生の比率が増え、台湾人女学生の入学枠を侵食してしまった。[6] ここから、台湾人の保護者が子女を内地に送り出す事態が生じ始めた。

定員枠の不足

定員枠不足と受験戦争のため、高等女学校への台湾人入学希望者が島内で満足に教育を受けることができなかったこと、これが女学生たちに内地留学を選択させた第二の要因であった。前述のように、日本人の小学校に比べ公学校の進学条件が劣っていたことから、日本人生徒と同一内容の高女入学試験に臨んだ場合、台湾人生徒は圧倒的に不利であった。また台湾人に提供される高等女学校の学校数と定員は長期にわたって不足しており、条件の改善にも遅れがみられた。

台湾人女学生の進学難について、【図2-a、b、c】のグラフを参照してみたい。これは主に台湾人女学生を対象とする三つの伝統校—台北第三高等女学校、彰化高等女学校、台南第二高等女学校の状況を示したものである。どの学校においても一九三〇年代の半ば以降、入学志

6▼ 山本礼子『植民地台湾の高等女学校研究』(多賀出版、一九九九年)を参照。同書によれば、主に台湾人が対象だった彰化高等女学校の場合は、一九二五年に台湾人対日本人の学生数が五対一だったが、新教育令による政策実施後の一九四〇年にはほぼ同数になっている。入学率は一三対六〇と、台湾人の娘達にとっては不利であった。

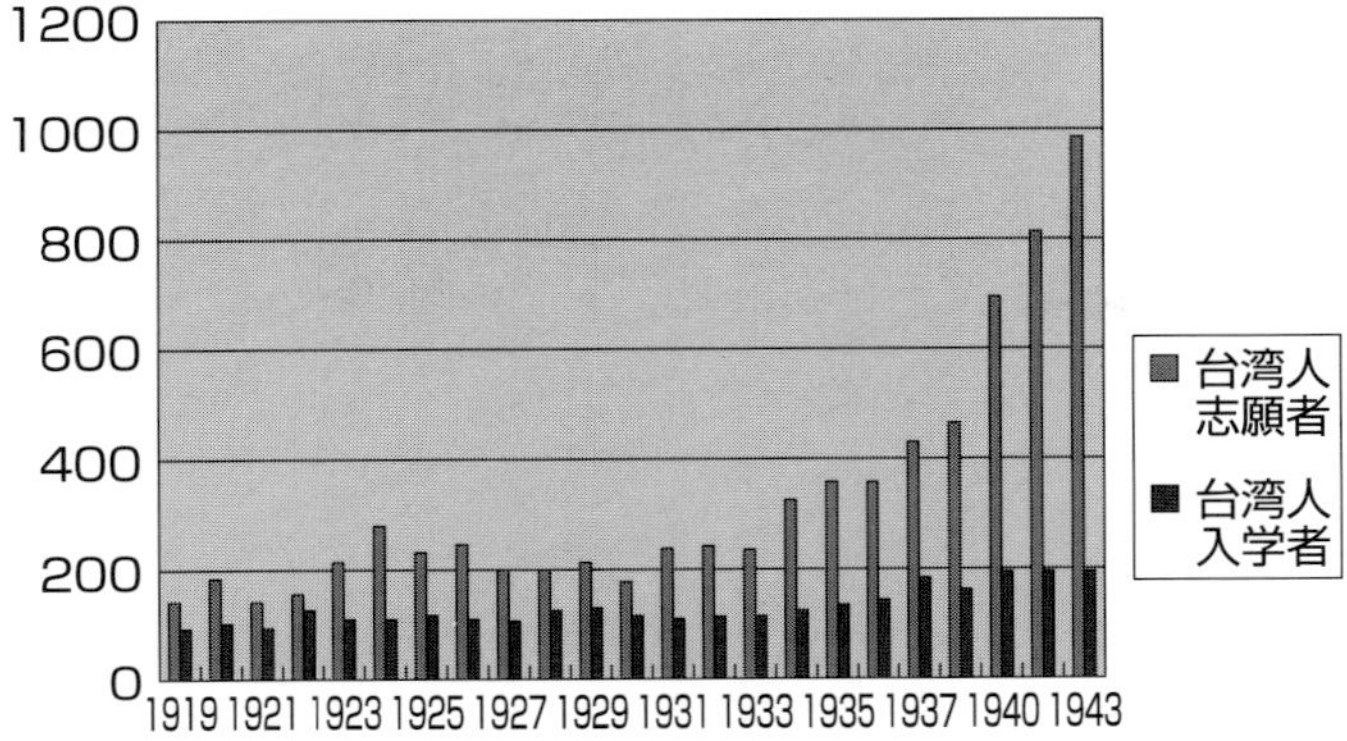

図 2-a　台北第三高等女学校台湾人志願者・入学者数の推移

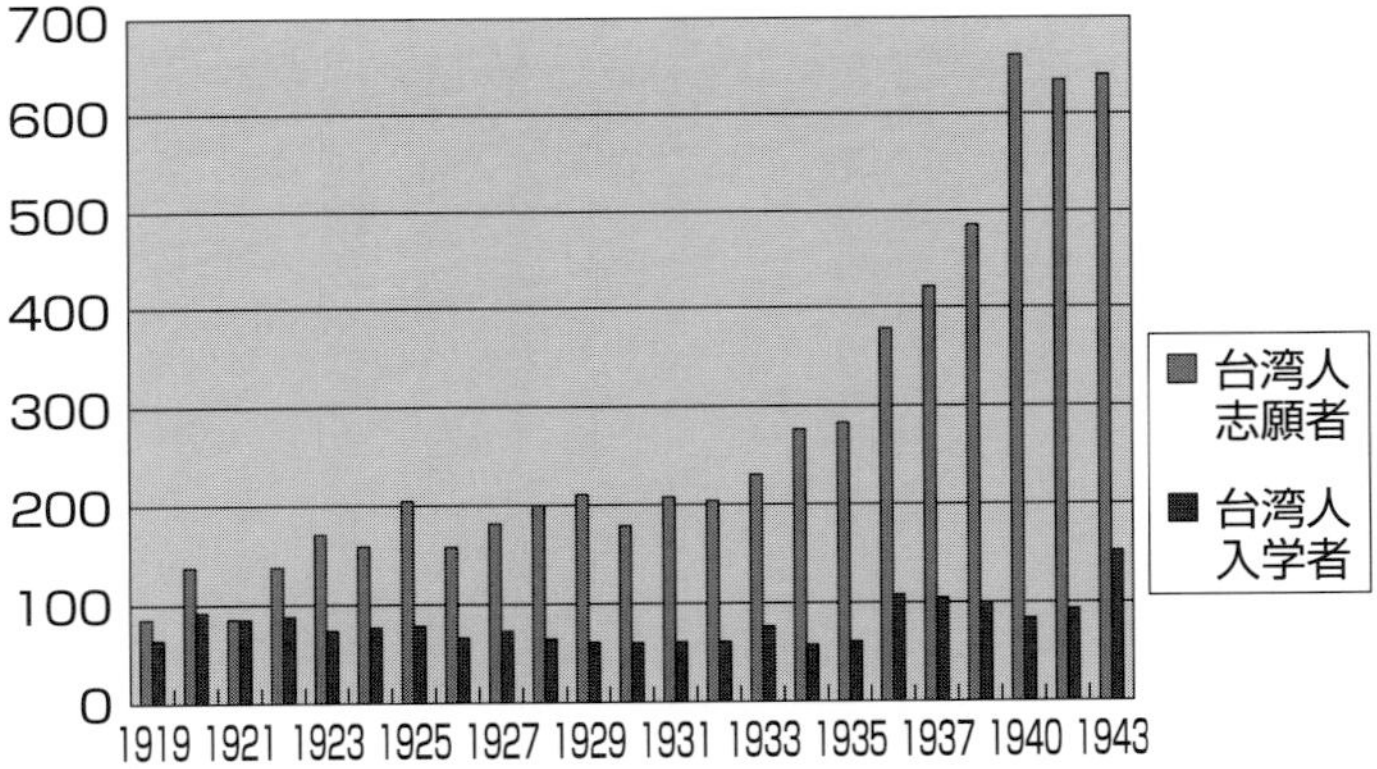

図 2-b　彰化高等女学校台湾人志願者・入学者数の推移

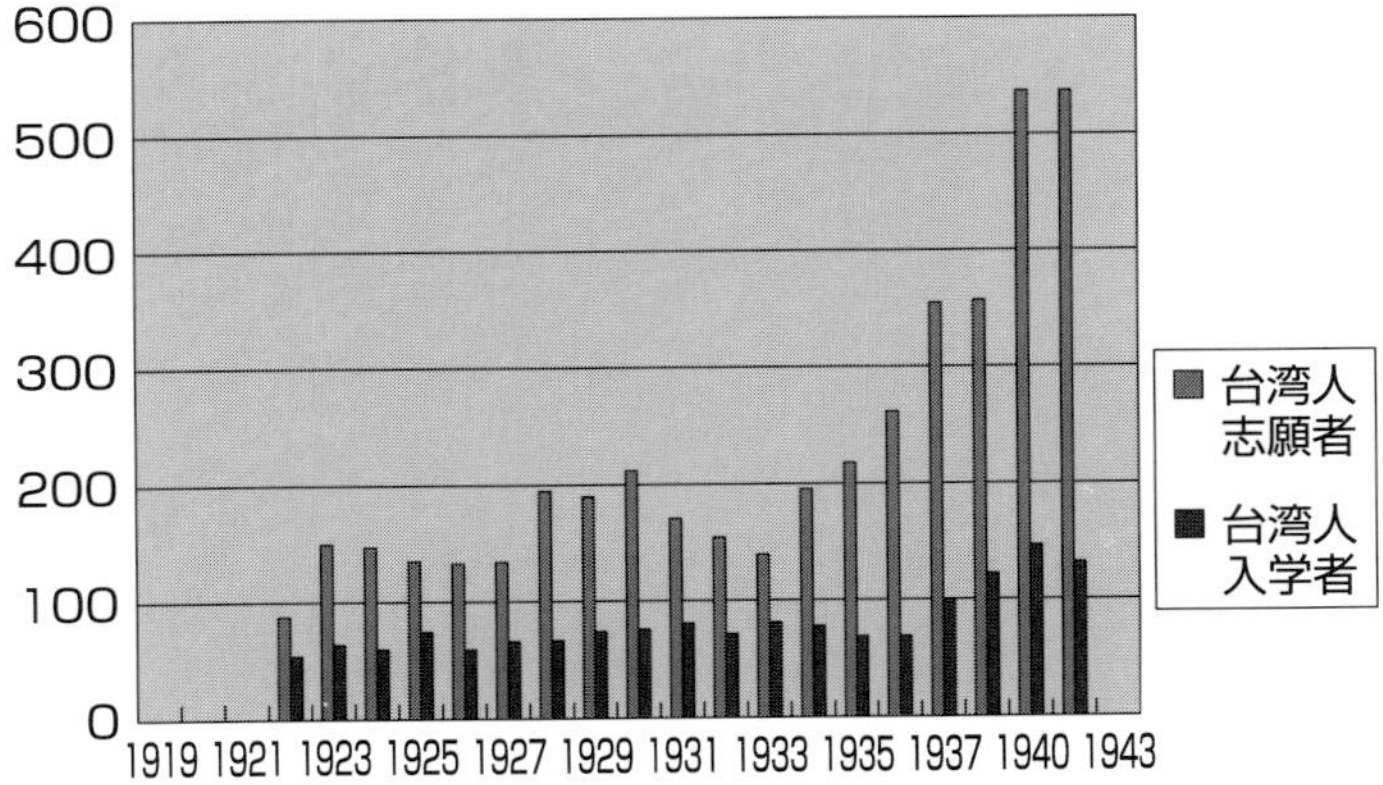

図 2-c　台南第二高等女学校台湾人志願者・入学者数の推移

望者が急増しているが、それに合わせた入学枠の拡大が行われていなかったことが分かる。

　日本人と比較すれば、台湾人女学生の高等女学校の入学難は、いっそう明らかであった。【図3-a、b、c】は日本人を対象とする台北第一高等女学校、台北第二高等女学校と台中高等女学校の志望者数・入学者数の推移である。第一高女の場合は受験倍率は常に一・五倍程度であり、台北第二高女はやや競争が激しいものの、入学枠増などの対策をとり、受験倍率は三倍程度であった。日本人人口の集中が台北ほどではなかった台中市をみれば、台中高女の場合は、一・五から二倍程度の低い倍率であった。【図2-a、b、c】と合わせてみれば、台湾人側の過酷な競争が分かる。とくに、台湾の中部地方は清代以来、文化、教育事業が盛んな土地柄であった。そうしたなかで、台湾人を対象とする彰化高女【図2-b】の競争の過熱と、日本人を対象とする台中高女【図3-c】の入学の容易さは対照的であった。[7]

　定員と学校の不足による受験戦争の過熱状況の下で、進学を希望しつつも受験に失敗する台湾人女学生が年々増えてきた。島内の高等女学校受験の過熱した時期は、前出【図1】での女子留学生数の増加時期に一致している。「浪人」を覚悟した富裕家庭の娘たちの多くは、教育機会を日本内地に求め、留学の道を選択することになった。とくに入学が低い水準に抑えられていた中部地方の出身者は、日本留学生のなかで常に最多数を占めたのである。[8]

進学先の欠如

　高女卒業後の留学に関しては、進学校の少なさが最大の要因である。台湾総督府は、島内で高等女学校以上の学校を設置することについて消極的であった。ここでは、高等女学校卒業生の島内における進学コースをみてみよう。高女卒業後、さらに進学を希望する者については、①各高等女学校に付設された一年制の師範科や講習科、補習科への入学、②台北第一師範学校

7▼ 戦前の台湾で高等女学校教育を受けた複数の日本人引揚者にたいする筆者の聞き取りでも、容易に入学できた日本人よりも、激しい受験戦争を勝ち抜いて入学した台湾人の友人のほうが優秀であったとの感想がしばしば現れた。

8▼ 游鑑明『日据時期台湾的女子教育』（台湾師範大学歴史研究所碩士論文、一九八七年、附表五―一六）を参照。また、実際の内地留学経験者からも同様の証言を得た。

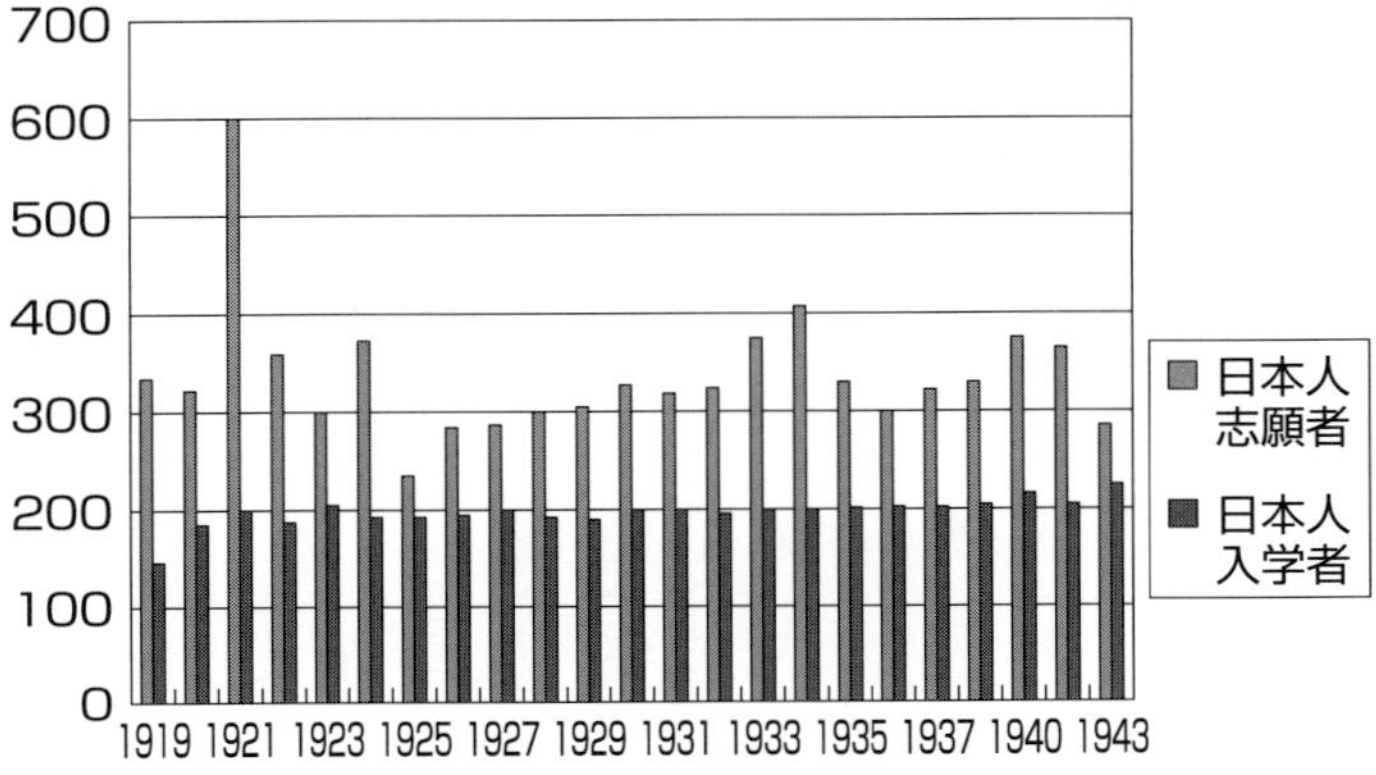

図 3-a　台北第一高等女学校日本人志願者・入学者数の推移

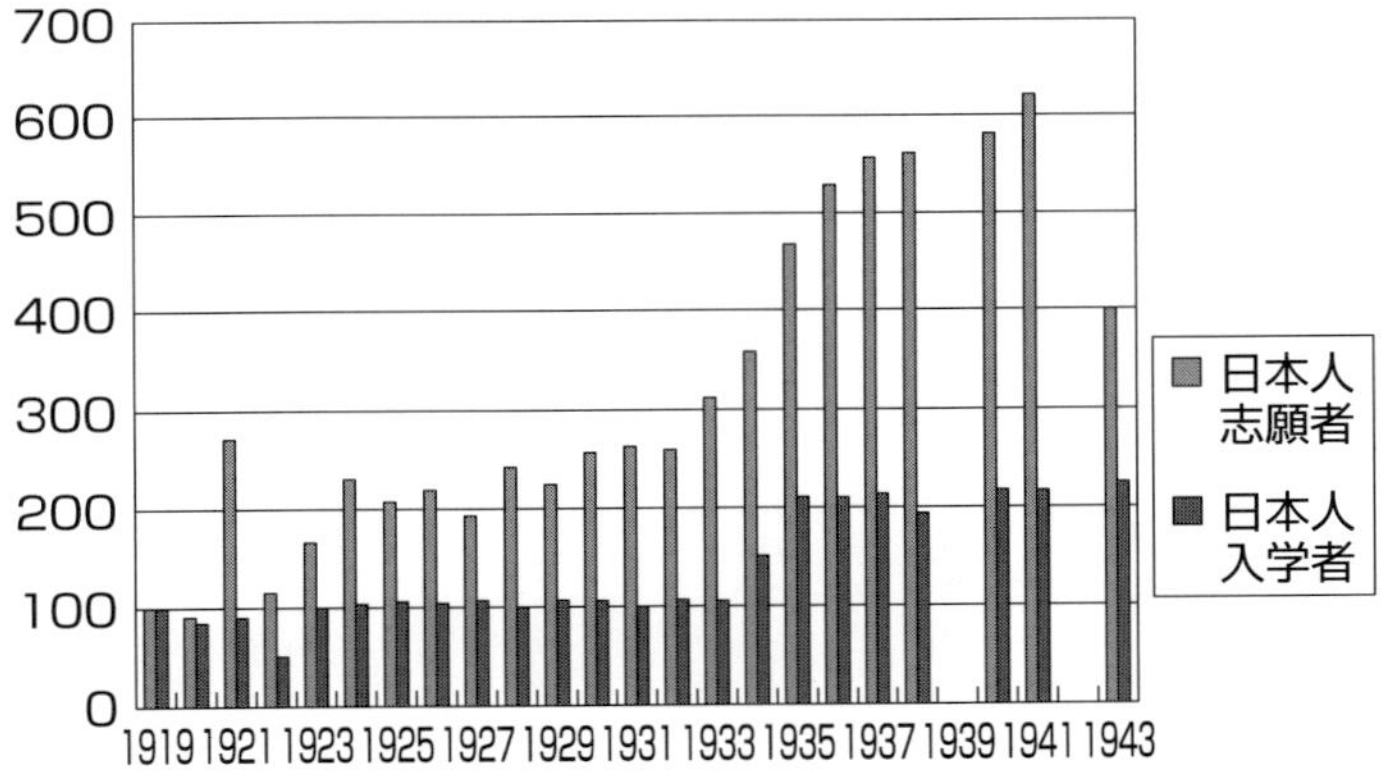

図 3-b　台北第二高等女学校日本人志願者・入学者数の推移

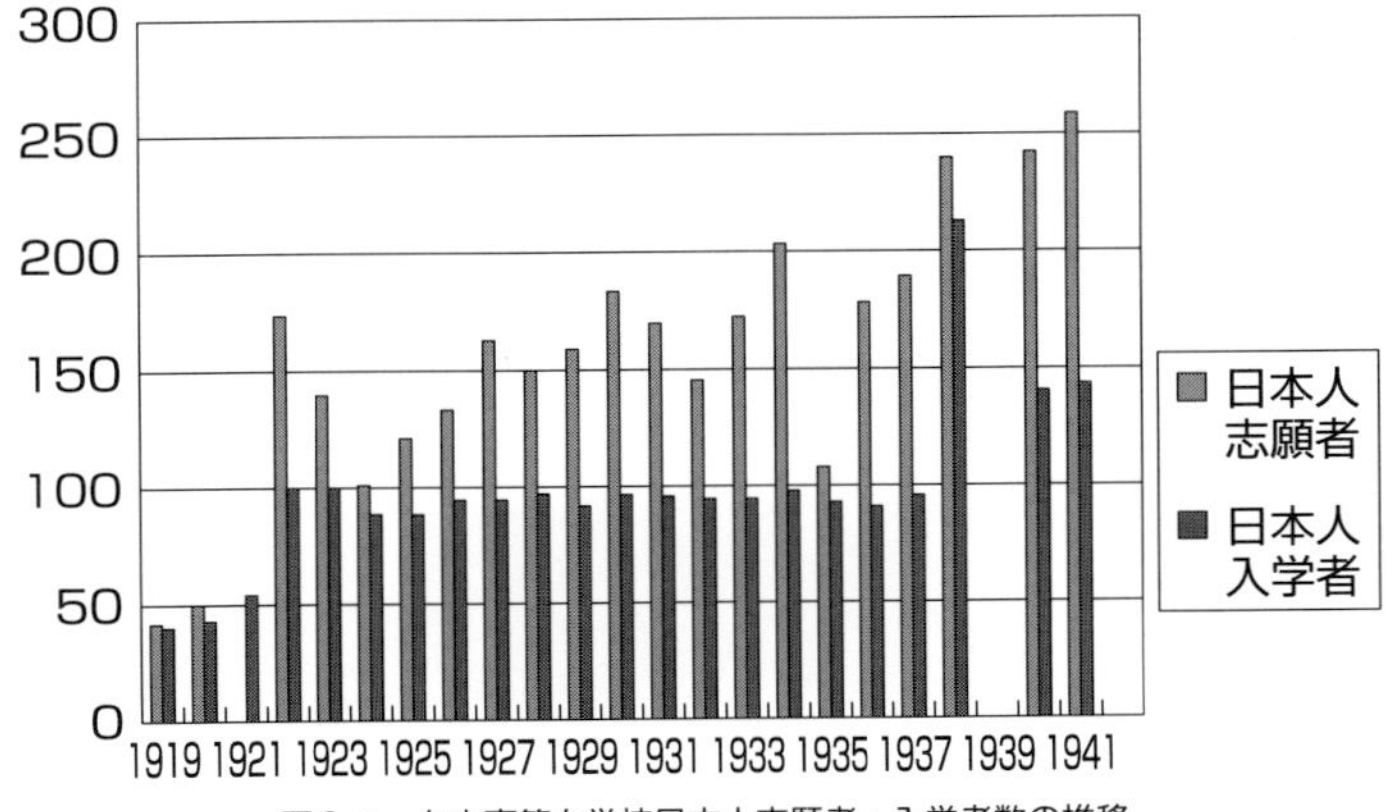

図 3-c　台中高等女学校日本人志願者・入学者数の推移

女子部と③私立台北女子高等学院への進学という三つの道が開かれていた。

高等女学校の師範科は公学校の女性教師の養成を目的とし、一九一九年には台北女子高等普通学校時代の第三高女、一九二二年には彰化高等女学校、一九二七年には台南第二高等女学校にそれぞれ創設され、三〇年代後半には他校にも設置された。教育内容は本科と変わりがなく、日本語、教育と技芸を重視し、特に補習科の場合は技芸科目が教学総時数の半分を占めていた。進学を希望しない一部の者を除き、進学の意志を有する者は、高等教育の性質を持たない師範科や講習科、補習科には興味を示さず、全体からみればこれら学科への入学志願者は多くはなかった。[9]

高等女学校卒業生を対象とする上級学校は、台湾島内では一九二〇年代末から三〇年代初期にかけて増設された台北第一師範学校女子部と私立台北女子高等学院の二校のみであった。しかし、これらはいずれも日本人女子を主要な対象としており、また高等教育の機能を備えることなく、修業期間は一年ないしは二年の短期的訓練機構に過ぎなかった。台北第一師範学校女子部は、公学校女教師の養成を目的に設立されたものであり、高等女学校の師範科や講習科に比べて水準は高かった。だが定員が少ないために合格率も低く、狭き門となった。一九二八―一九四二年までの卒業生総数は、日本人の三九三人に対し、台湾人学生はわずか二九人であった。[10]定員が少ないことのほかに、高女卒業程度であれば公学校の教師として採用されることが可能なため、さらに師範学校女子部に入学する必要性が強く感じられないという事情もあったであろう。

一九三一年に設立された私立台北女子高等学院は、高女卒の女性が結婚までの準備・待機の場所として入学する色彩が濃厚であり、民間では「花嫁学校」とも呼ばれていた。学科の他に和洋裁、ピアノ、琴、茶道、割烹などが正課になっており、実際の教学の重心は家政教育に置

9▼同前、一五三、一六九頁。
10▼同前、一五七―一五九頁。

かれていた。また授業料が高く裕福な家庭の娘だけが入学することから、「学習院」とも呼ばれていた。一九三七年以降、戦争による不穏な雰囲気で、娘の安全に配慮する親の反対で内地留学を叶えられなかった学生らの同校への入学が一時急増した。しかし、結婚のために中退する学生も少なくなかったという。[11]

以上から、島内の教育条件に満足できず、さらに高い教育機会を希求する者は、留学に踏み出さなければならなかったことが分かる。そして言語面の考慮と留学先の情報の関係で、実際には日本内地を留学先に選ぶ者がほとんどであった。冒頭に引用した呉月娥三人の例はまさにこのタイプである。

11▼
同校の卒業生の回想である、楊千鶴『人生のプリズム』(南天書局、一九九八年、一〇一—一〇二頁) を参照。

3 近代化の動きと社会変容

「纏足」から「女子教育」への移行

娘を日本内地に留学させた背後には、台湾人エリート家庭が時代の変化にたいし、敏感かつ迅速な対応した事実があった。男子教育については、統治初期に従来の漢学教育とともに日本教育を同時に受けさせるという並行的な投資戦略、女子に関しては、伝統的な纏足慣習から脱却させ、短期間に女子教育に移行させたことが代表的な例であった。

一九〇〇年、下関条約により日本の植民地となり五年が経過した台湾において、解纏足運動が開始された。台湾人エリート層による天然足会の結成を始点に、解纏足運動は台湾全島で大々的に展開していった。十数年間に若年層の台湾人女性の纏足者数は大幅に減少し、大きな成果をあげたことが、戸口調査では明らかである。一九一五年第二次臨時台湾戸口調査の結果と一九〇五年第一次調査とを比較してみると、全女子人口中の纏足者の比率は五六・九三％から一七・三六％に減少し、特に若い年齢層の纏足比率は激減した。すなわち一〇歳以下の纏足者比率は一四・四八％から〇・三〇％に、一一—一五歳は五四・六三％から三・四八％となった。

同時期には、台湾全島の富裕層で、若い娘たちの「階層的シンボル」が、旧来の纏足から教育＝学歴へと緩慢ながら転換しつつあった。公学校の台湾人女生徒数は、解纏足運動が始まった一九〇〇年の九八六人から一九一〇年の三、九四六人、さらに一九一五年の八、〇一五人と約八倍の増加を見せている。

つまり、女児纏足者と就学者数の推移はほぼ反比例しており、エリート階層では「学歴」が纏足の「三寸金蓮」に代わって女性を賞賛するシンボルとなってきたのである。この傾向は一九二〇年代以降になるといっそう明瞭となる。[12]

初等教育から就学の可能な者は、台湾人女子全体から見ればごく限られた存在であった。その絶対数は、一九一〇年の三、七七三人から一九一五年の七、八九一人、纏足から脱却した世代の入学年度に当たる一九二〇年には二六、八一六人、一九三〇年には五九、四七六人まで増加した。同世代人口に占める比率は、一九一五年以前には一—二％前後、一九二一年には一〇％台に達し、一九三三年に二〇％台、一九三八年以降には三〇—四〇％、義務教育の実施の一九四三年に六〇・九五％へと増加したが、全体からみれば、三〇年以上の長期にわたり二〇％台を越えなかった点が指摘される。[13] また、一旦入学しても中途退学する女生徒が少なくなかった。六年制の初等学校をみれば、一九三〇年代以前の卒業率は毎年二〇—五〇％の幅をもって揺れ動いており、五〇％以上を保持しながら持続的に成長するようになったのは一九三一年度以降のことであった。入学者数と卒業者数の間には概して大きな差が見られ、各家庭の経済力

12▼
近代台湾社会での解纏足から女子教育への移行とその意味については、洪郁如『近代台湾女性史』（勁草書房、二〇〇一年）を参照。

13▼
游鑑明前掲論文一九八七年、八七—八八、二八六頁。

と開明度を反映して、入学者の中で六年の就学の後に順調に卒業できたのは恵まれた家庭の娘であった。

エリート階層は日本内地社会との接触の中で、早い時期から日本人女子の教育、生活ぶりなどを見聞したのみならず、辛亥革命前後の中国本土における新世代知識人らの革新的動向も察知していた。こうした男性知識人の中には、新たな女性像が徐々に浮かび上がりつつあった。すなわち、近代的知識をもち、家庭と事業の双方に協力することのできる女性像である。そのためには女性を纏足の束縛から解放し、学校に入れて国語、手芸、作文、算数などの「理財致知」、すなわち新たな知の技能を習得させせなければならなかった。[14] 日本統治以前から、数代にわたり文化資本を蓄積してきた家庭、とくに父兄が新教育を受け入れた家庭では、女子の教育を受け入れる際の抵抗感も比較的薄かった。そして、女子教育の必要を認めた場合は、本島に限らず、直接に内地留学させることも考慮に入れられていた。

例えば、内地留学の台湾人女学生第一号の呉笑は、もともと父の意思で新楼学校の小学部に通っていたが、今度は父に内地留学を勧められた。本人は家を離れ異国に行くことを嫌がり、何度か拒否して逃げ廻ったが、結局「あなたはなぜおとうさんのいふ事を聞かないか、親のいふ事を聞かない子供は、親不孝ですよ」と迫る父の強い意思に負け、一八九九年に明治女学校に留学した。[15] また台湾中部の名門である霧峰林家の林仲衡は、一九〇七年の中央大学留学中、妻の反対を押し切り、七歳の長女、林双随を東京に呼び、富士見小学校に入学させた。双随は一九一九年に青山女学院高等女学部を卒業するまで内地の教育を受けることになった。[16]

女性の「学歴」価値の確立

エリート層における女性の学歴価値の形成については、二つの側面から考察することができ

14▼
洪郁如「求められる新女性像―日本統治初期における台湾の社会変容をめぐって」『中国女性史研究』第七号、一九九七年。

15▼
「台湾の女子留学生」『台湾協会会報』第六四号、一九〇四年一月、三六頁。呉笑「内地遊学当時の思出」台北第三高等女学校同窓会編『創立満三十年記念誌』一九三三年、四〇七頁。

16▼
杜聡明『回憶録』杜聡明博士奨学基金管理委員会、一九七三年、二二七―二二九頁。

る。一つは一九二〇年代以降の中・上層社会の結婚における、女性の教育レベルを重視する傾向である。こうした価値観の変化は、当時の『台湾日々新報』『台湾青年』などの新聞、雑誌に掲載された結婚記事に如実に反映されていた。[17]結婚記事は定まった形式は見られないが、両家の家長、媒酌人の名前に続き、新郎新婦の学歴が必ず記されていたことが注目される。記事からも窺われるのは、新郎新婦の学歴の「釣り合い」が高く評価されていたことである。学歴というものが、二人がはたして似合いであるか、そして家柄が釣り合うかどうかの判断基準としても考えられたためである。台湾人名望家、資産家家庭の「格付け」を釣り合いの基準として用いる従来型の結婚も続いていたことは勿論だが、男女双方の学歴が考慮に入れられはじめたことは、台湾中・上層社会における画期的な変化であったといえよう。一九〇〇年前後に纏足をやめて女児を就学させた台湾人エリート層の行動の結果は、二〇年代に至って表面に浮上してきたのである。同時期の結婚において両家が互いに相談を行う際、女性を評価する基準の中で「足の大きさ」はもはや重要ではなくなり、その代わりに娘の学歴が家の文化程度、家庭の躾と社会地位を象徴する新しいシンボルとなった。女子の内地留学の定着も、家族の対外関係と婚姻市場において女性の学歴に新たな意義が付与されたことと密接な連関をもつ。

もう一つ、女学生本人の勉学意思も無視できない。二〇年代より、台湾人女性について「小/公学校→高等女学校」という進学の理想型が提示されることになり、一九三〇年代後半になると、高女教育のみで満足できない女学生は、島内、さらに内地の高等教育機関への進学ルートを模索し始めた。女子教育をとりまく競争意識と序列化が浸透するなか、進学ルートの提示と競争意識の生成は、この時代の女性たちに自らの人生コースの展開を強く意識させ、自覚的行動の土台を築いた。女性自身の進学願望がいかようであったのかについて、山本礼子が戦前台湾の高等女学校卒業生を対象に実施したアンケート調査をみよう。入学の動機についての選

17 洪郁如前掲書の第四章を参照。

択式回答（複数回答可）の中で、「自分の意志」で進学を決定した者は八三％と最も高く、その他、「親の勧め」による者四〇％、「教師の勧め」は約二〇％になっていた。[18] 彼女らは、勉学によって最大限に延長された猶予期間において、同世代の台湾人エリート男性と同様、中等ないし中等以上の学歴を獲得し、教師、医師などの地位の高い職に就き「立身出世」コースを進むことも可能となった。そのためには高女卒が最低限の条件であり、それ以上の高等教育学歴を備えるには留学が不可欠となった。

台湾人女性の内地留学時の専攻は、医学、薬学、家政、音楽、美術などが中心であった。[19] 台湾人男性の場合、大学への留学が中心となり、医師、弁護士、下級公務員など将来の立身出世につながる職業を強く意識したものだったのに対し、女性の留学の意味はやや異なっていた。それは自らの興味と能力を自由に発展させることのできる環境に恵まれた者たちが、上流家庭の娘時代の延長として、高女よりさらに上級の修業をめざすという側面が強かった。音楽、美術、家政に女子留学生の人気が集中したのは、個人の趣味による選択が男性に比べ強いことを示す。また、医学と薬学を志望する台湾人女学生も多かった。医学については、社会的地位の高い職業に結びつくもので、男子学生にも人気のある分野であったが、一族の名誉とステータスを獲得ないしは保持しようとするエリート層の家族戦略は、娘までも及んでいたといえよう。これらを志望する女子留学生は、医師家庭の期待を受けての選択である例も多く、また医師家庭でない場合でも家族の強い支持を得ることができた。[20] 薬学の場合は、その進路選択を将来、医者と結婚するための花嫁修業の機会としてとらえている場合が多かった。[21] 以上のことは、大学よりも専門学校を選択する傾向として現れている。一九二五年から四一年にかけ、医科、薬科を含む各種の女子専科学校の入学者累計人数は二、四一一人、洋裁学校、音楽学校、英語学校を含む特種学校は七四二人、職業学校は九五人であったのに対し、大学はわずか三八

18▼ 山本前掲書、一一六頁。

19▼ 游鑑明前掲論文一九八七年一九九頁。

20▼ 游鑑明（金丸裕一訳）「植民地期の台湾籍女医について」（『歴史評論』第八号、一九九四年）、および游鑑明「日据時期台湾的職業婦女」（台湾師範大学歴史研究所博士論文、一九九五年）を参照。

21▼ 昭和女子薬学専門学校卒業生（一九四四年卒）の簡淑循氏への聞き取りによる（二〇〇一年五月一五日）。

昭和女子薬学専門学校の台湾人留学生蔡娩と教師・学友達（游鑑明『走過両個時代的台湾職業婦女ー訪問記録』中央研究院近代史研究所，1994 年より）

歯科醫師免許證

臺灣 呉 氏 月娥

大正十年十一月九日生

昭和十七年法律第七十號國民醫療法ニ依リ歯科醫師タルコトヲ免許ス仍テ此ノ證ヲ授與ス

昭和十九年六月十九日

厚生大臣小泉親彦

本免許ハ第三三五四六號ヲ以テ歯科醫籍ニ登録ス

厚生省衛生局長龜山孝一

呉月娥の歯科医師免許証（呉月娥『ある台湾人女性の自分史』芙蓉書房，1999 年より）

人であった。[22]

日本内地に広がる生活圏とネットワーク

前出の【表1】が示していた一九三〇年代以降の女子留学生総数の増加は、台湾人エリート層の活動圏が日本内地にまで広がっていたことに関連すると考えられる。モノの移動の面では、台湾が日本に領有されて以降、輸出対象地域は中国から日本へと転換した。農業加工品を中心とする食料品と原料が日本内地に輸出される代わりに、日本の工業製品が台湾に輸入されてきた。台湾は一九三〇年代には宗主国の経済システムの一部に組み込まれ、日本内地経済を補完する形で取り込まれるようになった。[23]人の移動の面においては、商人を中心に日台間の往復が頻繁になった【図4】。二〇年代までは毎年の日本への渡航者数は五、〇〇〇人未満であったが、三〇年代後半になると倍増、毎年一万人以上となり、一九三九年には二万人を超えた。[24]台湾人の富裕層の活動範囲は従来の対岸大陸の沿岸部から、日本内地へと移行し、ビジネス、旅行、勉学などの目的での往来は日常的となった。

女性の留学の実現は家庭の経済力に加え、生活圏の延長としての内地在住台湾人とのネットワークの要因が看過できない。実際に留学した者の家庭をみれば、以下のような状況がみられる。第一に、父母や兄弟の中に日本留学経験者がいる場合。第二に、内地との商業的関係を有する場合。第三に、家族、または親戚・友人に日本在住者がいるか、あるいは内地に不動産を所有している場合などである。こうしたネットワークのお陰で、台湾人女子留学生の内地渡航はほとんど父母、兄弟、親族が同行し、入学手続きから寄宿問題まで生活の全般にわたってお膳立てが整えられる形となった。[25]

さらに、国語、同化教育に重心を置いた植民教育方針のもとで、日本語と日本文化は確実に

22▼
游鑑明前掲論文一九八七年、一九八－一九九頁。

23▼
張宗漢『光復前台湾之工業化』(聯経出版事業公司、一九八五年)、および東嘉生「台湾経済史概説」(台湾銀行経済研究室編『台湾経済史二集』一九五五年、一－四二頁)を参照。

24▼
台湾省行政長官公署統計室編『台湾省五十一年来統計提要』一九四六年、表九四。

25▼
游鑑明前掲論文一九八七年、一九七頁。

東京女子薬学専門学校の茶道実習風景（1931 年），手前は台湾女子留学生荘季春。（游鑑明『走過両個時代的台湾職業婦女ー訪問記録』中央研究院近代史研究所，1994 年より）

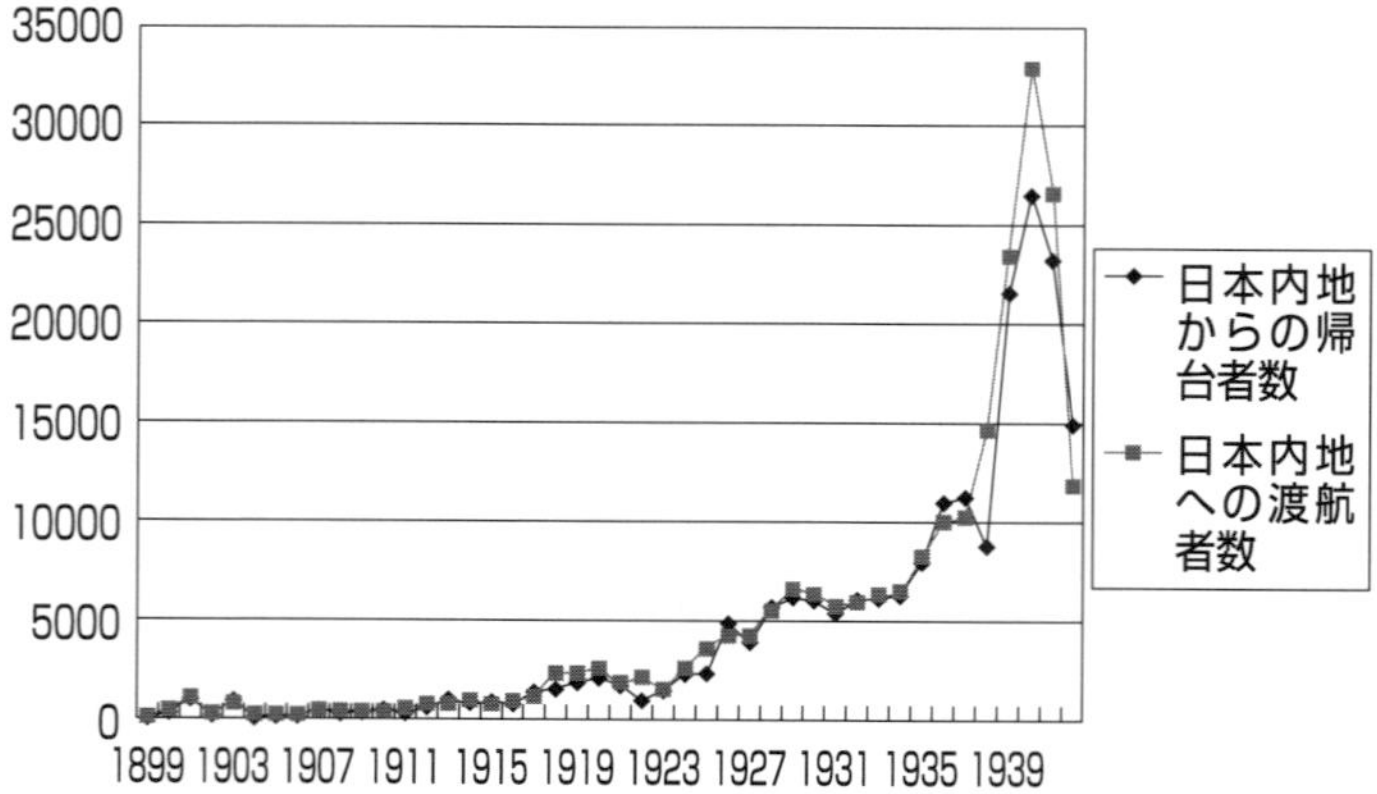

図 4　台湾人の日台間移動者数の推移

学生に浸透しており、日本留学への土台を提供していた。とりわけ台湾人女学生にとって、日本語力はいうまでもなく、俳句、短歌、茶道などをはじめ各種の日本式礼儀作法は高等女学校の教育現場で習得済みであった。[26]呉ら三人のように、内地渡航のときに目に映った瀬戸内海の風景は、ある意味では、それまでの教科書を通じてすでに「馴染み」であった帝国山河の再確認であった。母国語並みの日本語能力を有する彼女たちにとって、内地留学は、「外国」留学の気分というよりも、むしろ日本の地方から上京する学生の心境に類似のものといえよう。一九四一年に基隆高女を卒業し、東京の昭和女子薬学専門学校に入学した簡淑循さんは、以下のように回想している。「現在の留学生と違って日本語で苦労することはなく、台湾での女学校教育は内地と変わりなかったので、あまり心配はありませんでした」「内地留学は、台湾人学生たちには比較的馴染みやすいものでした。なぜなら、在学中にも内地旅行の経験があったからです。女学校の三年から四年にあがるときに、内地旅行があり、ほぼ全員が参加しました[27]」。言語の壁の不在、日本文化への親近感の存在は、彼女らが当時の中国人女子留学生や戦後の外国人留学生とは根本的に異なっていた点であろう。

教会の機能

内地留学の台湾人女学生には、キリスト教信者の家庭出身の娘が少なくなかった。こうした教徒家庭は、非教徒の家庭よりも女子教育を重視する傾向がみられた。母親をはじめ家族の女性構成員が女性宣教師との接触を通じ、音楽、食生活などの面で西洋の「モダン」文化の体験をもつようになっていた。また、日本統治期以前の伝統的な台湾家庭の多くは女性に教育を受けさせなかったが、教徒家庭の女性は、宣教師からローマ字による台湾語表記法を習得し、聖書の読み書きもできた。教会活動の経験から、外部世界に比較的理解を持つ親は、娘の教育に

26▼
洪郁如前掲書の第三章を参照。

27▼
簡淑循口述、洪郁如、須藤瑞代記録「インタビュー簡淑循さんインタビュー記録――台湾・日本での女子教育の思い出」『中国女性史研究』一二号、二〇〇三年、三一―三八頁。また二〇〇四年四月三日に筆者が台北市内で行った同氏のインタビューでも同様の補足説明があった。

ついて開明的な態度を示したのである。実際の聞き取り調査でもこのような特徴がみられる。五人姉妹のうち四人が日本に留学した簡淑循さんは、「クリスチャンの家庭は子供の教育に関しては男女の別なく非常に熱心で、また芸術方面の教育にも力を入れます。私の兄弟姉妹がみな教育を受けたのも、こうしたクリスチャン家庭であったからこそといえるでしょう」と強調した。[28]また、呉月娥さんも、日曜学校で賛美歌を教えオルガンを演奏する「阿拿先生」の姿に教徒である祖母が魅了されたため、自分の孫娘を女学校に進学させることを家族の中で強く主張したという。その後の日本留学が実現できたのも、「娘が医者になれたら、家の光栄だ」と母が父に説得したからであったという。[29]

男性知識人の変容に着眼する呉文星の台湾人エリート層の研究によれば、台湾人クリスチャン、とくに長老教会教徒の日本の新式教育にたいする積極的な受容の態度は、一般の台湾人の及ばぬところであった。呉は、台湾人の総人口にキリスト教徒が占める比率の低さから考えると、日本統治初期の医学校に入学する教徒子弟の割合は極めて高いこと、さらに留学においても教徒家庭が先駆け的な存在であったことを指摘する。その主な原因として、信者家庭が一般の台湾人より早い段階から西洋式教育に接触した経験をもつことが挙げられている。[30]

経済的考慮から留学を躊躇する一般家庭にたいし、クリスチャン家庭出身の女学生の内地留学は、牧師からの奨励や家長の熱心さなどが促進的な条件を提供していたことが分かる。さらに、勉学を除き、土日の教会集会は実際の留学生活のなかで大きな位置を占めていたとすれば、[31]彼女らは教会を通じ、一般の女子留学生よりもいっそう緊密な台湾人同士のネットワークによって結び付けられていたと考えられる。

28▼ 同前。

29▼ 呉月娥前掲書、三八頁を参照。

30▼ 呉文星『日据時期台湾領導階層之研究』正中書局、一九九二年、一四一―一四四頁。呉の指摘によれば、多くの教徒家庭の子弟が良い教育を受け、社会の中堅になった。新式教育を通し、向上心と積極性を持つ教徒家庭の子弟は社会階層の上昇を遂げたという。

31▼ 呉月娥前掲書、五五頁。

4 おわりに

本論文は日本植民統治時期における台湾人女学生の「内地」留学の要因について、支配側が創り出した制度的要因と支配される側の社会的要因という両面から考察を行った。

まず、日本植民政策に大きく規定された台湾島内の教育環境と在地エリート層の需要との間には大きな落差が存在していた。この落差が解消されないまま終戦時まで捨て置かれたことが、台湾人女子留学生増加現象の構造的要因であった。ソフト面においては、国語を中心とする同化教育を重要視しながらも、ハード面での資源投入を最小限に抑えるという支配側の基本的な姿勢が、在台日本人子弟を対象とする教育との間に、内容面および設備面での格差をもたらした。台湾人女学生は進学の際、日本人生徒と競うための基本学力の面で不利な状況に置かれたのみならず、定員枠不足と激しい受験戦争にも遭遇したのである。こうした構造的要因により挫折した若い女性の一部は進学の断念を余儀なくされたが、恵まれた家庭出身の女学生たちは、日本内地留学を目指すようになった。

次に、台湾人在地社会の動向からみた場合、一九世紀末以来、外からの急激な政治変動に絶えず晒されてきた台湾エリート層の強い近代化志向、および娘の「学歴」が家庭の階層的シンボルとして新たな意味を付与されたことが、女学生の内地留学を支えた重要な背景である。また植民地化により、台湾社会は対岸中国から切り離され、日本内地とリンクしたことで、エリート層家庭の生活圏の内地への広がりがみられたこと、植民政府の徹底した国語・同化教育により、女学生自身にとっても日本語および日本文化が馴染み深いものとなり、内地留学に踏み出す際の躊躇が少なかったことも重要である。資産家家庭を除き、経済力の限られた一般家庭の次世代、とりわけ娘たちへの教育投資は、階層的上昇のきっかけともなった。

台湾人女性の内地留学は、植民地統治下の様々な制約と差別に向き合うため、台湾人エリート層が経済的・人的資源を動員しようとする際の、一つの「家族戦略」の現れであったともいえる。他方、植民地で生活してきた大多数の台湾人女性は、留学はおろか、義務教育制ではなかったため、初等教育を受ける機会さえ持つことができなかった。植民地的制約のなかで、経済力と文化的開明度による選別が教育を通じて繰り返されたため、台湾社会のエリート家庭と一般民衆家庭は、相容れない二つの文化的景観を呈示させることになった。この二つの階層文化は、互いに融け合うことなく戦後まで引き継がれていったのである。

（本研究は、平成十六年度科学研究費補助金基盤研究(A)「東アジアの植民地的近代とモダンガール」（課題番号：一五二〇一〇五七）による成果の一部である）

ダイアローグ

見えざる「纏足」

水面下で存続する植民地支配の構造

◉高島美穂

二〇〇四年夏、アテネにおいて開催されたオリンピックはまだ記憶に新しいが、次々と競技を繰り広げる熟練選手に混じってめざましい活躍ぶりを見せた、若い日本人選手の姿に胸を熱くした人々も多かったであろう。その一方で、眼の色も肌の色も殆ど変わらない日本人選手団に比べ、同国籍でも人種は様々であり、特に黒人選手の多いヨーロッパ諸国チームに注目した人も少なくなかったのではないか。

また、これより少し遡り、一九九八年のワールド・カップでは開催国フランスが優勝杯を勝ちとったが、このときチームの中心となって活躍した選手達がアラブ系や黒人であったことは日本でも話題になった。しかしながら、彼らの多くが実は、アルジェリア系移民の二世であるヒーローのジダンをはじめとして、カリブ海やニューカレドニアなど、かつてフランスが植民地支配をしていた地域の出身であったことにまで思い及んだ者がどれほどいたであろうか。少なくとも当時のフランス国内では、まさに「現在のフランスの縮図」を思わせるチームのもと、多種多様な選手達が一体となって勝利を手にしたことが「『多文化の国フランス』を象徴するものとして賞賛された」ようである。[1]

1▼ 平野千果子『フランス植民地主義の歴史』人文書院、二〇〇二年、九、一〇頁。

このように、いわば植民地主義時代の「名残り」ともいえるような例は他にも沢山ある。たとえば、親日家で知られるフランス人俳優のジャン・レノはアルジェリア生まれであるし、イギリスを代表するロック・グループのひとつ「クイーン」の天才ヴォーカリストとうたわれた故フレディ・マーキュリーはザンジバル出身である。また、かつてイギリスの最大領土であったインドの国技がクリケットであることなど、挙げていけばきりが無い。実際、私自身もクリケット好きのイギリス人の知合いから「日本もイギリスの植民地であったら、こんなに素晴らしいスポーツを国技にできたかもしれないのに…」と言われて苦笑したことがある。もちろん本人に悪気は全く無かったとはいえ、今でも忘れることのできない言葉だ。植民地制度が廃止されて半世紀近く経った今日でも、イギリス人はアイルランド人やオーストラリア人を馬鹿にした冗談を平気で口にし、日本では朝鮮人学校を地図に載せない地域が現存している。悪意であろうと善意であろうと、あるいは潜在的なものであろうと、こういった意識が人々の内から完全に消え去る日が果たして来るのだろうか。

＊＊＊＊＊

少々前置きが長くなったが、そもそもこのようなことを考える機会を与えてくれたのが、洪論考「台湾人女性の〈内地留学〉」の、特に「経済力と文化的開明度による選別が教育を通じて繰り返されるなかで、台湾社会のエリート家庭と一般民衆家庭は、相容れない二つの文化的景観を呈示させることになった。この二つの階層文化は、互いに融け合うことなく戦後まで引き継がれていったのである」という最後の部分だった。おそらくこれは、日本統治下において被植民地側の抵抗力を弱めようとする分断政策のひとつだったのではないかと思われるが、その結果、エリート層文化の女性の解放が進むとともに、それまで社会的ステータスの象徴であった「纏足」が廃止され、代わりに「学歴」が彼女達の立身出世の手段になっていったと述べられている。近代化志向が強まるなかで、女性の足枷《あしかせ》をはずし、この後社会的自立の道を歩んでゆくきっかけを与えたという点では充分に評価されるべきことだろう。しかし、また別の観方をすれば、当時内地留学を望んだ一部の女子学生にとっては、将来安泰の地位を保証するものが「纏足」から「学歴」に変わっただけであり、内容よりも外見、本人の学習意欲・意義よりも世間体重視という点においては、さほど変化はなかったようにも思えるのである。そして、このような傾向は今でもまだ存続しているのではないだろうか。実際、私が留学先のイギリスで知り合った台湾人女子学生の多くは裕福な家庭の出身であり、その関心や目的の対象が研究内容よりも、とにかく学位を取得することの方に向けられているのではないかと感じることもしばしばだったからだ。

＊＊＊＊＊

そして、もうひとつ興味深い事実としてあげられるのが、「台湾における日本の植民教育政策の展開は、統治サイド内部の『同化』重視と『植民地主義』という二つの路線の折衷の産物であった」（洪）という点である。というのも、ほぼ時を同じくしてヨーロッパでは、フランスが、世界最大の植民地帝国であったイギリスに追いつけ追い越さんとばかりに、まさに教育改革と植民地政策という二本の旗印のもとに海外遠征を推進し、しかも（ここは日本と大きく異なる点であるが）、飛躍的にアジア・アフリカを中心にその領土を拡大していったときだったからである。当時のフランスは第三共和政期にあたり、共和主義を軸に国民の再統合を目指していた時代でもあった。この国家再構築の中心的存在となったのが、このとき二期に渡り首相を務めたジュール・フェリーという人物だった。日本政府が台湾において行なった同化政策が、被支配者・支配者双方において、どの程度まで受け入れられたのか定かではないが、フェリーによって進められた民主的教育制度の導入（初等公教育の無償化・義務化・世俗化）は共和主義的国民意識の形成を促し、海外領土の増大と同時に進行していったのである。これが、彼が後に「共和国の建設者」と共に「植民地帝国の建設者」[2]といわれるようになった由縁であるが、この一見矛盾する理念が結果として、フランス国民だけでなく侵略された国々にも比較的容易に受け入れられたのは、おそらく「自由・平等・博愛」という革命の基盤となった思想が、その普遍性ゆえに彼らの意識においては矛盾しなかったからだと考えられる。[3]そして、自らも文部大臣を経験し、人は教育によって啓蒙され得ると信じていたフェリーは、このことを、本国の海外遠征を正当化するにあたり、ごく自然に利用したのだった。彼が首相を退陣した後の一八八五年七月に行なった議会答弁の中で、次のような有名な一節がある。

我々は、文明化された人々全てに課せられた義務と権利によって、野蛮な国々への遠征を行なって来たのであります。［中略］優れた民族には劣った民族を文明化する義務があるのです。［中略］ヨーロッパの国々は、寛大さと尊厳、そして誠実さとともに我々に与えられた、この文明化という、より優れた義務を遂行しなければなりません。[4]

＊＊＊＊＊

さて、前述のフランスの例でもわかるように、各々その要因は異なっていても、かつて植民

2 平野千果子『フランス植民地主義の歴史』人文書院、二〇〇二年、一四四頁。

3 この点において、天皇制という封建的な支配体制を強いていた日本とは対照的であるといえよう。

4 Jules Ferry, *Discours V*, (Paris: Armand & Collin & Cie Editeurs, 1893), p. 189, 210-211.

地として支配・差別されていたのにも拘わらず、当時の支配国に対して、反感よりも好印象を抱いている旧植民地国の人々は、今でも決して少なくない。台湾の場合もそうである。これには、洪論考でも言及されているように、内地留学をしたエリート家庭の女子学生にとっては「日本での学歴＝社会的ステータス」というイメージが定着したことの他にも、後の蔣介石率いる国民党によって行なわれた大虐殺との比較において、日本統治下の時期の方が「古き良き時代」として思い起こされることになったことなどが、主な理由のひとつとしてあげられるだろう。但し、これは日本の植民地主義の歴史上ではむしろ特殊な例であり、敗戦国である日本に対しては、韓国人従軍慰安婦や戦時中のイギリス人捕虜の問題など、今でも厳しい批判の眼が向けられることの方が多い。

これに対して、勝戦国であるイギリスやフランスの場合、その植民地制に対する批判がそれ程聞かれないのは何故だろうか。冒頭でもふれたように、もともとイギリス中・上流階級のスポーツであるクリケットは今やインドの国技であり、イギリスの大学に留学を希望するインドやパキスタン、マレーシアなどの裕福な家庭の子女は今でも後を絶たない。確かに、イギリス統治下において推し進められた、鉄道・病院・学校の建設などの「文明化」をむしろ恩恵として考えているインド人は（特にエリート層に）多い。また、それとともに導入された英語が、多民族国家インドの共通言語となった事実を高く評価する人も少なくないのである。

フランスに関していえば、その最大領地であり「内地」ともみなされていたアルジェリアに入植したヨーロッパ人（colons）の多くが、本国に対して「同化」要求をしていたという事実があげられる。また第二次大戦中は、先にも述べたような革命の普遍的理念に基づいて、植民地にも参政権を付与したり、早い時期から有色人を本国の中枢においたりしたことなどから、今でもブラック・アフリカの旧植民地国では（少なくともエリート層において）反仏感情があまりみられないという特色がある。[5]

このような現象が起こってきたのは、おそらく被植民地国に、支配する側に対する依頼心や依存心を抱く人々も存在したからではないだろうか。そしてまた彼らのあいだには、自国よりもはるかに進んだ近代文明や洗練された文化への、ある種の憧れもあったように思えるのである。経済的に余裕のあるエリート層にその傾向が強いのも、それ故であろう。

＊＊＊＊＊

しかしながら、ここで忘れてはならないのは、現在日本に対して好感をもつ台湾の人々が何人いようと、植民地政策が温情主義的（benevolent & paternalistic）・人道主義的なものであろうと、或いは統治下において恩恵を被ったと感謝する現地人がどれ程存在しようと、支配は支配であり、これらの事実を支配者側が自身の過去を問い正す際の妨げとしてはならないということだ。即ち、主人と奴隷という確固たる上下関係のもとに成立する植民地主義が善として肯定されることは決して無いのである。だからこそ、E・M・フォースターの『インドへの道』（一九二四年刊行）の最後の場面において、インド人青年医師のアジズは、友人のイギリス人教師、フィールディングの「何故君と私は今、友達になれないのかい？　二人ともそれを望んでいるんじゃないか」という愛情のこもった言葉に対して、次のように言い返すのである。

とにかくイギリス人なんて打ち負かしてやるさ。君達は今すぐこの国から出て行くべきなんだ。

5▼これは、ドゴールがヴィシー政権に対抗し、被植民地において支持を得る為の作戦でもあった。

［中略］僕が君を追い出さなくても、アフメッドやカリムがきっとそうするだろう。たとえ五十年、五百年かかろうとも、君らイギリス人は一人残らず追い出して海に放り込んでやる。そうしたら…［中略］そのとき初めて、君と僕は本当の友達になれるんだ。[6]

つまり、植民地支配という体系が完全に無くならない限り、イギリス人とインド人の間に真の友情は存在し得ないということであろう。[7]

またこれまで述べてきたように、長い年月をかけて「醸成」された意識は、植民地制度が廃止された今もなお現代を生きる人々のあいだに形をかえて脈々と息づいている、ということも心に留めておく必要がある。言い換えれば、我々自身が認識のレベルにおいて、各々の社会の過去を正す為の自問自答を怠ることなく、常に軌道修正を行なう努力をしてゆかなければ、本当の意味での植民地支配の差別構造を崩すことはできないだろう。

「纏足」からの解放を真に必要としているのは、萎縮してまともに歩けなくなった足よりも、むしろ肉体とともに征服され歪められた結果、偏った視野しかもてなくなってしまった人々の精神（morale）／意識の方なのかもしれないということ―そして、更にそれよりも偏狭で暗く澱《よど》んだ認識の泉に自らの歪んだ姿を映し続けているのは、このような事態を招いた張本人である侵略者の方なのではないか、ということを洪論考は示唆しているように思える。

……………

［参考文献］

Ferry, Jules, *Discours* V, Paris : Armand & Collin & Cie Editeurs 1893

Forster, E. M., *A Passage to India*, London : Penguin Books 1924

平野千果子『フランス植民地主義の歴史―奴隷制廃止から植民地帝国の崩壊まで』（人文書院、二〇〇二年）

6 E.M. Forster, *A Passage to India*, (London : Penguin Books, 1924), p. 315-316.

7 自らの二度のインド滞在経験（一九一二年、旅行者／一九二〇年、インド北部デュワスのマハラジャの秘書として）を通じて、その可能性を信じていた作者のフォースターも、第一次世界大戦が終わる頃には両国の関係に絶望し、この小説を最後に筆を折ることになる。従って、一九一〇年代に書き始められ大戦中に一時停止、そしてほぼ一〇年後に執筆再開された作品の前半部分が明るく希望に満ちてさえいるのに対し、後半（特に第三部）は暗く悲観的な雰囲気に包まれている。

III

はじめての接続

F i r s t C o n t a c t

フィールドワークへの招待[1]

世界に新しく接続する技法

菊地滋夫

1 異文化は身近に

異文化理解とフィールドワーク

今日、海外に旅行する日本人は、年に一六〇〇万人にも達し、外国からも毎年五〇〇万人を超える人々が日本へやって来るといいます。それでもまだ両者の数字には開きがあることから、日本政府は「ビジット・ジャパン・キャンペーン」と称する運動を展開し、二〇一〇年までに年間一〇〇〇万人の外国人に日本に来てもらうという目標を掲げています。このような人の移動をめぐる環境の変化にともなって、日本に暮らすわたしたちにとって、外国の異文化と接する機会はたしかに増えつつあるようです。その意味で、異文化は以前に比べると身近なものになりつつあるということができるでしょう。

そんな時代を迎えるにあたって、異文化を理解することの重要性はますます高まりつつある

1▼本稿は、二〇〇四年六月二〇日に明星大学日野校で開催されたオープンキャンパスにおいて筆者が模擬授業「フィールドワークへの招待——世界に新しく接続する技法」に基づく。

ことはいうまでもありません。異なる生活様式、異なるものの見方や考え方を互いに理解しようとしなければ、誤解やすれ違い、悪くすると衝突にさえ発展しかねないのですから。それに何より、異文化に接すること自体が刺激に満ちたワクワクするような経験である場合も少なくないですし、わたしたちは異文化から様々なものを学ぶこともできるのです。というわけで、ここでは、世界中の様々な文化を研究してきた人類学（文化人類学、社会人類学）にあって最も重要な研究方法とされるフィールドワークについてお話しすることにしましょう。

フィールドワークというと、「要するに現地調査のことだな」と思い当たる方も多いのではないでしょうか。たしかにその通りです。しかし、それはたんに現地へ行って何かを見聞きしてくること以上の何物かでもあるのです。「たかがフィールドワーク」ではありますが、「されどフィールドワーク」です。ここでは、いわゆる現地調査のマニュアルの紹介などは一切行わず（第一、人類学のフィールドワークにはマニュアルなんてありっこないですし）、フィールドワークという行為に秘められた企ての核心をお伝えできればと思います。

ところで、先ほど述べたこと、すなわち「外国人と接する機会が増えたので、異文化に接する機会も増えてきた」といった括り方には、実は大きな落とし穴があります。フィールドワークについて説明する前に、このことについて少しだけ補足しておきましょう。

「異文化」って「外国の文化」のこと？

どういう落とし穴かというと、それは、「異文化」を「外国の文化」として、「自文化」を「日本の文化」として、それぞれ単純化して捉えてしまうことです。このような見方においては、「日本文化」はあたかも一枚岩のような「一つの文化」として括られて、文化の多様性は覆い隠されてしまうのです。

「日本文化」といっても、実際には地域や時代による違いは大きく、たとえば、言葉の違いは、「方言」とか「若者言葉」などを思い浮かべればわかりやすいでしょう。また、ものの考え方や価値観にしても、もともと日本人は同じ考えや価値観を共有していたと決めつける必要もないのです。むしろ、言葉にしても、考え方や価値観にしても、その他暮らし一般についても、明治以降の近代化政策の過程で、地域ごとにあった豊かな文化的多様性が切りすぼめられてきたのです。そもそも「日本人」という国家的・民族的な枠組みや意識が成立したのは明治期以降のことに過ぎませんでした。

今日でも、外国を旅行してカルチャー・ショックを受けるたびに「自分はやっぱり日本人だなあ」と感じたり、日本の文化について説明を求められてうまく答えられないと「自分は日本人なんだから、日本の文化のことをもっとよく知らなくては」などと思ったことがありませんか。これらは、近代的な「国民国家」という枠組みを通して様々な人々とつきあう時代以降に頻繁に起こる典型的な現象です。

しかし、ある考え方が日本の文化だとか伝統だとかいわれても、それに違和感を覚えたり反発する「日本人」だって当然いるわけです。「これが日本の伝統だ」という言い方は、それに違和感を覚える人々にとってはどうしても排他的で抑圧的に響きます。日本という枠組みのなかにも多様な考え方や価値観があり、いわゆる日本人どうしであっても、互いに異文化を生きていることが大いにあり得るということを確認しておく必要があります。

したがって、ここでいう「異文化理解」とは必ずしも「外国の文化の理解」を指しません。より身近な、いわゆる「日本人」のなかにも存在する多様な異文化を理解するということも重要なのです。(うんと議論を先回りしていえば、フィールドワーカーにとっては、あらゆる文化が異文化でありうるのです。)このことを一応踏まえたうえで、フィールドワークについてお話ししたいと思います。

2 フィールドワークのはじまり

マリノフスキーの登場

人類学は、世界中の様々な文化の仕組みや成り立ち、あるいはそれらの変化を具体的に明らかにしようとする学問です。しかし、最初からフィールドワークが人類学の研究方法の中心に据えられていたわけではありません。学会組織が立ち上げられ、主だった大学に人類学部や人類学研究所が設置され、人類学が制度的に確立された時代といわれる一九世紀にも、標本収集やスケッチあるいは写真撮影などを目的とした短期間のフィールドワークを行う人類学者はいましたが、それでも大半の人類学者たちは、旅行家や探検家、宣教師や植民地行政官などが世界各地から寄せる手紙や報告書を資料として用いながら研究を行っていました。そこへ画期的なフィールドワークを導入し、その重要性を世に知らしめたのが、ポーランド生まれのイギリスの人類学者であるマリノフスキーだといわれています。

マリノフスキーはニューギニア南東部に位置するトロブリアンド諸島に単身で赴いて徹底的なフィールドワークを行い、傍目には奇妙に映る風習や慣習が、人々が生きてゆくうえで様々な機能を果たしていることや、それらが互いに密接に関連し合いながら社会や文化としての大きなまとまりを作りあげていることを明らかにしました。その成果は一九二二年に『西太平洋の遠洋航海者』と題する民族誌として発表され、後の人類学に最大級といっても良いほどの影響を与えました。

彼の行ったフィールドワークには、いくつかの特徴がありました。まず、合計二年以上の長期間に及ぶ現地滞在です。これはあらかじめ周到に計画されていたというよりも、第一次世界大戦のせいで帰国が困難になっていたという事情があり、マリノフスキー自身の思惑を超えたところで半ば強いられた長期滞在でしたが、結果的には、トロブリアンド諸島の人々との間にたんなる一時滞在者以上の関係を築くことができました。また、彼はほとんど通訳なしに会話ができるほど現地の言語に習熟し、現地社会のなかに一定の位置を占めるまでになりました。

参与観察

人間の営みである文化をより精緻に理解しようとすれば、野鳥を遠くから双眼鏡で観察するのとはまた違ったアプローチも必要になることは想像に難くないところですが、まさにマリノフスキーが採った方法は、ひたすら「現地の人々とともに暮らす」というものでした。マリノフスキーの民族誌が、学術的な著作としてだけでなく、読み物として読者を飽きさせないのは、現地の人々とともに暮らした経験に根ざした生き生きとした描写によるところが大きいといわれます。

この「現地の人々とともに暮らす」という手法は「参与観察」と呼ばれ、人類学におけるフィールドワークの基本として今日でも受け継がれています。研究者によっては、寝食をともにしたり畑仕事や牧畜などの生業活動に参加するだけでなく、修行や訓練を経て加入儀礼を受けて現地社会の一員として認知されたりすることがあります。

ちなみに、わたしも東アフリカのケニア海岸地方で二年以上にわたってフィールドワークを行ってきました。地元の少年たちとサッカーに興じたり、結婚式やお葬式に出席したり、オヤジさんたちとのヤシ酒飲みに加わるなどといったことは、もちろん参与観察の重要な一部です。また、わたしはある家族に（多かれ少なかれ擬制的な部分はあるけれども）息子として受け入れられ、ガラという名前をつけてもらいました。最初の二年間は間借りできる部屋がなかったため同じ敷地に建てたテントで寝起きをせざるをえませんでしたが、このことを除けば、食事やその他の生活はほとんどこの家族とともにしてきました。ケニアのお父さんとお母さん、六人の兄弟姉妹、そして何人もの親戚にあたる人々とは、日本にいるときでも手紙やメールで連絡を取り合っています。

失敗から見えてくること

参与観察ということで、ひとつ思い出されることがあります。それは、ケニア海岸地方でフィールドワークを始めて間もない頃のことでした。わたしは、女性たちが連れ立って二〇リットルもの水を入れたプラスチックの容器を頭に載せて運んでいるところをいつも興味深く眺めていたのですが、あるときどうしても同じことをしてみたくなって、「いっしょに水場に行きたい」と申し出たところ、突然彼女たちは大きな声でゲラゲラ笑い出したのです。事態が飲み込めず啞然とするわたしに、一人の女性が「水汲みは女の仕事であって、男がするものじゃないんだよ」と、やはり明るく笑いながら教えてくれたのでした。もちろん彼女たちは異文化に戸惑う異邦人への寛容さを十分に示してくれてはいたのですが、わたしは「いかがわしい奴」と思われたような気がして、恥ずかしさを覚えずにはいられませんでした。

果敢な参与観察はあえなく失敗に終わったように見えなくもありませんが、幸いなことに、必ずしもそうばかりではありませんでした。日常生活における性別役割分業の一端をより明瞭に知ることができただけにとどまらず、これをきっかけとして水汲みについていろいろ話をするうちに、様々なことを知ることができたからです。

たとえば、水の頭上運搬は、幼い頃からバランス感覚を身につけているので傍目に見るほど重労働ではないと女性たちが口を揃えること。水汲みは、女性たちにとって「おしゃべり」という娯楽と情報交換の大切な機会でもあること。それでも、水場から遠く離れたところに住んでいる女性たちのなかには、水汲みに要する時間を短縮することを目的に、共同の水道管を敷設するために募金活動に取り組んでいる人たちがいること。この女性グループからの組織的な支持と協力を取りつけるために、まとまった額のお金を寄付する政治家たちがいること。男性でも自転車を使えば水汲みを行っても構わないが、けっして頭上運搬は行わないこと。女性は自転車には乗らないこと。未婚の若者たちは、「母さんや姉妹たちに遠くから汲んできてもらった水で、水浴びをするのは申し訳ない」との大義名分で、しばしばタライをもって水場に出かけて、近くのブッシュのなかで水浴びをすること。しかし、その大義名分とは別に、水場に集まってくる少女たちをあわよくばナンパしようという下心もあること。水場で出会った若い男女は、お互いのクラン（共通の祖先を起源とすると信じられている親族集団）が同じかどうかをまず確認すること。その二人が同じクランに属することが判明すると、結婚はもちろん、恋人どうしの関係になるのも難しいということ……。これに関連する話はまだまだ延々と続いてしまいますので、この辺でやめておきましょう。

アメリカの人類学者ジェイムズ・L・ピーコックは、フィールドワークの本質についてこんなふうに述べています。「目からうろこが落ちるように、彼は世界を全く新しく眺めることができる。いや、実際彼は新しい世界に住みはじめるのである。あらたに誕生した、新しい人間として。」わたしもケニア海岸地方の人々といっしょに暮らすようになってから、少しずつではありますが、それまでとは異なる世界の眺め方を学び、その意味で新しい世界に住みはじめたと感じています。

3 フィールドワークの日常

アンケート調査は行わない

ふだんの何気ない生活をともにすることや、様々な行事に現地の人たちといっしょに参加することが、フィールドワークにおいては重要な意味を持つことはおわかり頂けたと思います。でも、なかには「それだけでいいのかな」と不安になる人もいることでしょう。「お酒を飲んでおしゃべりしているだけで、異文化理解はできるのだろうか。」「もっと効率のよい調査はできないだろうか。」そんなふうに考える人が思いつく方法があります。それは、いわゆる「アンケート」という調査方法でしょう。

しかし、フィールドワークを行う人類学者のほとんどはこの方法を用いていません。それどころか、「アンケートに頼るのは危険だ」とさえ考えているのです。実際、「水汲み」にまつわる右に述べたような情報をアンケートによって得ることができただろうかと考えてみると、それは大いに疑わしいといわざるを得ません。

異文化理解のためのフィールドワークにおいてアンケートの手法が用いられない理由を、文化人類学の良質な入門書『文化人類学を学ぶ人のために』を参考に三点ほど挙げておきましょう。

まず一つには、アンケートの設問とそれに対する回答項目が、しばしば調査する側の思いこみや先入観に沿って決められてしまうため、現地のリアリティとずれてしまうからです。たとえば、年齢を問わず「働くこと」に積極的な意義を見いだすような社会に出かけたフィールドワーカーが「子どもたちは哀れな犠牲者」との先入観に基づいて、「どうしたら児童労働を根絶できると思いますか?」と問うことがいかに的外れであるかを考えてみればわかるでしょう(念のために断っておきますが、わたしはここで「児童労働は悪くない」と主張しているのではありません)。あるいは、わたしたちがイメージするような「子ども」という社会的カテゴリーが存在しないような社会で「子どもに労働させることをどう思いますか?」と尋ねても、やはりピントはずれな質問になってしまいます。

また、アンケートにおいては、背景となる文脈が一般化されているため、どうしても表面的な回答になりやすいということも挙げられます。実生活のなかで状況が異なれば、当然異なる回答があるような場合でも、アンケートからはそうした事柄を把握するのが難しいのです。

それに、アンケートでは、当事者によっては意識されない規則や価値観を深く探ることはできません。たとえば、イトコどうしの結婚を禁止している社会(「イトコどうしの結婚」などは「近親相姦」と同じように口にするのも憚られるような社会)に暮らす人々に「なぜイトコどうしの結婚は禁止なのですか?」と訊いても、自明視していることの根拠を問われた人々は答えに詰まってしまうか、とりあえず聞き覚えのある理屈を並べるなどしてその場を乗り切ろうとすることでしょう。

誤解のないように申し添えておきますと、わたしは「いついかなる調査でもアンケートはダメだ」といっているのではありません。ここでは深く立ち入りませんが、文化的な背景なり文脈なりがある程度わかっているという状況でなら、何らかの対象の実態を統計的に把握するためにアンケートを実施するのがふさわしい場合も当然あるでしょう。しかし、背景も文脈もわからない異文化の理解を進めるうえでは、アンケートのような一見効率の良い方法には、かえって危ない側面があるのです。

「ぐうたら式」こそ正道

それでも、フィールドワーカーのなかにも参与観察だけでは不安だという人もいますし、また、調査を行う場合には時間的制約がまったくないというわけにもいきませんから、効率よくデータを集めるためにアンケート調査を試みたり、現地の人に頼み込んで長時間にわたってインタビューを行ったりといったことを行う場合もあります。

ガンガン質問をぶつけて答えを聞き出すような方法は、ちょっと冗談めかして言えば「取り調べ式」といえそうです。「わたしはそのような品のないやり方はしません」といえたら、どんなに素晴らしいことでしょう。しかし、残念ながら、わたしも自分のお父さん（ケニアのお父さん）を町のバーに連れ出して、何時間も話を聞き出そうとしたことがありました。なにしろ村にいると、いろんな人が訪ねてきたり通りかかったりしては、延々と挨拶を交わし、どんどん話に加わってきて、それまでの話が中断してばかりいたからです。

けれども、そのような聞き取り調査から重要なことを学んだと実感できることはあまりなかった、というのも偽らざる実感です。インタビューを行うにしても、アンケートの場合と同様の問題が潜んでいることにはかわりがないのですから、これは当然のことでしょう。結局、フィールドワークにおいて大切なことは、効率は全然良くないけれども、やはり時間をかけて「ともに暮らす」ということに尽きます。そのなかから、その都度新たな問いを発見しては答えを探すような試行錯誤を積み重ねるしかないのです。

このような方法は、「取り調べ式」と対比させて表現すれば、「ぐうたら式」と呼べるかもしれません。ここで念押しのため、ちょっと反則気味ですが、権威ある言葉を引用することにしましょう。小林秀雄が評論のなかでサント＝ブーヴの読書論を紹介したくだりには、次のように述べられています。「人間をよく理解する方法は、たった一つしかない。それは彼らを急いで判断せず、彼らの傍で暮らし、彼らが自ら思うところを言うに任せ、日に日に延びて行くに任せ、ついに僕らの裡に、彼らが自画像を描き出すまで待つことだ。」このことは、異文化理解のためのフィールドワークの核心を突いています。そう、異文化理解のためのフィールドワークにおいては、この「ぐうたら式」こそが正道なのです。したがってフィールドワークでは、「現地の人々とともに暮らす」ということを除いて、一定の答えを導き出すためにあらかじめ用意された「方法《メトドス》」(methodos) のようなものは積極的に拒否されているのであって、むしろフィールドワーカーの数だけフィールドワークのやり方があるといった方が正しいのです。

余談ですが、わたしが二年近くものんびりとケニア海岸地方にいられたのは、大学院生だった頃のことでした。皮肉なことに、大学に勤務して文化人類学などの授業を担当するようになってからは、夏休みや春休みを利用して一月ちょっとの間フィールドに滞在するのがやっとです。ナイロビを拠点に長期間のフィールドワークを行う機会に恵まれた研究者仲間からは、当然ながら「そんなに短い滞在では大変だね」と同情されるのですが、かと思えば、フィールドワークについて知らない職場の同僚などからは「そんなに長い間行く必要あるの?」などといわれることもあり、わたしは苦笑しています。

4 「常識」「あたりまえ」「自明」を疑う

次に、異文化に身をおいたフィールドワークを通して見えてくる、もう一つの側面についてお話しましょう。それは、異文化そのものというよりも、わたしたち自身の暮らしに潜む「常識」「あたりまえ」「自明」に関連する事柄です。つまり、わたしたちにとって「常識」だったり、「あたりまえ」であったり、疑いを差し挟むことなど思いもよらない「自明」に属するようなことが、実は絶対的な根拠を持たない不確かな営みでしかないことが、フィールドワークのなかでは、深く考えるまでもなく文字どおり一目瞭然となってしまうのです。

葬式のディスコ

ここでまた一つ例を挙げましょう。これも、わたしがケニア海岸地方でフィールドワークを始めたばかりの頃のことです。親しくなったある若者が、わたしにこんなふうに話しかけてきたのです。「今夜、近くの村でディスコがあるから、いっしょに葬式に行かないか？」こんな誘いを受けたら、あなたは「ああそうか、葬式か、それじゃみんなでディスコで踊るんだな」といった具合に、すんなり納得するでしょうか。わたしはといえば、もちろん大いに戸惑いました。「ディスコに遊びに行こう」というのなら話は単純ですし、「葬式に参列しよう」という誘いも十分に理解できるのですが、ここでは「ディスコで踊りに」「葬式に行こう」というわけですから、わたしにはもうチンプンカンプンです。「ディスコ」と「葬式」がどうして結びつくのか、まったく理解できなかったのです。

とにかくわたしは彼といっしょに「葬式」に出掛けることにしました。ブッシュのなかの小径を懐中電灯の灯りを頼りに歩いて行くと、たしかに遠くからポップ・ミュージックが聞こえてきます。そしてまさに「葬式」が行われているところに着くと、椰子の木に吊された赤や青や黄色の電球が点滅し、やはり椰子の木にくくりつけられたスピーカーからレゲエやリンガラ音楽（コンゴ［かつてのザイール］を中心としたアフリカで最も人気のあるポップス）が発電機の音をはるかに凌駕する大音量で流れ、そのリズムにあわせて数十人の若者たちが激しく身体を揺すって踊っているのでした。ディスコは、紛れもなく葬式の一部だったのです。

この地方に暮らす人々に限らず、アフリカの多くの社会では葬式が最も盛大な儀礼として位置づけられていて、何日間にもわたって飲み食い踊り歌うといったことは、わたしも民族誌的な知識としては知っていたつもりでした。しかし、わたしの理解、いや、わたしの思い込みのなかでは、葬式というからには厳粛な空気がその場を支配していて、歌や踊りといっても、いわゆる「伝統」に則した厳かなものなんだろうなと漠然とイメージしていたに過ぎなかったのです。「ディスコ」と「葬式」が、わたしの思考のなかですんなりと結びつかなかったのはそのためです。

この経験を通して明るみに出たのは、わたしが葬式を「厳かな雰囲気で執り行われる儀礼である」といった具合にはなから決めてかかっていたことです。そして、わたしにとっての「常識」や「あたりまえ」に属する事柄が、実は何ら普遍的な根拠を持つものではなく、社会や時代によってはまったく別のものでもありうるということが明らかになってしまったのです。

また、わたしは先の若者からこんなふうにも尋ねられました。「日本では、人が死んだ後、何回葬式をするんだい?」わたしは一瞬言葉に詰まり、一呼吸おいてから「一回だけだよ」と答えました。彼には「葬式は何回か行うもの」という自明の前提があるがゆえに(この地方では葬式を三回行うのが標準だったのです)、そのような質問がごくあたりまえに出てきたのでしょうし、その一方でわたしには「(初七日や四十九日の法事などを別にすれば)」葬式は一回きりという、通常なら疑われる機会すらないような自明の前提があったために、虚をつかれて一瞬言葉に詰まってしまったのでしょう。彼にとっての自明の前提と、わたしにとってのそれは、あたりまえどころか、まったく一致していなかったということが、見事に、そしてあっけなく明らかになった瞬間でした。

この瞬間から、いわゆる「葬式」とはいったいどのようなものであるのかを改めて問い直すという次のステップが始まります。ある文化を生きる当事者にとってはあたりまえであるけれども同時に実は（葬式が厳粛な場でもあり得るし、ディスコの会場でもあり得るように）普遍的な根拠を持たず徹底的に恣意的であるが故に多様であるような事柄を、フィールドワーカーはそのすぐ近くに寄り添いながらも、異文化に溶け込んで同化した者としてではなく、他者の眼差しで注意深く見つめるのです。そして、それがいかにして可能なのかを、つまり、普遍的な根拠を欠くが故に多様であるものが、いかにして当事者にとっては「常識」で「あたりまえ」で「自明」なものとして、もっといえば「それ以外は考えられない」ようなものとして疑問を差し挟まれることなく生きられてしまうのかを問うのです。

普遍的な根拠を欠くが故に多様でありながら、当事者にとっては自明であり、非常に強固なリアリティを構成するものとしては、ジェンダー（社会的・文化的に構築された性）などもわかりやすい例でしょう。「男らしさ」や「女らしさ」といった、意外なほど幼い時期から強固に築かれるリアリティを、その経験の内部に留まったまま相対化するのは絶望的なまでに困難です。しかし、たとえば、力仕事を行うのが男性であることを自明視している社会に暮らしている人が、アフリカなどで女性が水汲みや薪の採集と運搬といった重労働を担っている場面に遭遇することで、「力仕事は男性の仕事」という自明視されていた役割分担が何ら普遍的な根拠を持つものではないという事実に気づくことができるのです。ジェンダーの多様性を明らかにするとともに、その構築過程についての詳細な研究が、人類学者によって切り開かれてきたことは、異文化に飛び込んで行うフィールドワークがその最大の武器であることと無関係ではありません。

このように、フィールドワークを通した異文化理解という作業は、わたしたち人類の多様な文化を成り立たせる原理をその根本から明らかにしようという探求へと繋がってゆくのです。特定の地域や時代の文化を対象とした研究にとどまらず、そこからさらに進んで、人類の多様な文化を成り立たせる原理を明らかにしようとする点にこそ（この点では哲学者の仕事に似ているところがあるように思われるかもしれませんが、人類学者は、哲学者のように思索によって原理を解明するのではなく、多くの質的なデータを集めて明らかにしようとします）、人類学が自らを人類学と称する理由があるのです。

5 狭間から読む世界

巨大なねじれとしてのフィールド

ところで、わたしはこの文章の冒頭に、異文化と接する機会が増えてきたので異文化理解がますます大切になると述べました。このことは基本的に誤りではないと思います。誤りではないどころか、非常に重要な課題でさえあります。しかし、正直にいいますと、このような語り口には、時代や状況に便乗して実用性や有用性を強調しようという胡散臭さがあるような気がしてなりません。そんなことよりも、「多様な文化を生きるわたしたち人類とはどのような存在なのか」という根本的な疑問こそが、わたしの好奇心を惹きつけてやまないのです。そして、そのような疑問を大切にする人こそを、フィールドワークへとお誘いしたいと思っています。

しかし、「そのような疑問」は誰でも容易に持つことができるのでしょうか。換言すれば、誰でも容易にフィールドワークを行うことができるのでしょうか。答えは、明らかに「いいえ」でしょう。たとえば、毎年ケニアでフィールドワークを行う日本の人類学者の数は、若い大学院生たちも含めると軽く十人を上回っています。ところが、その反対に、日本へやって来るケニアの人類学者はたいていゼロかせいぜい一人ですし、長期間のフィールドワークとなるとほとんど皆無に等しい状況があります。

このように、両者の間には、いわゆる経済的な格差のみならず、「調査する者と調査される者」という著しく対称性を欠いた関係があることがわかります。「調査される者」の方が「調査する者」を反対に質問責めにして、あれこれ聞き出そうとすることは実はよくある話なのですが、そこで得られた情報が論文や民族誌などといった権威づけられた媒体に掲載されることはまずありません。このことにも示されているように、わたしとケニア海岸地方の人々がフィールドワークを通して出会う地点とは、よく知られた言葉でいえば「南北問題」などと称されてきた、近代以降に創出された巨大なねじれを抱え込んで二つの世界が対峙する狭間のような地点なのであって、けっして相互理解を育む平等なユートピアではないのです。

そして、そのような地点にあっては、フィールドワーカーは自分のおかれた特権的な立場を相対化する必要に迫られ、その意味で俯瞰的な視点を持たざるを得なくなります。しかし、それと同時に、前述したような参与観察を通したミクロでローカルな、いわば下からの視点にも立とうとし続けるわけですから、フィールドワークという経験は、それら二つの世界の狭間に生き、まさにそのような狭間から微細かつグローバルに近代以降の世界の仕組みを読み解こうとする企てでもあるのです。

6 新しく世界に接続する技法

以上、「現地の人々とともに暮らす」という呆れるほどシンプルな方法を中核とするフィールドワークが、どんなことを明らかにしようとしているのかを駆け足で述べてきました。ここで簡単に振り返っておきますと、それは、第一に、異文化を生きる他者をより深く理解するためであり、第二には、わたしたちの生活を成り立たせている自明の前提を問い直し、多様な文化を成り立たせる原理を明らかにするためであり、第三には、ねじれた狭間に身をおいてそこから世界を読み解くための企てでもありました。

このささやかな招待状を結ぶにあたって、最後にこれら三点の関係について整理して、結局のところフィールドワークとはどのような行為なのかについて考えてみたいと思います。

あらゆる場所を故郷に

まず、第一点目に関することですが、異文化を生きる他者を理解することで、少なくともある面では、その文化への違和感は薄らいできます。かつては「異」文化であったものに対する共感が芽生えるとともに居心地の良さを覚え、ついにはそこを「第二の故郷」のようにさえ感じることもあるでしょう。

わたしもケニア海岸地方の村で家族に再会するたびに、「またここに帰ってきた」という素朴な喜びを感じます。とくに、心から敬愛する父に久しぶりに再会するときには、いつも心の底からの喜びを隠せませんし、再会を約束して別れるときにも、言葉にならないような熱い思いで胸がいっぱいになります。そんなときには、もはや調査云々などはすっかり霞んでしまい、フィールドワークは、さながら毎年繰り返される帰省のような様相を呈してきます。また、最初は「なんだか奇妙な味だな」と感じた現地の料理も、いつしか舌に馴染んだ好物になっているということも付け加えておいて良いでしょう。

このように、フィールドワークを通した異文化理解の営みには、それが深化するにしたがって、はじめは様々なカルチャー・ショックの連続によって特徴づけられていた異郷が、次第に居心地の良い故郷へと変わってゆくようなところがあります。異郷であった場所が故郷になりうるということは、文化の相違に起因する誤解やすれ違い、衝突などといった不幸な事態を防ぐことにも結びつきますから、今日それは世界中で最も切実に望まれていることでもあるでしょう。

そして全世界が異郷に

しかし、これをもってフィールドワークの目的は達成されたのかというと、実はそうではありません。どうしてかというと、やがてフィールドワーカーが異文化に同化してしまうとするならば、そこにはいつのまにか新たな「常識」「あたりまえ」「自明」が形成されて、結果的に、第二点目の、自明の前提を問い直すという作業が難しくなってしまうからです。この作業を行うために、フィールドワーカーは、ともに暮らすことを通して新たな世界の眺め方を学ぶとともに、他者としての視点をも同時に保持し続けるという、分裂した役割を引き受けなくてはならないのです。

他者としての視点を保持し続けなくてはならないのは、遠く隔たった場所に対してだけではありません。自明の前提を問い直すという作業は、自文化（自分の故郷の文化）が確たる根拠を持たない恣意的なものであるということをも容赦なく暴くことになります。さらに、第三点目に関して述べたように、近代以降のねじれた狭間に身をおいてそこから世界を読み解こうと思えば、フィールドワーカーは自分のおかれた特権的な立場を明確に対象化しなくてはならず、そのためにある種の居心地の悪さを否応なく味わうことになるのです。このような意味で、フィールドワーカーにとって、すべてが疑いの余地のない心地よい故郷などはどこにも存在せず、世界中のどの場所も異郷となるのです。

故エドワード・サイードは、帝国主義と植民地主義の時代を経てその後さらに強力かつ巧妙に押し進められてきた文化的な支配によって特徴づけられる近代以降の世界に注目し、西洋世界が他者としての（あるいは自己の影としての）東洋に向けた偏見を鋭く批評したことで有名です。彼の主著『オリエンタリズム』には、次のような印象的な一節が引用されています(元々は、一二世紀の修道士である聖ヴィクトル派のフーゴーの言葉をアウエルバッハが引用したもの)。

「故郷を甘美に思う者はまだ嘴の黄色い未熟者である。あらゆる場所を故郷と感じられる者は、すでにかなりの力をたくわえた者である。だが、全世界を異郷と思う者こそ、完璧な人間である。」

ここまでのお話しに引きつけていうならば、ともに暮らすことを通して異文化との対話を続けるフィールドワーカーが目指すのは、この「全世界を異郷と思う者」ではないかと思われます。もちろん、フィールドワーカーが、あたかも悟りの境地に到達したかのような意味での「完璧な人間」を目指しているというつもりはまったくありませんけれども。

＊＊＊＊＊

かつて自分の故郷であったところも含めて、全世界を異郷と感じるようなかたちで世界に新しく接続する技法。これこそがフィールドワークなのです。繰り返しになりますが、フィールドワークがわたしたちを連れ出そうとする世界は、全世界が異郷であるような世界なのですから、それはけっして居心地の良い場所ではありません。しかし、ここでいう異郷とは、多様な文化を担う人間という存在をつねに新鮮に見つめなおし、その人間が生きる世界を微細かつグローバルに読み解こうと試みる場所の別名にほかなりません。わたしがこの招待状を書いたのは、みずみずしい知性を持つあなたを、そんな場所へと誘《いざな》うためなのです。

［参考文献］

岩波書店編集部編『フィールドワークは楽しい』岩波書店、二〇〇四年。

小林秀雄『ドストエフスキイの生活』（小林秀雄全集第六巻）新潮社、二〇〇一年。

エドワード・W・サイード『オリエンタリズム』（平凡社ライブラリー）上・下、今沢紀子訳、平凡社、一九九三年。

佐藤郁哉『フィールドワークの技法──問いを育てる、仮説をきたえる』新曜社、二〇〇二年。

須藤健一編『フィールドワークを歩く──文科系研究者の知識と経験』嵯峨野書院、一九九六年。

中村雄祐「フィールドワーク──ここから世界を読み始める」、小林康夫・船曳建夫編『知の技法』所収、東京大学出版会、一九九四年。

波平恵美子編『文化人類学［カレッジ版］』（第二版）医学書院、二〇〇二年。

ジェイムズ・L・ピーコック『人類学と人類学者』今福龍太訳、岩波書店、一九八八年。

松田素二「方法としてのフィールドワーク」、米山俊直・谷泰編『文化人類学を学ぶ人のために』所収、世界思想社、一九九一年。

ブラニスロウ・マリノフスキー「西太平洋の遠洋航海者」寺田和夫・増田義郎訳、泉靖一編『マリノフスキー／レヴィ＝ストロース』（世界の名著五九）所収、中央公論社、一九六七年。

執筆者紹介

小林一岳（こばやし・かずたけ）
東京都出身、日本史学専攻。主な仕事として、『展望日本歴史一〇　南北朝内乱』（共著編、東京堂出版、二〇〇〇年）、『日本中世の一揆と戦争』（校倉書房、二〇〇一年）など。

宮川健郎（みやかわ・たけお）
東京都出身、日本児童文学・国語科教育専攻。主な仕事として、『国語教育と現代児童文学のあいだ』（日本書籍、一九九三年）、『現代児童文学の語るもの』（NHKブックス、一九九六年）など。

茅野佳子（かやの・よしこ）
東京都出身、アメリカ文学・英語教育（TESOL）専攻。主な仕事として、*Peter Taylor's South: Crossing Boundaries in a "Tennessee Caravan"*（ひつじ書房、二〇〇四年）、"Reading Nature in Willa Cather's *Death Comes for the Archbishop*"『文学と環境』第五号（文学・環境学会、二〇〇二年）など。

毛利聡子（もうり・さとこ）
東京都出身、国際関係論専攻。主な仕事として、『NGOと地球環境ガバナンス』（築地書館、一九九九年）、「NGO発の平和」『アクター発の平和学——誰が平和をつくるのか?』（小柏葉子・松尾雅嗣編、二〇〇四年）など。

西浦定継（にしうら・さだつぐ）
福井県出身、都市・地域計画学専攻。主な仕事として、『環境基礎学』（共著、共立出版、二〇〇三年）、『スマートグロース——アメリカのサスティナブルな都市圏政策』（共著、学芸出版、二〇〇三年）、『都市計画国際用語辞典』（共著、丸善、二〇〇四年）など。

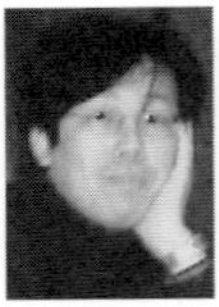

細谷　等（ほそや・ひとし）
東京都出身、アメリカ文学専攻。主な仕事として、『他者・眼差し・語り——アメリカ文学再読』（吉田廸子編、南雲堂フェニックス、二〇〇五年）、「昨日、そして今日の田園都市——世紀転換期ユートピアと都市計画におけるハイブリッドな欲望」『接続２００３』（ひつじ書房、二〇〇三年）など。

池本和夫（いけもと・かずお）
鳥取県出身、中国語・中国文化専攻。主な仕事として、『中国語基本語用例辞典』（共著、明星大学出版部、一九九二年）、「一九四三年中国山西省における劉荘事件」（『明星大学研究紀要——人文学部』第四一号、二〇〇五年）、「華北農村の樹木をめぐる慣行」（同第三九号、二〇〇三年）など。

村井則夫（むらい・のりお）
東京都出身、哲学・思想史専攻。主な仕事として、『〈対話〉に立つハイデッガー』（共著、理想社、二〇〇〇年）、ブルーメンベルク『近代の正統性 Ⅲ』（翻訳、法政大学出版局、二〇〇二年）など。

阪井 恵（さかい・めぐみ）
東京都出身、音楽教育学専攻。主な仕事として、"Training of Child Actors (KOKATA) of Noh Drama"（木暮朋佳との共著、『第三回アジア太平洋音楽教育学会年報』、二〇〇一年）、『ハートフルメッセージ——初等音楽科教育法』（小山真紀との共著、明星大学出版部、二〇〇三年）など。

林 伸一郎（はやし・しんいちろう）
東京都出身、宗教学専攻。主な仕事として、「意志について——「本性としての意志」と「理性としての意志」」『欲望・身体・生命——人間とは何か』（藤田正勝編、昭和堂、一九九八年）、「近世スコラ神学に対する批判的立場—C.ジャンセニウス（1585—1638）の場合」『明星大学研究紀要——人文学部』第三九号（二〇〇三年）など。

千野拓政（せんの・たくまさ）
大阪府出身、中国文学専攻。主な仕事として、李輝『囚われた文学者たち』（共訳、岩波書店、一九九六年）、「文学に近代を感じるとき——魯迅『狂人日記』と『語り』のリアリティー」『接続2001』（ひつじ書房、二〇〇一年）など。

高島美穂（たかしま・みほ）
東京都出身、比較文学／比較文化研究専攻。主な仕事として、"'Orientalism'-in French and British Literary Representations"『東京国際大学論叢——人間社会学部編』第六号（二〇〇〇年）、「創造と現実——文学批評家としてのカミュとオーウェル」（『Signo』第一〇一号、二〇〇一年）など。

洪 郁如（こう・いくじょ）
台湾・彰化県出身、台湾史専攻。主な仕事として、「明治・大正期植民地台湾における女子教育観の展開」（中国女性史研究会編『論集中国女性史』吉川弘文館、一九九九年）、『近代台湾女性史』（勁草書房、二〇〇一年）など。

菊地滋夫（きくち・しげお）
岩手県出身、社会人類学専攻。主な仕事として、「ケニヤ海岸地方後背地における緩やかなイスラーム化——改宗の社会・文化的諸条件をめぐって」『民族學研究』第六四巻三号（日本民族学会、一九九九年）、「インド洋沿岸のスワヒリ都市」『アフリカの都市的世界』（嶋田義仁・松田素二・和崎春日編、世界思想社、二〇〇一年）など。

編集後記

『接続』もいよいよ五年目を迎え、今回は五冊目を送り出すことができました。今年度の編集委員を務めましたが、この雑誌が毎年確実に刊行されていることは、執筆者をはじめとする刊行会のメンバーの真摯な努力と協力によるものだといえましょう。

今回の特集は、「環境」というテーマを設定しました。ただ、地球温暖化や水質汚染などの狭い意味の環境問題について考えるものではなく、それをも含みこんだ「環境」という問題体系そのものを、広い視野から再検討することを目的としています。

その点、『接続』という、せまい専門領域を越えた学び合いの「場」に相応しいテーマだと思っています。今回の特集が、読者の方々の「環境」に対する理解の広がりと深まりに、少しでも寄与できることを願っています。

（小林一岳）

広がりの大きな新しい主題を扱うのは、魅力的である反面、かなりの難しさをもっている。「情報」や「生命」などと並んで、今回の「環境」という主題も、二〇世紀後半以降、にわかに脚光を浴び、思想や学問の世界でさまざまな論議を呼んでいるものである。しかしそこでの議論は、ともすると既存の自然環境のイメージに縛られて、往々にして紋切り型の自然保護や、そのための技術論に終始する傾きがある。今回の特集では、「環境」というそうした枠組みそのものをもう一度問い直し、結果的にそこに潜むイメージの偏差やぶれまでをも炙り出すことになったのではないかと思う。さまざまな分野の専門家が集うことで形成される『接続』の場ならではのことではないだろうか。今回で第五号を迎えることになったが、今後とも創造的な「接続」が行われ、多くの読者にもその接続の回線が繋がることを願ってやまない。

（村井則夫）

接続 2005 vol.5

発行 二〇〇五年一〇月七日　定価 一九〇五円＋税

著者▼
『接続』刊行会

発行者▼
松本 功

発行所▼
株式会社ひつじ書房
112-0002 東京都文京区小石川5-21-5
電話番号03・5684・6871 ファックス番号03・5684・6872
郵便振替00120-8-142852

印刷所・製本所▼
三美印刷株式会社

装丁者▼
中山銀士（協力＝葛城眞砂子＋佐藤睦美）

toiawase@hituzi.co.jp

ISBN 4-89476-262-5 C-1081 Printed in Japan